Schulpädagogik – Fachdidaktik – Lehrerbildung Band 4

Forschungsstelle für Schulpädagogik und Fachdidaktik
Universität Bern
Muesmattstrasse 27, CH-3012 Bern

Die Herausgeber:

Prof. Dr. Hans Badertscher
Prof. Dr. Hans-Ulrich Grunder
Dr. Tina Hascher
Dr. Armin Hollenstein

Hans Badertscher
Hans-Ulrich Grunder
Armin Hollenstein
(Herausgeber)

Brennpunkt Schulpädagogik

Die Zukunft der Schulpädagogik in der Schweiz
Schule – Lehrerbildung – Forschung

Tagungsbericht des Internationalen Kolloquiums der Forschungsstelle für Schulpädagogik und Fachdidaktik (FSF) der Universität Bern und der Forschungsstelle für Schulpädagogik (FS) der Universität Tübingen, 7. – 12. September 1997, Monte Verità, Ascona, Schweiz

Verlag Paul Haupt
Bern · Stuttgart · Wien

Die Deutsche Bibliothek – CIP-Einheitsaufnahme

Brennpunkt Schulpädagogik :
die Zukunft der Schulpädagogik in der Schweiz ;
Schule – Lehrerbildung – Forschung ;
Tagungsbericht des Internationalen Kolloquiums
der Forschungsstelle für Schulpädagogik und Fachdidaktik (FSF) der Universität Bern
und der Forschungsstelle für Schulpädagogik (FS) der Universität Tübingen,
7. – 12. September 1997, Monte Verità, Ascona, Schweiz /
Hans Badertscher ... (Hrsg.). –
Bern ; Stuttgart ; Wien : Haupt, 1999
(Schulpädagogik – Fachdidaktik – Lehrerbildung ; Bd. 4)
ISBN 3-258-06079-7

Illustrationen: Bruno Peyer
Layout: Bruno Kocher
Dieses Papier ist umweltverträglich, weil chlorfrei hergestellt;
es stammt aus Schweizer Produktion mit entsprechend kurzen Transportwegen
Printed in Switzerland

http://www.haupt.ch

Vorwort der Herausgeber

Die Schulpädagogik ist eine umstrittene Disziplin. Dies gilt weniger für Deutschland, wo sie im Rahmen der Ausbildung von angehenden Lehrkräften eine gewichtige Position einnimmt. Für die Schweiz trifft der Satz in einer Zeit der Akademisierung der Lehrerbildung umsomehr zu. Wird die Ausbildung der Lehrerinnen- und Lehrerbildung tertiarisiert, geraten die berufsqualifizierenden Fächer in Legitimationszwang. Wie sind die berufspraktischen, didaktischen, methodischen und erziehungswissenschaftlichen Ausbildungsanteile künftig zu verorten? In Deutschland stellt das Fach Schulpädagogik, in unterschiedlichen institutionelle Kontexten, an allen Universitäten und Pädagogischen Hochschulen einen integralen Bestandteil der Erziehungswissenschaften dar. Insbesondere in der Ausbildung von künftig pädagogisch Tätige hat die pädagogische Bereichsdisziplin, ihren festen Platz. Was die Schweiz betrifft, wo Schulpädagogik im angesprochenen Sinn nicht existiert, fällt bei näherer Betrachtung auf, dass zwar angehenden Lehrkräften schulpädagogisches Wissen vermittelt wird, allerdings kaum in kohärent schulpädagogisch reflektiertem Horizont. Die Entwicklung der universitären und seminaristischen *Pädagogik* in der Schweiz im 20. Jahrhundert belegt die nicht erfolgte Konstituierung der Disziplin mit ihren heute andernorts bekannten Teilgebiete. Schulpädagogik, so das Fazit, existiert in der Schweiz zwar, was die Inhalte angeht, jedoch nicht als *eigenständige Disziplin.*

Geht es darum, die berufsqualifizierenden Studienanteile angehender Lehrkräfte zusammenzufügen, bietet sich die Schulpädagogik als übergreifendes und professionalisierndes Konstrukt für eine integrierende Lösung an. Ob dies sinnvoll sein könnte und was dies für die erziehungswissenschaftliche 'Bereichsdisziplin Schulpädagogik' bedeuten würde, ist anlässlich eines internationalen Kolloquiums im Centro Stefano Franscini, Ascona (Tessin, Schweiz), unter der Themenstellung *Die Zukunft der Schulpädagogik in der Schweiz. Schule - Lehrerbildung - Forschung* erörtert worden. Im vorliegenden Band stellen wir die uns wesentlich scheinenden Aspekte der Thematik zur Diskussion, ohne abschliessende Lösungen vorlegen zu können.

Unter Schulpädagogik verstehen wir eine *Theorie pädagogischen Handelns unter schulischen Voraussetzungen und deren ausserschulisch wirksame Prämissen für die schulische Arbeit.* Schulpädagogisch zentrale Themen sind das pädagogische Handeln, Schule als Institution, Schulklasse als pädagogisches Handlungsfeld und Unterricht als didaktische Situation. Die folgende Fragen stehen im Zentrum:

-Welches ist die Zukunft der Schulpädagogik als pädagogischer Bereichsdisziplin oder ihrer Teildisziplinen in der deutschsprachigen Schweiz?
-Wie ist das Verhältnis von Schulpädagogik und Lehrerausbildung zu gestalten?
-Wie hoch ist die Praxisrelevanz von schulpädagogischem Wissen in der Ausbildung von Lehrkräften zu veranschlagen und welchen Stellenwert nimmt die schulpädagogische Forschung innerhalb der Ausbildung von Lehrkräften ein?

Nachdem die schwierige Situation der Schulpädagogik als erziehungswissenschaftliche Bereichsdisziplin von *Hans-Ulrich Grunder* umrissen worden ist, knüpft *Hans Badertscher* den Bezug zur Schulpädagogik in der Schweiz. Ein Blick in die alten *(Rudolf W. Keck)* und in die neuen Bundesländer (*Uwe Sandfuchs*) sowie nach Oestreich (*Gerald Grimm*) zeigt die Lage der Disziplin in den deutschsprachigen Nachbarstaaten der Schweiz. In seinem skeptischen wissenschaftstheoretischen Beitrag aus pädagogisch-psychologischer Optik problematisiert *Walter Herzog* die Schulpädagogik als wissenschaftliche Disziplin, während *Hans-Ulrich Grunders* Abstecher in die Seminarpädagogik des 19. Jahrhunderts historische Kontinuitätsstränge sichtbar machen kann und *Armin Hollensteins* Beitrag die Bezüge der Schulpädagogik zur Allgemeinen Didaktik und zur Fachdidaktik offenlegt. *Ehrenhard Skiera* befasst sich mit den Prämissen von Schulvielfalt anhand der Niederlande, einem Thema, dessen schulpädagogische Aktualität derzeit unvermindert anhält.
Geht es um die 'Zukunft der Schulpädagogik' in der Schweiz stehen die Lehrerinnen- und Lehrerbildung, die schulpädagogische Forschung und der Zusammenhang zur Schulpolitik im Vordergrund. *Anton Hügli* erörtert in seinem Aufsatz den Konnex von Schulpädagogik und Lehrerbildung und *Lutz Oertel* skizziert die Stellung der Schulpädagogik in den Schulreformvorhaben des Kantons Zürichs. In den Kontext schulpädagogischer Forschung gehört ebenfalls der Beitrag von *Tina Hascher* über Kinder und Jugendliche.
Mit der Präsentation von aktuellen Projekten schulpädagogischer Forschung wird im vierten Teil versucht, den Zusammenhang zur gegenwärtigen Forschungslandschaft im diskutierten Bereich herzustellen (vgl. die Beiträge von *Beat Bertschy*, *Evelyne Wannack*, *Thomas Bieri* und *Anke Poenicke*).

Ohne die engagierte Diskussion der an der Tagung im Centro Stefano Franscini Teilnehmenden wäre dieser Reader nicht zustande gekommen. Die Karikaturen entstammen der Feder von Bruno Peyer, der das Tagungsgeschehen mit humorvoll-kritischem Blick verfolgt und zeichnerisch begleitet hat. Dafür, dass er uns diese spontan entstandenen Bildbeiträge zur Illustration des Bandes überlassen hat, danken wir ihm herzlich. Wir bedanken uns auch bei Stefanie Braga für die Zusammenstellung der Manuskripte und bei Bruno Kocher für die graphische Gestaltung des Bandes.

Bern und Tübingen, im Frühjahr 1999

Hans Badertscher Hans-Ulrich Grunder Armin Hollenstein

1. Grundlagen

1.1 Schulpädagogik: Zur Lage einer umstrittenen Disziplin

Hans-Ulrich Grunder, Universität Tübingen

Die Schulpädagogik ist neben der Allgemeinen Pädagogik, der Erwachsenenbildung, der Sozialpädagogik und der Pädagogischen Psychologie eines der an Instituten für Erziehungswissenschaft der deutschen Universitäten vertretenen Gebiete der Erziehungswissenschaft. In der Schweiz existiert das Fach unter diesem Begriff nicht.

Die im Bereich Schulpädagogik Lehrenden verantworten in der Regel Teile des erziehungswissenschaftlichen Lehrangebots im Diplomstudiengang Erziehungswissenschaft, im Diplom-Aufbaustudiengang Erziehungswissenschaft, in den Magisterstudiengängen mit Erziehungswissenschaft im Haupt- oder im Nebenfach, im Studium für das Lehramt am Gymnasium oder im Begleitstudium Erziehungswissenschaft für das Lehramt.

Schulpädagogik als Fach ist in Deutschland deswegen umkämpft, weil sie an manchen Universitäten die theoretisch-professionalisierende Leitdisziplin der Ausbildung angehender Lehrkräfte darstellt. Schulpädagogische Veranstaltungen sollen dabei die Studierenden mit einem wesentlichen Teil des berufsrelevanten Wissens ausstatten. Dies impliziert Kenntnisse in allgemeiner Schulpädagogik, Didaktik, Fachdidaktik, Schultheorie/Bildungssoziologie, in Pädagogischer Psychologie, und Historischer Pädagogik. Mancherorts sind die Praktika, falls vorhanden, in der Nähe der Schulpädagogik angesiedelt. Insoweit stellt Schulpädagogik den zentralen Transmissionsriemen pädagogischen Wissens im Lehramtsstudium dar. Am Beispiel Baden-Württembergs karikiert die Realität diese Aussagen schonungslos: Angehende Gymnasiallehrkräfte belegen dort in der ersten Ausbildungsphase lediglich vier Semesterwochenstunden Pädagogik. Bisweilen belegen sie ein fachdidaktisches und ein schulpädagogisches Seminar. Erst nach der ersten Staatsprüfung, im Referendariat, der zweiten Phase, kommt dann einiges hinzu. Trotzdem ist die Disziplin gegenwärtig deswegen umkämpft, weil diese, euphemistisch ‚Begleitstudium' genannte Kalamität, um vier auf acht Stunden heraufgesetzt werden soll. Man streitet sich nun, welche Inhalte zusätzlich vermittelt werden sollten, obwohl völlig klar ist, dass auch in acht Semesterwochenstunden niemals auch nur eine Basis gelegt werden kann. Die Pädagogikgeschichte zeigt: Bildungsbeschränkungen für angehende Lehrkräfte in den berufsbildenden Fächern haben immer System.

Was ist ‚Schulpädagogik'?

Das *Gebiet* der Schulpädagogik definiere ich als erziehungswissenschaftliche Bereichsdisziplin, als empirisch, historisch und systematisch reflexive Wissenschaft, als Theorie pädagogischen Handelns unter schulischen Voraus setzungen und unter dem Einbezug der ausserschulisch wirksamen Prämissen für die schulische Arbeit.
Die Schulpädagogik beschäftigt sich als Spezialdisziplin der Erziehungswissenschaft mit der Theorie eines an unterrichtliche Bedingungen gebundenen pädagogischen Handelns, seiner Möglichkeiten und Notwendigkeiten. Ihr *Gegenstand* ist in allgemeinster Weise der als erziehend verstandene Unterricht innerhalb der Institution Schule. Schulpädagogen analysieren, beschreiben und untersuchen die Ziele und Formen des unter schulischen Bedingungen geschehenden pädagogisch orientierten Handelns, seine Verlaufsformen, seine Funktionen und Folgen. Die Schulpädagogik steht der Allgemeinen Didaktik nahe, wenn diese als Theorie des Lehrens und Lernens, als Theorie des Unterrichts bestimmt wird. Schulpädagogische Erörterungen zielen auf Deskription, Analyse und Untersuchung pädagogischer Eingriffe in die schulische Sozialisation.

Die *schulpädagogische* Perspektive beleuchtet die folgenden *Fragen*:
-Ist ein erziehender Unterricht unter den vorgegebenen institutionellen Bedingungen möglich?
-Welche sachlichen Anregungen, welche methodischen Arrangements, welche Formen des Umgangs sind in und mit Schulklassen sinnvoll und nötig, um die Entwicklung von Kindern und Heranwachsenden zur Mündigkeit, zum selbständigen Gebrauch des Verstandes zu fördern?

Bezieht man sich auf die systematische und methodisch strukturierte Anleitung schulischen Lernens, stehen *spezifische schulpädagogische* Fragestellungen im Vordergrund:
-Welche pädagogischen Zwecke sollen durch Schule und Unterricht erreicht werden?

-Wodurch können Schule und Unterricht zur Förderung von Mündigkeit beitragen, wodurch erschweren oder verhindern sie diese?
-In welchem Verhältnis stehen soziale Disziplinierung und bildende Anregung durch Schule und Unterricht?
-Wie bereitet Schule durch Unterricht und Umgang unter gegenwärtigen Bedingungen auf das Leben in einer offenen, stark differenzierten Gesellschaft vor?

Indem diskutiert wird, wie auf den Vorgang der Sozialisation mittels Schule und Unterricht einzuwirken sei, gewinnt die Schulpädagogik ihren thematischen Ort, was sie als Theorie eines an unterrichtliche Bedingungen gebundenen öffentlichen Handelns in pädagogischer Absicht profiliert.

Vorgänge der schulischen Sozialisation machen also weitgehend das Bezugsfeld schulpädagogischen Denkens aus. Schulpädagog/innen fragen, wie solche Verläufe in pädagogischer Absicht beeinflusst werden können. Ihre Antworten, bei denen sie sowohl personale als auch institutionelle und ausserschulische Prämissen berücksichtigen müssen, beziehen sich auf
-die Gestaltung der Schule als Lebensraum,
-die Vielfalt eines an den Lernfähigkeiten der Kinder und Jugendlichen orientierten Unterrichts und
-bestimmte Formen und Grundsätze des Umgangs unter den Beteiligten.

Zur Veranschaulichung erlaube ich mir, ein Beispiel einzubringen. Das inhaltliche Profil der Abteilung Schulpädagogik an der Universität Tübingen bestimmen die Vorlesungsreihe *Einführung in die Schulpädagogik* (mit den daraus abgeleiteten Semesterthemen) und die Themen der *Seminarveranstaltungen*).

Die siebensemestrige, zweistündige Vorlesung *Einführung in die Schulpädagogik* legt den Grundstein für eine inhaltliche und wissenschaftstheoretische Auseinandersetzung mit der pädagogischen Bereichsdisziplin Schulpädagogik. Die entsprechenden Teile exponieren die Aufgaben und Ansätze der Schulpädagogik, Fragen der allgemeinen, der Fach- und der Bereichsdidaktik, eine Theorie der Schule, eine Theorie des Unterrichts und des Schullebens, Bildungssoziologie, Hinweise zum Verhältnis von Schule und Lebenswelt, eine Pädagogik der einzelnen Schulstufen und Schulformen sowie den Bereich Schulpolitik, Schulorganisation.

Die Einführung wird ergänzt um eine *historisch* ausgelegte, einstündige Vorlesung zum Thema ‚Schulreformen der vergangenen zweihundert Jahre'. Der Sachbereich der jeweiligen Vorlesung schreibt als Semesterthema die Themen der von den Mitarbeiter/innen angebotenen Lehrveranstaltungen der AbteilungSchulpädagogik[1] vor.
Soweit die Ausgangsbasis. Zur schulpädagogischen Forschung brauche ich an dieser Stelle nichts zu sagen.
Was die Zukunft der Schulpädagogik in der Schweiz angeht, bedarf die Ausrichtung des unter diesem Etikett weitgehend neuen Fachs eingehender Diskussion. Was ich eben skizziert habe, stellt lediglich eine von zahlreichen denkmöglichen Verortungen dar.
Wollen wir klären, wie in den erziehungswissenschaftlichen Studiengängen in der Schweiz schulpädagogische Ausbildungsteilezu positionieren seien, bedingt dies zunächst eine Vorstellung dessen, was der Terminus ‚Schulpädagogik' beinhalten soll. Darauf sind Umfang und Inhalt schulpädagogischer Anteile im Rahmen der bald tertiären Ausbildungen für Lehrkräfte zu bestimmen. Im übrigen steht die Frage an, inwieweit das Lizentiat in Pädagogik um schulpädagogische Akzente erweitert werden soll. Im Unterschied zu Deutschland existieren gerade im letztgenannten Bereich einige Chancen, etwa die Absenz eines von der Sozialpädagogik dominierten Diploms in Pädagogik, die einphasige Ausbildung der Lehrkräfte sowie die Einstellungspraxis der öffentlichen Hand, die Erziehungswissenschaftlerinnen und Erziehungswissenschaftler mit schulpädagogischem Zuschnitt zu schätzen wissen dürfte. Die hier als Positiva hervorgehobenen Aspekte werden die an Universitäten und den neu zu schaffenden Pädagogischen Hochschulen einzurichtende Schulpädagogik zu einer höchst umstrittenen Disziplin machen, zumal man ja vielerorts keineswegs weiss, wie Schulpädagogik zu definieren, inhaltlich zu füllen und in einen Lehramtsstudiengang sinnvoll einzufügen sei. Ganz zu Beginn der Diskussionen wird zu erörtern sein, ob allenfalls ‚Überbleibsel' der traditionellen, nun zu akademisierenden pädagogischen Ausbildungen in die Schulpädagogik

---

[1] Im Vorlesungsverzeichnis und im Kommentar ist das Lehrangebot im Fach Erziehungswissenschaft wie folgt dargestellt:
1. Theorien der Erziehung und Bildung (Theoretische Pädagogik)
2. Historische, gesellschaftliche und vergleichende Aspekte der Erziehung und Bildung
3. Handlungsformen und Handlungsfelder der Erziehung und Bildung
4. Methoden der Erziehungswissenschaft
5. Rechtsgrundlagen der Erziehung und Bildung

Das Lehrangebot der Abteilung Schulpädagogik bewegt sich vorwiegend in den Bereichen 2., 3, und 4.

integrierbar seien. Gibt es vielleicht sogar eine ‚schweizerische Schulpädagogik'? Oder sollte man sich bei den in Deutschland schon jahrzehntelang praktizierten Konzepten kundig machen?
Dazu sei angemerkt: Die Reflexion schulpädagogischer Fragen erfolgte in der Schweiz - anders etikettiert - bislang weitgehend innerhalb der seminaristischen Lehrerinnen- und Lehrerbildung. Dieses Faktum hängt eng mit der schweizerischen bildungspolitischen Entwicklung zusammen. Erst jetzt werden die traditionell seminaristischen Lehrerausbildungsstätten tertialisiert. Was ausser in Bayern und Baden-Württemberg in Deutschland zwischen 1922 und 1927 vorgenommen worden ist, geschieht in der Schweiz nun, wo die Lehrerbildung europakompatibel gemacht werden soll. Es handelt sich dabei weitgehend um eine Zertifizierungsoffensive mit allen problematischen Nebeneffekten. Zwar sind zu Beginn des 20. Jahrhunderts, in der Zeit einer der zahlreichen Akademisierungsdebatten, die das Land gesehen hat, *Oberseminare* gegründet worden. Damit wurde Lehrerbildung - und mit ihr schulpädagogisches Denken - quasi-universitär, ohne in der Folge jedoch einen akademischen Anspruch gestellt oder ausgeprägt zu haben. Gegenwärtig verursachen akademisierende Verläufe zentralisierende Effekte, was institutionelle Krisen provoziert.
Die reformpädagogischen Anregungen, wie sie in der Schweiz anfangs des 20. Jahrhunderts feststellbar sind, waren im übrigen zu wenig profiliert, um eine universitäre Schulpädagogik zu befördern. Allerdings sticht die Stadt Genf in dieser Beziehung heraus: Die dortigen Exponenten von Pädagogik und Pädagogischer Psychologie (Claparède, Bovet, Ferrière, Malche, Dottrens, Piaget) tragen einen schulpädagogischen Reformimpetus von einmaliger Kraft in die Genfer Schullandschaft. Sie funktionieren diese in ein pädagogisch-psychologisches, schulpädagogisches sowie didaktisch-methodisches Experimentierfeld um, was die Akademisierung der Lehrerbildung zur Folge hat.

Ich fasse zusammen:
-Weder in der französischsprachigen noch in der deutschsprachigen Schweiz gibt es bis heute das Fach Schulpädagogik als eigenständige pädagogische Bereichsdisziplin, obschon in der Ausbildung angehender Lehrkräfte inhaltlich-schulpädagogische Fragestellungen durchaus gestellt und bearbeitet werden.
-Sowohl die lediglich teilweise Akademisierung der Lehrerbildung als auch der nicht erfolgte Differenzierungsprozess der akademischen Pädagogik in zahlreiche Bereichsdisziplinen, verhinderten in der (deutsch- und italienischsprachigen) Schweiz nebst der Ausbildung der Schulpädagogik zu einem

Spezialgebiet allgemeinpädagogischen Denkens ebenso die Entwicklung einer eigenständigen, systematischen, schulpädagogischen Forschung. Diese Sachlage ist bis heute beinahe unverändert geblieben. Allerdings haben in jüngster Zeit universitäre Lehrerausbildungen erkannt, dass schulpädagogische Lehre und entsprechende Forschung balanciert koexistieren müssen, wollen sie innerhalb der Lehrerbildung Relevanz beanspruchen.

-Die Absenz einer sich konturiert ausprägenden Disziplin und eine unter diesem Begriff nicht existente schulpädagogische Forschung führten dazu, dass sich in der Schweiz bis heute keine schulpädagogische Diskussion entfalten konnte. Zwar wurden im engeren Sinne schulpädagogische Kontroversen geführt. Nicht in einen weiter gespannten Rahmen eingefügt, sind sie jedoch zufällig, an bildungspolitischen Ereignissen ausgerichtet und, was ihre Verwurzelung in einer schulpädagogischen Forschungslandschaft betrifft, ohne einschlägige Bezüge. Demzufolge hat sich bislang auch keine *schweizerische Schulpädagogik* ausgebildet.

-Konsequenterweise übernahm der pädagogische Diskurs in der deutschsprachigen Schweiz in Teilen die Positionen der bundesdeutschen erziehungswissenschaftlichen, ebenfalls der schulpädagogischen Debatte, ohne jedoch anschlussfähig zu sein. Dieser Transfer erfolgte im übrigen keineswegs unkritisch und direkt: Wurden die bildungspolitischen Belange der Kontroversen in der BRD hier verspätet, mehrfach gebrochen und abgedämpft verhandelt, verhielt es sich mit den schulpädagogischen, didaktischen und methodischen ähnlich. Kritische Diskussion, vorsichtiger Transfer und ein gerüttelt Mass an Skepsis charakterisieren nicht nur den Umgang mit bundesdeutschen allgemein, sondern insbesondere schulpädagogischen Sachverhalten.

Aus meinen Anmerkungen folgernd, rege ich in der Form zweier Thesen an, schulpädagogische Belange bei der Einrichtung der neuen erziehungswissenschaftlichen Ausbildungen unter zwei Perspektiven zu erörtern. Beide Blickwinkel lassen erahnen, dass die Schulpädagogik ihren umstrittenen, umkämpften Ort nicht verlieren wird, was sie produktiv nützen muss, um sich zu konturieren.

1. In der Ausbildung angehender Lehrkräfte machen die schulpädagogischen Inhalte in Gewichtung und Positionierung die professionsrelevanten Studienanteile aus.

2. Die bisher (an den kantonalen Lehrerausbildungen unter anderen Bezeichnungen) gelehrten ‚schulpädagogischen' Inhalte und der traditionelle Kanon der pädagogischen Bereichsdisziplin Schulpädagogik sind zu einem schulpädagogischen Curriculum für die künftigen erziehungswissenschaftlichen Ausbildungen in der Schweiz zu integrieren.

2. Schulpädagogik: die aktuelle Situation

2.1 Konturen der Schulpädagogik in der Schweiz

Hans Badertscher, Universität Bern

Das Dokument, welches die Ausgestaltung der Lehrerinnen- und Lehrerbildung für die Primarstufe in den zwei letzten Jahrzehnten am nachhaltigsten beeinflusste, nannte sich Lehrerbildung von morgen (MÜLLER 1975), war verfasst worden von einer interkantonalen Expertengruppe und erschien 1975. Der Bericht beschreibt Grundlagen, Strukturen und Inhalte (Untertitel) der wünschbaren künftigen Ausbildung von Lehrkräften - im ersten, allgemeinen Teil nicht stufenspezifisch, dann aber zentriert auf die Lehrkräfte der Primarstufe und summarischer auf diejenige der Sekundarstufe I. Im Inhaltskatalog der "berufsbildenden Fächer" (ebd., S. 115ff) unterscheidet er, dem damals vorherrschenden Verständnis des Theorie-Praxis-Bezugs entsprechend, "Anwendungsbereiche" von "erziehungswissenschaftlichen und didaktischen Modellpensen" (ebd. S. 125ff) für die Lehrerinnen- und Lehrerbildung. Die Modellpensen werden in Anlehnung an Aebli (AEBLI 1970), Blankertz (BLANKERTZ 1970), Bokelmann und Scheuerl (BOKELMANN, SCHEUERL 1970), Brezinka (BREZINKA 1991) und Gehrig (GEHRIG 1970) elf Unterrichtsfächern zugeordnet: der Systematischen Pädagogik, der Geschichte der Pädagogik, der Pädagogischen Psychologie, der Schultheorie, der Allgemeinen Didaktik sowie den Didaktiken der Muttersprache, des Mathematikunterrichts, der Realien, des Turn- und Sportunterrichts, der Schulmusik und des Zeichnens und Gestaltens. Damit ist das Set der berufsbildenden Fächer abschliessend aufgelistet. Schulpädagogik erscheint im kommentierten Katalog der für die Lehrerinnen- und Lehrerbildung vorgeschlagenen Ausbildungsziele nicht als Lehrfach. Sie wird als drittes von insgesamt zwölf Modellpensen im Fachbereich Systematische Pädagogik genannt und folgendermassen umrissen: "Schulpädagogik als Theorie und Praxis, verstanden als ein bestimmter Anwendungsbereich der Systematischen Pädagogik neben anderen Anwendungsbereichen" (MÜLLER 1975, S. 128). Obschon als Anwendungsbereich definiert, wird Schulpädagogik den erziehungswissenschaftlichen Modellpensen zugeordnet, was die Systematik durchbricht. Anwendungsbereiche sind gewissermassen multidisziplinär strukturiert, d.h. zu ihrer Behandlung (müssen) Erkenntnisse aus verschiedenen Wissenschaftsdisziplinen um das Problem gebündelt werden" (ebd., S. 118). Wissenschaft soll in den Anwendungsbereichen instrumentell auf "Praxis" bezogen werden, wobei wie üblich "Praxis" als nicht definitionsbedürftiges Konstrukt, als allen bekannter und sich daher von selbst verstehender Begriff unterstellt wird und aus diesem Grunde undiskutiert bleibt. Weshalb die Schulpädagogik nicht den Anwendungsbereichen zugerechnet, zugleich aber als solcher bezeichnet wird, bleibt letztlich unklar und wird nur durch den Verweis auf die angefügten vergleichbaren Bereiche, die nicht als Elemente der Lehrerinnen- und Lehrerbildung definiert werden, etwas erhellt: Familienerziehung, Vorschulerziehung, Heimerziehung, Berufspädagogik, Wirtschaftspädagogik, Sozialpädagogik, Sondererziehung und Erwachsenenbildung (ebd., S.128). Schulpädagogik ist demnach offenbar der Systematischen Pädagogik verpflichtet, insofern ist sie "Theorie", andererseits der schulischen Praxis. Modellpensen sollen im Sinne des Expertenberichts "den verantwortlichen Fachdozenten als bedenkenswerte Modelle, also als mögliche Realisierungen ihres Auftrages vorgelegt werden" (ebd., S. 125). Sie sind nicht verbindliche Bestandteile des Curriculums, sondern sollen unter anderem dem erheblichen Orientierungsbedürfnis von Dozentinnen und Dozenten, die neu in die Lehrerbildung eintreten, entgegenkommen, indem sie Anregungen zur Gestaltung von Lehreinheiten liefern. Die Autoren des Expertenberichts schlagen für die Behandlung des unverbindlichen Modellpensums Schulpädagogik in der Lehrerinnen- und Lehrerbildung sechs Unterrichtsstunden vor (ebd., S. 128). Schulpädagogik erscheint im prospektiven Bericht als umfangmässig marginales Ausbildungselement, über dessen Einbezug in die Ausbildung die Dozentinnen und Dozenten entscheiden.

Während sich die übrigen im zitierten Expertenbericht der Schulpädagogik systematisch gleichgesetzten "Anwendungsbereiche" zu eigenständigen Wissenschaftsdisziplinen entwickelt haben, soweit sie dies 1975 nicht bereits waren, gilt dies in der Schweiz für die Schulpädagogik nicht, und sie hat sich auch nicht als Ausbildungsfach etabliert. Eine 1993 publizierte, flächendeckende Bestandsaufnahme der in der Schweiz bestehenden Grundausbildungsgänge für Lehrkräfte aller Stufen (BADERTSCHER 1993) eruierte 147 voneinander abweichende Strukturierungen. Trotz beachtlicher Varianz der Benennungen von Ausbildungs bzw. Studienbereichen erscheint der Begriff Schulpädagogik in keinem Grundlagendokument; d.h. Schulpädagogik war zum Erhebungszeitpunkt nirgends in der Schweiz als Ausbildungsdisziplin der Lehrerinnen- und Lehrerbildung konstituiert.

Es erstaunt daher nicht, dass Schulpädagogik als Begriff in der Schweiz selten und in hohem Masse inkonsistent verwendet wird. Denotativ bezeichnet er je nach dem Verwendungszusammenhang einen Schnittbereich von Pädagogik und Unterrichtslehre, von Wissenschaftlichkeit und Berufserfahrung, von Schultheorie und Schulkunde, oder aber die Gesamtheit der schulbezogenen Aktivitäten eines Kantons oder einer Region usw. Deutliche Konturen sind nicht auszumachen. Verwendet in Gesprächen innerhalb von Lehrerbildungsinstitutionen, vermag Schulpädagogik Konnotationen wie schulmeisterlich, kleinkariert, Pseudowissenschaft, Profilierungsfeld für kleingläubige Schulmethodikerinnen und -methodiker usw. hervorzurufen und bei Lehrkräften und Lehrerbildnerinnen und Lehrerbildnern nicht selten Peinlichkeit auszulösen. Schulpädagogik tendiert zum konnotativen Gegenbild zu pädagogisch-wissenschaftlicher Systematik, zu Professionalität und pädagogischer Offenheit.

Der Beweis für diese Behauptung gestaltet sich in Ermangelung von Fachliteratur schwierig. Indizien dafür sind einerseits Beobachtungen im alltäglichen persönlichen Umgang, wo Vermeidungsstrategien feststellbar sind, und andererseits begriffliche Zuordnungen bzw. eben Nichtzuordnungen von Forschungsvorhaben zum Bereich der Schulpädagogik. Wenn wir im Internet den Schweizerischen Informations- und Daten-Archivdienst (SIDOS 1997) abrufen und das Stichwort 'Schulpädagogik' mit dem Auftrag zur Volltextsuche eingeben, listet das Programm gerade fünf Forschungsprojekte auf, die für die nähere begriffliche Bestimmung deshalb wenig hergeben, weil sie erstens allesamt von der Forschungsstelle in Bern stammen, welche 'Schulpädagogik' in ihren Namen aufgenommen hat, und zweitens keine scharfe Terminologie erahnen lassen. Allfällige andere Forscherinnen und Forscher auf diesem Gebiet ordneten ihre Projekte bezeichnenderweise nicht diesem Schlüsselwort zu. Die Abfrage der Datenbank der Schweizerischen Koordinationsstelle für Bildungsforschung mit dem Stichwort "Schulpädagogik" bleibt ergebnislos. "Pédagogie scolaire", eingegeben zum checking der Suisse romande, ergibt immerhin elf Titel; die meisten weisen auf Entwicklungs-, nicht auf Forschungsprojekte hin. Die Deutsche Meta-Suchmaschine dagegen erstellt aufgrund des Suchbegriffes 'Schulpädagogik' eine umfangreiche Liste von

Institutionen, Forschungsprojekten und Publikationen in Deutschland und Österreich.

Schulpädagogik ist in der Schweiz, so das Fazit, nominell als Unterrichtsbereich inexistent, als Forschungsbereich nur andeutungsweise präsent und in pädagogischen Diskursen kein Thema; sie ist weder als Disziplin noch institutionell etabliert.

Die formale Abwesenheit bzw. Konturlosigkeit bedeutet nicht zwangsläufig zugleich eine inhaltliche. Wir fragen im Folgenden danach, inwiefern die Gegenstände einer Schulpädagogik in Forschung und Lehre realiter wahrgenommen werden. Woher die Abwesenheit von Schulpädagogik als Lehr-

und Forschungsdisziplin und die beobachtbare negative Konnotation des Begriffes rührt, ist Gegenstand der weiteren Erörterung.

Die Feststellung, im deutschsprachigen Raum der siebziger Jahre habe sich bezüglich der empirischen Unterrichtsforschung ein neuer Optimismus und ein Aufschwung abzuzeichnen begonnen, dem aber in den achtziger Jahren ein deutlicher Rückgang der Unterrichts- und insbesondere der Lehrerforschung gefolgt sei (DICK 1994, S. 73), trifft für die deutschsprachige Schweiz nur bedingt zu. Eine 'empirische Rezession' lässt sich nicht ausmachen, wohl aber Stagnation und nahezu stereotype Klagen über das Fehlen empirischer Forschung zur Schule. Erst in den neunziger Jahren hat in der Schweiz das auf Schule und ihre ausserschulischen Prämissen ausgerichtete Forschungsinteresse sprunghaft zugenommen, wie Bibliographien und Listen laufender Forschungsvorhaben (SKBF 1997) belegen. Steht im Zentrum schulpädagogischer Forschung und Lehre "die Aufgabe, den Vorgang schulischer Sozialisation und seine Bedingungen zu erfassen, mögliche sowie notwendige Formen eines pädagogisch orientierten Handelns in diesem Sozialisationsfeld darzustellen und diese hinsichtlich ihrer Auswirkungen empirisch zu untersuchen" (APEL, GRUNDER 1995, S.12f), wie eine der jüngsten Umschreibungen fordert, dann lassen sich inhaltsbestimmte Zuordnungen einer ansehnlichen Reihe von aktuellen Forschungen und Publikationen und auch von Lehrinhalten vornehmen. Die Schule und ihr Umfeld erweisen sich seit einigen Jahren als ein derart attraktives Forschungsfeld, dass Behörden den Zugang von Forscherinnen und Forschern zu Lehrkräften und Schülerinnen und Schülern restriktiv reglementieren mussten. An der Attraktivitätssteigerung des Forschungsfeldes und der Expansion dürften drei Phänomene massgeblich beteiligt sein:

Legitimationsdruck: Auf Schule und Lehrerbildung ausgerichtete Forschung trägt zur Legitimation der Erziehungswissenschaft gegenüber staatlichen Instanzen bei in einer Zeit der knapper werdenden finanziellen Ressourcen und der immer hartnäckiger gestellten Frage nach der Nützlichkeit von Forschung für die Bewältigung von Bildungsaufgaben. Viele Wissenschaftsdisziplinen, bis beispielsweise hin zur Allgemeinen Sprachwissenschaft, sind in dieses Legitimationsterrain vorgedrungen.

Kontrollbedarf: Die angestrebte oder realisierte Teilautonomisierung von Schulen ruft nach Qualitätssicherungsmassnahmen und staatlicher Kontrolle des ökonomischen Ressourceneinsatzes. Den Bedarf suchen Bund und Kantone

durch Evaluationen und Effektivitätsanalysen zu decken, mit deren Durchführung sie wissenschaftliche Institutionen betrauen.
Wettbewerb: In der Schweiz werden gegenwärtig Pädagogische Hochschulen geplant, welche im Prinzip an die Stelle der bisherigen Lehrerinnen- und Lehrerseminare und universitätsgebundener Ausbildungsinstitutionen treten werden. Die Pädagogischen Hochschulen, definiert als Fachhochschulen, sollen nach den Empfehlungen der Schweizerischen Konferenz der kantonalen Erziehungsdirektoren (EDK 1995) mit einem Forschungsauftrag versehen werden. In der Gewissheit, dass die Forschungsbudgets in Zukunft nicht erhöht werden, sich also die Pädagogischen Hochschulen, die ebenfalls neu zur Forschung verpflichteten übrigen Fachhochschulen (BUND 1995) und die Universitäten die finanziellen Ressourcen werden teilen müssen, gilt es, die sich abzeichnenden primären Forschungsfelder der künftigen Konkurrenten rechtzeitig so flächendeckend wie möglich zu besetzen.

Warum also konstituierte sich Schulpädagogik als Disziplin in der Schweiz nicht, obschon ihre Ziele, Inhalte und Forschungsinteressen in beträchtlichem Umfang und expandierend wahrgenommen werden (vgl. Kapitel 3.2.)? Warum blieb der Begriff verschwommen und tendenziell negativ konnotiert? Die naheliegendste formale Antwort darauf ist wohl die, es habe eben kein Bedürfnis nach einem derartigen disziplinären Konstrukt und einer entsprechenden Begrifflichkeit bestanden. Die Sprache schafft keine Begriffe für Selbstverständlichkeiten, die nicht aus einer Aussensicht zu einem besonderen Merkmal werden (CRYSTAL 1993). Schulpädagogische Inhalte sind in der Schweiz immer noch in determinierende institutionelle Rahmenbedingungen eingebunden, die eine funktionale Zusammenfassung unterschiedlicher Unterrichtsfächer unter einem Oberbegriff erübrigen.

Die 'besondere Theorie der Erziehung und Bildung, gebunden durch Schule und Unterricht', ist die eigentliche Domäne der mittelschulisch angesiedelten und organisierten Lehrerseminare. Die historische pädagogische Forschung hat die Bedeutung dieser Institutionen und ihrer Exponenten für den zeitlichen Wandel der auf die Schule bezogenen Theorien erst in den letzten Jahren entdeckt (GRUNDER 1993, METZ 1992). Die Aufarbeitung der Seminargeschichte lässt unter anderem eines deutlich werden: Seminardirektoren verstanden sich als Fachleute für Pädagogik in der Schule und für die Lehrerbildung. Was die einschlägigen Umschreibungen heute in das Begriffsfeld Schulpädagogik einbeziehen, war - in historischer Ausprägung - das Wissenschafts-, Lehr- und Versuchsgebiet der Leiterinnen und Leiter der Lehrerseminare. Auf diese Mehrfachfunktion gründeten besonders die hervorragenden Köpfe unter den Seminardirektorinnen und Seminardirektoren ihre profes sionelle Identität. Nicht selten emanzipierten sich Seminardirektoren von Schule und Lehrerbildung und nahmen Lehrstühle für Allgemeine oder Historische Pädagogik an Universitäten ein. Diese Laufbahn war gar der Königsweg akademisch-pädagogischer Karrieren.

Nachdem in den ersten Jahrzehnten unseres Jahrhunderts "Erziehungswissenschaft... das zentrale Studienfach" (BECKMANN 1968, S. 131) der Lehrerinnen- und Lehrerbildung geworden war, differenzierte sie sich inhaltlich und unterrichtsorganisatorisch in Einzeldisziplinen aus, die nun nicht mehr zwingend von einer einzigen Person unterrichtet werden mussten. In dem Masse, wie sich der Fächerkanon an den Lehrerseminaren aufgliederte, etwa in Pädagogik, Psychologie und Methodik, erhöhte sich die Zahl der in diesem Gebiet Lehrenden und verloren die Direktorinnen und Direktoren ihre führende Stellung als pädagogische Leiterinnen und Leiter der Institution. Die Personalunion von Gesamtleitung der Institution, der Lehre der zentralen Wissenschafts disziplin, die zunehmend auf die allgemeinbildenden Fächer Einfluss nahm, und der pädagogisch-strategischen Institutionsentwicklung wurde gebrochen. Dass Seminarlehrerinnen und Seminarlehrer die ehemalige Lehrdomäne der Direktorinnen und Direktoren einnehmen, ist heute zur Regel geworden. Das heisst nicht, dass nicht schon von Beginn der Gründung der Lehrerseminare im 19. Jahrhundert an auch Fachlehrkräfte darin tätig gewesen wären.
Im Vergleich zu andern Ländern vollzog sich die Ausdifferenzierung in der Schweiz spät, nämlich im Wesentlichen erst nach dem Zweiten Weltkrieg. Heute spielt die Fachzugehörigkeit der Direktorinnen und Direktoren der Lehrerseminare keine Rolle mehr. Sie müssen von ihrer Bildungslaufbahn her in der Lage sein, in ihrer Institution zu unterrichten; das Unterrichtsgebiet ist irrelevant. Die Führungsfunktion ist eine andere, eine primär technisch-administrative geworden. Im Zuge der Einführung des 'New Public Managements' strebt die Umorientierung der Führungsaufgabe der Leiterinnen und Leiter von Lehrerbildungsinstitutionen gegenwärtig einem voraussichtlich grösstmöglichen Pendelausschlag zu: die ehemalige pädagogische Führungsverantwortung tritt zurück hinter Managementfunktionen mit Elementen wie Ressourcenbewirtschaftung, Qualitätssicherung und Öffentlichkeitsarbeit.

Die unmittelbar professionsbezogenen Unterrichtsfächer in der Lehrerinnen- und Lehrerbildung nennen sich heute meist Pädagogik, Psychologie, Didaktik oder Methodik (BADERTSCHER et al. 1993). Insidern ist klar, dass es sich dabei um Pädagogik im Bezug auf schulische Kontexte handelt, um Psychologie im Bezug auf Kinder und Jugendliche oder um Didaktik für die Zielschule der Auszubildenden. Die unspezifische Terminologie gründet nicht im Unvermögen, die Reichweite der Begriffe abschätzen zu können, vielmehr in der sich von selbst verstehenden Begrenzung und Funktionalität, der Selbstverständlichkeit, dass Disziplinen in Lehrerbildungsinstitutionen Lehrerbildungsdisziplinen sind. Aus demselben Grund konnte eine Einbindung der Fächer in ein übergeordnetes, zielbestimmendes Lehrgebiet, wofür sich 'Schulpädagogik' angeboten hätte, unterbleiben.
Die Determinationskraft des seminaristischen Ausbildungskontextes wird deutlich, wenn wir uns Eckwerte seminaristischen Gedankengutes in Erinnerung rufen. Die folgenden Merkmale kennzeichneten und kennzeichnen den Kern der seminaristische Idee, so scheint mir:

-der Wille und Anspruch, die Seminaristinnen und Seminaristen zu einer Gemeinschaft innerhalb der Ausbildungsinstitution zusammenzuführen. Eigene Bräuche unterstützen die Identifikation. Damit verbinden sich eine Hochschätzung sozialer Bildung sowie die Fürsorge für die einzelne Person;
-eine familiäre Struktur als soziales Ideal. "Das Seminar hat auch in Zukunft nicht nur Lehranstalt, sondern ebensosehr Erziehungsanstalt zu sein" (ACHERMANN o.Jg., S. 83), wurde beispielsweise 1917 in Hitzkirch gefordert;
-das Bemühen um Abschirmung der Seminaristinnen und Seminaristen gegenüber den schlechten Einflüssen der Umwelt; nicht vollständig, sondern so, dass man die Übel der Welt aus Distanz erkennen kann;
-das Bestreben, den Unterricht im Seminar als Modell für den Unterricht an der Zielschule zu gestalten;
-die Absicht, die Zielschulen mit dem Instrument der Musterschule oder Übungsschule zu erneuern, also praktische Schulentwicklung zu treiben. Die Musterschule als Konkretisierung der im Seminar vertretenen, fortschrittlichen pädagogischen Theorie sollte von den Absolventinnen und Absolventen an ihrem Wirkungsort rekonstruiert werden;
-die Selbstverständlichkeit, als Seminarlehrerin oder Seminarlehrer dem Berufsziel der Seminaristinnen und Seminaristen verpflichtet zu sein.

Der 'Normalschule', wie sie nicht nur im Französischen hiess, dieser sich als sozialer Kosmos verstehenden Bildungseinrichtung, kommt als Rahmen das Internat am nächsten.

Wieviel von der seminaristischen Idee, dem seminaristischen Ethos und dem Alltag heute in den Lehrerinnen- und Lehrerseminarien der Schweiz weiter lebt, hängt von der facettenreichen institutsspezifischen Bildungskultur ab. Von ihrer Präsenz und Wirksamkeit zeugen die Kontroversen um die Realisierung der Empfehlungen der Schweizerischen Konferenz der kantonalen Erziehungs direktoren zur Tertialisierung der Lehrerinnen- und Lehrerbildung für die Primarschule, die 1996 in Kantonen der Zentralschweiz kulturkämpferische

Züge angenommen hat (WYSS 1996). Als Sachargumente gegen die Aufhebung der Seminare führten die Gegner an, die Verlegung der Lehrerinnen- und Lehrerbildung in den tertiären Bildungssektor zerstöre essenzielle Werte seminaristischer Ausbildungskultur, sie opfere insbesondere "die Persönlichkeitsbildung leichtfertig akademischem Wissen" ('Komitee für Freiheit in der Lehrerbildung', zit. nach WYSS 1996, S. 210). In dieselbe Richtung weisen Resultate einer Befragung von Lehrerbildnerinnen und Lehrerbildnern an Seminaren zu deren 'subjektiven Curricula'. In der 1997 erschienen Publikation stellen Stadelmann und Spirgi fest, die Vermutung der Gewährspersonen, "wonach Ausbildungsinhalte in hohem Masse die Persönlichkeitsbildung und nicht eine professionelle Grundausbildung unterstützen", korrespondiere mit dem Befund, wonach "Ausbildungs programme tendenziell in Verbindung gebracht werden mit dem Aufbau von Haltungen und Standpunkten ... und nicht in erster Linie mit professionellen Wissensbeständen." (STADELMANN, SPIRGI 1997, S. 79) "Persönlichkeitsbildung" wird demnach als wesentliche Aufgabe der Lehrerinnen- und Lehrerbildung gewichtet (ebd., S. 78). Die Wirksamkeit der seminaristischen Idee beschränkt sich nicht auf die Ausbildungsinstitutionen der Sekundarstufe II, also auf die Lehrerinnen- und Lehrerseminare. Wo in den letzten Jahrzehnten Tertialisierungen vollzogen worden sind, wurden bestimmende Elemente der seminaristischen Ausbildungskultur in die neuen Strukturen transferiert. Seminaristisches Gedankengut scheint in Studien-seminaren Deutschlands unter dem Konzept der "Subjektorientierung" in jüngster Zeit Anhänger zu finden (vgl. etwa das Seminarrahmenkonzept des Studienseminars Paderborn 1997).

Der im seminaristischen Gedankengut verankerte Idealtypus einer Lehrerbildungsanstalt als einer 'Polis' gestattet eine unspezifische Benennung von Unterrichtsgebieten, weil diese sich an die Mitglieder der Gemeinschaft wenden und sich weniger einer Aussenperspektive verständlich machen müssen.

Die institutionelle Klammer wirkt so stark, dass die Bezeichnung 'Schulpädagogik' an Stelle von 'Pädagogik' als begriffliche Überbestimmtheit wahrgenommen wird. Schulpädagogik erscheint dann als manieristisches Konstrukt, das irgend etwas diffus Modisches, jedenfalls aber Unnötiges suggerieren will. Dass das Wort Schulpädagogik vielen unter den wenigen Lehrerbildnerinnen und Lehrerbildnern, die es bisher begegnet haben, lästig ist, wird nachvollziehbar.

Unter diesen Voraussetzungen konnte sich kein Kreislauf zwischen Pädagogik als Wissenschaft und dem Lehrbetrieb an den Seminaren anbahnen. Die Unterbrechung war weniger die Folge einer "restaurative(n) Volksbildungspolitik des Staates" (BECKMANN 1968, S. 62), mit der Beckmann isolationistische Tendenzen von Lehrerinnen- und Lehrerseminaren in der zweiten Hälfte des neunzehnten Jahrhunderts in Deutschland begründet. Ob diese Kausalattribution das Phänomen für den von ihm gemeinten zeitlichen und geografischen Raum hinreichend erklärt, scheint fraglich, wenn man die prägende Kraft der seminaristischen Ausbildungskultur in Rechnung stellt. Damit ist zudem nur die Seite der Lehrerbildungsinstitutionen angesprochen, der Verfasstheit der universitären Pädagogik kommt eine nicht geringere Rolle für die Gestaltung des Verhältnisses zu.

Noch zu Beginn der sechziger Jahre konzentrierte sich die universitäre Pädagogik, etwa an der Universität Bern, auf Allgemeine und Historische Pädagogik. Die Schule erschien als ein Sonderfall pädagogischer Betätigung, als ein bedeutender zwar, aber als einer, auf den man in Lehrveranstaltungen eher beiläufig einging. Eine gute Schulpädagogik war eine gute Pädagogik, oder umgekehrt: gutes pädagogisches Handeln in der Schule erschien einfach als gutes pädagogisches Handeln unter spezifischen, aber vernachlässigbaren Kontextbedingungen. Im elaboriertesten Zustand konstituierte sich wissenschaftliches Nachdenken über Pädagogik unter den institutionellen Bedingungen von Schule als theoretischer Ansatz, eher wenig geachtet, eher ein Appendix der 'grosseni pädagogischen Theorie, die sich in den Niederungen schulischer Alltäglichkeiten zu verstricken schien. Das Verdikt der Nachrangigkeit der Schulpädagogik hat seine Wirkung beibehalten.

Bezeichnenderweise agierte Hans Aebli - die Person, welche die Seminarpädagogik materiell in der zweiten Hälfte unseres Jahrhunderts in der (deutschsprachigen) Schweiz dezidiert auf eine wissenschaftliche Grundlage zu stellen suchte und über die Qualifizierung eines neuen Typs von Ausbildnerinnen und Ausbildnern wie über seine Schriften nachhaltigen Einfluss darauf ausübte - nicht unter dem Etikett 'Schulpädagogik'. Das Profil seines wissenschaftlichen Oeuvres und seiner Lehrtätigkeit decken sich dennoch eher mit dem erwartbaren Profil eines Schulpädagogen als mit demjenigen eines Pädagogischen Psychologen. Zielfeld seiner thematisch breitgefächerten Forschung war die

Schule, und seine Lehre richtete sich an zukünftige Lehrerbildnerinnen und Lehrerbildner. Ob sich aus diesem Anfang der Formierung eines schulpädagogischen Fokusses in der Schweiz Schulpädagogik als Wissenschaftsbereich herausbilden wird oder nicht, man wird auf Hans Aebli als prototypischen Vertreter dieser Disziplin in der historischen Pädagogik verweisen müssen oder können.

Es gibt demnach in der Schweiz Schulpädagogik als Studien- bzw. Ausbildungsinhalt für Lehrkräfte, nur wird sie nicht unter dieser Bezeichnung gehandelt. Wir nennen sie hier 'Seminarpädagogik', um die spezifische Ausprägung, die aus der Aussenperspektive fassbar wird, zu charakterisieren. Im interkantonalen Vergleich gliedert sich die 'Seminarpädagogik' in inhaltlich nicht kongruente, aber funktional gleichgerichtete einzelne Lehrdisziplinen.

Die 'Seminarpädagogik' ist nicht zur Forschung verpflichtet. Die Forschung findet mit wenigen Ausnahmen ausserhalb der für die Lehrerinnen- und Lehrerbildung verantwortlichen Institutionen statt; an ihr beteiligen sich je eigenständig verschiedenste Wissenschaftsdisziplinen. Die schulpädagogische Forschung ist nicht institutionell und thematisch parzelliert wie anderswo, sondern zersplittert. Sofern ein Zusammenhang zwischen Resultaten international vergleichender Studien über Schülerleistungen und der Qualität schulpädagogischen Know-hows bestehen sollte, müsste die Schweiz trotz der disparaten Konstellationen über eine leistungsfähige und flexible Schulpädagogik verfügen. Sie wäre dann das Produkt der Leistungen der institutionell und systematisch diversifizierten erziehungswissenschaftlichen Forschungsdisziplinen und der 'Seminarpädagogik'.

Entfernt sich die Lehrerinnen- und Lehrerbildung im Prozess der Tertialisierung von der seminaristischen Ausbildungskultur, fehlt die institutionelle Klammer, die bisher das Seminar bot. Die Disziplinen verstehen sich dann nicht mehr widerspruchslos aus dem Lehrauftrag und dem gemeinsamen pädagogischen Ethos der Dozentinnen und Dozenten heraus. Die bisher funktional fraglose 'Seminarpädagogik' verliert ihr Fundament, die Drift in divergierende Wissenschaftsinteresssen scheint angesagt. Wir sind offensichtlich an dem Punkt angelangt, an dem wir uns fragen müssen, ob die institutionelle Klammer durch eine begrifflich-systematische - beispielsweise durch den Terminus 'Schulpädagogik' - zu ersetzen sei. Das allerdings würde mehr bedeuten als eine linguistische Manipulation.

Es ist begründet zu erwarten, dass die Existenzberechtigung eines Forschungs- und Lehrbereichs Schulpädagogik in der Schweiz vehement bestritten und eine allfällige Formierung wissenschaftstheoretisch als Fehlkonstruktion qualifiziert werden wird - und nicht nur angezweifelt aus systematischen Gründen und wegen deren "schillernde(r) Position innerhalb der Erziehungswissenschaft" (GRUNDER 1995), hervorgerufen durch das "Spannungsfeld zwischen gesellschaftlichen Verpflichtungen und pädagogischen Erwartungen" (APEL 1990, S. 68) oder anderer festgestellter problematischer Bezüge. Schulpädagogik muss sich aber, wenn sie im akademischen Kontext gedacht wird, als Wissenschaft verstehen.

Aus ausländischen Quellen kennen wir das Ringen um Abgrenzungen und Inhaltsbestimmungen. Die Definitionen erfolgen aufgrund verschiedener Zielperspektiven; die einen umgrenzen, um die Textauswahl in einem Reader zu begründen, andere aus dem Bedürfnis heraus, ihren Zuständigkeitsbereich innerhalb einer Institution gegen innen und aussen offenzulegen, dritte in ausschliesslich wissenschaftstheoretischem Interesse. Die bekannten Definitionen und Umschreibungen von Schulpädagogik gliedern das Forschungsfeld meist in Schule und - in je differenter Weise - deren Umfeld. Die Schwierigkeiten beginnen gleich anschliessend, weil der Gegenstand Schule und noch weit mehr deren bestimmendes Umfeld eben kein ausschliessliches Forschungsfeld einer wie auch immer sich verstehenden Schulpädagogik sein kann.

Definitionen von Schulpädagogik könnten sich in einer Aufzählung von Überschneidungsbereichen bestehender Wissenschaftsdisziplinen und deren Forschungsfeldern zu erschöpfen. Schulpädagogik manifestiert sich dann als Konglomerat von Schnittmengen einer Anzahl von Wissenschaftsdisziplinen; Historische Pädagogik, Allgemeine Pädagogik, Pädagogische Psychologie, Soziapädagogik, Sozialpsychologie, Philosophie, Rhetorik und Anthropologie zählen dazu - eigentlich müssten dann auch Präventivmedizin, Ökonomie und andere Wissenschaftszweige folgen. Aus einem additiven Verfahren, das die Anteile anderer Wissenschaften aufreiht, ergibt sich keine Gestalt. Eine Wissenschaftsdisziplin, die sich als Summe von Elementen anderer Wissenschaften versteht, ist Identitätsunsicherheiten und Erosionsprozessen ausgesetzt.

Schulpädagogik als Wissenschaft hätte in der Schweiz dann eine Chance, wenn sie sich auf der Grundlage der ihr zugedachten Funktion konstituieren würde, die sich nicht im Erkenntnis- und Wissensgewinn erschöpfen kann. Über die Funktion der Schulpädagogik scheint ein prinzipieller Konsens möglich; er besteht darin, Schulpädagogik habe die in den letzten zweihundert Jahren äusserst erfolgreiche Schule wissenschaftlich zu analysieren, zu kritisieren, an deren Konsolidierung mitzuarbeiten und sie vornehmlich über die Lehrerinnen- und Lehrerbildung funktionstüchtig zu erhalten und weiterzuentwickeln. Von dieser Funktion her wären idealerweise die Teildisziplinen zu bestimmen, die der Schulpädagogik als feste Bestandteile angehören müssten, die sie konstituieren, die nicht zugleich Teilbereiche anderer Wissenschaften sind. Durchsetzbar ist die Zuordnung allerdings nicht allein auf wissenschaftstheoretischem Wege, weil sie störend in ein bestehendes System eingreifen müsste und zwangsläufig Widerstände provozierte. Wie andernorts kann die Schaffung einer Schulpädagogik als Wissenschaft in der Schweiz, wenn sie denn erfolgen soll, nicht als Ergebnis eines von aussen unbeeinflussten wissenschaftlichen Diversifikations- oder Integrationsprozesses erwartet werden; die Schaffung bedingte einen wissenschaftsorganisatorischen und bildungspolitischen Willensakt.

Als Arbeitshypothese versuche ich eine mögliche prospektive Formulierung, die an die 'Seminarpädagogik' anschliessen soll, indem sie bestehende Disziplinen moderat uminterpretiert und anders bündelt als die bekannte Schulpädagogik: Schulpädagogik ist die Wissenschaft vom Lehren und Lernen in der Schule mit dem Zweck, diese funktionstüchtig zu erhalten und weiter zu entwickeln; von den systemischen und sozialen Bedingungen der Schule und deren Entwicklungspotential (Schultheorie), von den historischen Voraussetzungen (Schulgeschichte), von Bildungsinhalten und Lehrkunst (Didaktik).

Die Umschreibung hebt ab auf der Nennung bekannter Forschungs- und Lehrdisziplinen und ordnet sie der Schulpädagogik als Kernbereiche zu. Schulpädagogik würde disziplinorientiert und funktional festgelegt, statt von ihrem Forschungsfeld her. Das hätte den Vorteil, dass der Blickwinkel der Schulpädagogik, ihre Interesserichtung deutlicher gefasst würde. Die Schule und ihr Umfeld können von beliebig vielen Wissenschaften unter je eigenem Blickwinkel angegangen werden, was kein Grund dafür ist, sie durch die Schulpädagogik zu vereinnahmen. Es ist der Medizin beispielsweise recht, wenn die Chemie, die

Biologie, die Physik, die Ingenieurwissenschaften, die Psychologie oder gar die Archäologie wichtige Beiträge zu ihrem Fortkommen leisten; deshalb werden diese Wissenschaften zwar als Studieninhalte der angehenden Berufsleute integriert, nicht aber der medizinischen Wissenschaft zugeschlagen. Der Zweck, nämlich Prävention und Heilen, und ihre TeildisziplinenPathologie, Diagnostik, Therapie und Prophylaxe (Brockhaus 1979) bestimmen die Medizin als eigenständige Wissenschaft. Das Forschungsfeld allein vermag die Wissenschaft nicht zu definieren. Das erklärt, weshalb Schulpädagogik trotz aller Definitionsbemühungen als Wissenschaft eigenartig offen und angreifbar bleibt; eben deshalb, weil ihre Zweckbestimmung häufig ebenso unerwähnt bleibt wie die sie konstituierenden Subdisziplinen. Die eigenständige Wissenschaft Schulpädagogik wäre nach der hier versuchten Umschreibung bestimmt durch den Zweck, Schule funktionstüchtig zu erhalten und weiter zu entwickeln; Schultheorie, Schulgeschichte und Didaktik, einschliesslich der Fachdidaktik, wären ihr als konstitutive Wissenschaftszweige zuzuordnen.

Fazit

Schulpädagogik, so die hier begründete These, existiert in der Schweiz als Wissenschaft nicht, weil makrostrukturelle Reformen der Lehrerinnen- und Lehrerbildung bis in die neunziger Jahre die Ausnahme bildeten, die Bedürfnislage demnach eine andere war als in der Aufbauphase des Wissenschaftsbereichs in Deutschland und Österreich. Schulpädagogische Forschung ist der Sache nach existent, aber institutionell und disziplinär inkohärent. Mit der geplanten Aufhebung der Lehrerinnen- und Lehrerseminare werden zugleich die institutionellen Voraussetzungen der 'Seminarpädagogik' aufgehoben, die bisher das fraglose Selbstverständnis im Zielbezug der Tätigkeit der Lehrenden und der Auszubildenden sicherte; die geplanten Pädagogischen Hochschulen schweizerischen Zuschnitts werden sie als akademisierte Einrichtungen nicht reproduzieren. Ich vermute, dass die effiziente 'Seminarpädagogik' nur dann bisherige spezifische Qualitäten in die akademisierte Lehrerbildung transferieren kann, wenn es ihr gelingt, sich als Wissenschaft zu konstituieren; in welcher Organisationsform dies geschieht, ist dabei prinzipiell nebensächlich. Die Schaffung einer Wissenschaftsdisziplin Schulpädagogik bildet eine der möglichen Varianten, die sich nicht aus dem Wissenschaftsbetrieb heraus vollziehen kann, sondern , wenn sie überhaupt erfolgen soll, bildungspolitisch gewollt sein muss. Wer in der Schweiz für die Schaffung einer Schulpädagogik als Wissenschaft eintritt, hat mit dem voraussichtlich heftigen Widerstand der

gefestigten erziehungswissenschaftlichen Disziplinen zu rechnen. Man wird zu beweisen versuchen - oder beweisen, ich lasse dies offen -, dass sie keine Wissenschaft sein kann, wird ihren Sinn und ihren Zweck in Frage stellen und ihre Überflüssigkeit belegen.
Ob sich eine Schulpädagogik in der Schweiz herausbilden soll, und wenn ja, auf welchen Sollzustand hin, innerhalb welcher Strukturen, mit welchen Inhalten, in welchen Institutionsformen dies geschehen soll, diese Frage sei hiermit gestellt.

Literatur

Achermann, E. (Hrsg.) (o.Jg.). 100 Jahre Lehrerseminar Hitzkirch 1968-1968. Ein Beitrag zur Luzerner Schulgeschichte. Luzern: Kant. Lehrmittelverlag.

Aebli, H. (1970). Die erziehungswissenschaftlichen Fächer in der Lehrerbildung. Die pädagogischen Disziplinen der Lehrerbildung. H. Gehrig. Basel: 25-36.

Apel, H. J. (Hrsg.) (1990). Schulpädagogik. Eine Grundlegung. Köln, Wien.

Apel, H. J., Grunder, H. U. (Hrsg.) (1995). Texte zur Schulpädagogik. Selbstverständnis, Entstehung und Schwerpunkte schulpädagogischen Denkens. Weinheim, München: Juventa.

Badertscher, H. et al. (Hrsg.)(1993). Handbuch zur Grundausbildung der Lehrerinnen und Lehrer in der Schweiz. Strukturen, Bedingungen, Unterrichtsberechtigungen; Manuel de la formation de base des enseignants et enseignantes en Suisse. Structures, Condidtions, Habilitations à enseigner. (Hrsg.):Einsiedeln:Künzli.

Beckmann, H.-K. (1968). Lehrerseminar - Akademie - Hochschule. (Hrsg.): Weinheim.

Blankertz, H. (1970). Theorien und Modelle der Didaktik. (Hrsg.): München: Juventa.

Bokelman, M & Scheuerl, M. (Hrsg.)(1970). Der Aufbau erziehungswissenschaftlicher Studien und der Lehrerberuf. Heidelberg.

Brezinka, W. (1991). Von der Pädagogik zur Erziehungswissenschaft: eine Einführung in die Metatheorie der Erziehung. (Hrsg.): Weinheim, Basel: Beltz.

Brockhaus (Hrsg.) (1979). Der grosse Brockhaus. Wiesbaden: F. A. Brockhaus.

Bund (Hrsg.) (1995). Bundesgesetz vom 6. Oktober 1995 über die Fachhochschulen (Fachhochschulgesetz, FHSG).

Crystal, D. (Hrsg.) (1993). Die Cambridge Enzyklopädie der Sprache. Übersetzung und Bearbeitung der deutschen Ausgabe von Stefan Röhrich, Ariane Böckler und Manfred Jansen. Zürich: Neue Zürcher Zeitung.

Dick, A. (1994). Vom unterrichtlichen Wissen zur Praxisreflexion. Bad Heilbronn: Verlag Julius Klinkhardt.
EDK (1995). Schweizerische Konferenz der kantonalen Erziehungsdirektoren: Empfehlungen zur Lehrerbildung und zu den Pädagogischen Hochschulen vom 26. Oktober 1995. Bern: EDK
Gehrig, H. (Hrsg.) (1970). Die pädagogischen Disziplinen in der Lehrerbildung : Pädagogik, Psychologie, Didaktik: Bericht und Dokumentation über eine Tagung des Schweizerischen Pädagogischen Verbandes und der Konferenz der Leiter Schweizerischer Lehrerbildungsanstalten auf Rigi-Kaltbad vom 27. bis 31. Oktober 1969, hrsg. von Hans Gehrig in Verbindung mit Theodor Bucher, Karl Frey und Paul Schäfer. Basel: Beltz
Grunder, H.-U. (1993). Seminarreform und Reformpädagogik. Bern: Peter Lang.
Grunder, H.-U. (1995). Schule als Überbürdung - überbürdete Schule - und die Schulpädagogik? In: H. J. Apel, Grunder, H. U., Texte zur Schulpädagogik. Selbstverständnis, Entstehung und Schwerpunkte schulpädagogischen Denkens. Weinheim, München: Juventa.
Metz, S. (1992). Herbartianismus als Paradigma für Professionalisierung und Schulreform. Bern: Peter Lang
Müller, F. (Hrsg.) (1975). Lehrerbildung von morgen. Grundlagen, Strukturen, Inhalte. Bericht der Expertenkommission "Lehrerbildung von morgen" im Auftrag der Schweizerischen Konferenz der kantonalen Erziehungsdirektoren. Hitzkirch: Comenius.
Stadelmann, M., Spirgi, B. (1997). Wie die Lehrerbildung bilden soll. Reflexionen von Dozentinnen und Dozenten der Lehrerbildung. In:. H. Badertscher, H.-U. Grunder, T. Hascher, A. Hollenstein (Hrsg.): Schulpädagogik, Fachdidaktik, Lehrerbildung. Bd. 1. Bern: Haupt.
Wyss, H. (1996). Lehrerbildungsreform im Gegenwind. Beiträge zur Lehrerbildung. 14. Jg., Heft 2/1996: 210-218.
SKBF (1997). Schweizerische Koordinationsstelle für Bildungsforschung (1997), http://agora.unige.ch/skbf/info/msql/index.html
SIDOS 1997. Schweizerischer Informations- und Daten-Archivdienst. http://www.sidos.unine.ch/index.htm
Studienseminar Paderborn (1997): Seminarrahmenkonzept Nordrheinwestfalen, http://www.unipaderborn.de/schulen/sem/nrw/nrw.html#oben

herzlich willkommen,
wir machen Dich
zur Wissenschaft!
Uni
Seminarpädagogik
7.9.97

2.2 Entwicklung der Disziplin Schulpädagogik in der Bundesrepublik Deutschland: Ausgestaltung ihrer Eigenständigkeit und ihre Perspektiven

Rudolf W. Keck, Universität Hildesheim

2.2.1 Annäherung

Ich beginne meine Annäherung an das Thema zuerst einmal nicht aus einem aktuellen Anlass, weil ich etwa mit meiner Zunft nicht zufrieden wäre, auch nicht mit Hintergrundwissen um schweizerische Verhältnisse und Befindlichkeiten, vielmehr mit einem Naserümpfen über meinen eigenen Einstieg in das Thema am Beginn der 70er Jahre. Wenn man an dem 1973 von Werner S. Nicklis herausgegebenen "Handwörterbuch der Schulpädagogik" mitgewirkt hat, stellt man erstaunt fest, dass der Begriff Schulpädagogik dort noch gar nicht vorkommt, wohl aber, so wird man entdecken, ein Bereich, überschrieben mit "Theorie der Schule", der eine Novität im schulpädagogischen Begriffskatalog in den 70er Jahren darstellte. Folgen wir kurz dem Verfasser Keck im Fertigungsjahr des Artikels 1972: "Eine 'Theorie der Schule' sei - so Keck - bislang mehr Desiderat als eine wissenschaftlich eingelöste Wirklichkeit; es sei "damit ein System umschrieben, das auf historisch-kritischem Wege seinen didaktischen Begründungscharakter ermittelt und deskriptiv-analytisch seine didaktische Wirkungsabsicht darstellt als 'soziales und sozialwissenschaftliches Interaktionsfeld' (mit den Worten Winnefelds 1959), als 'juristisches Ordnungssystem' (nach HECKEL 1967), als 'Produktionsbetrieb' (nach POSCH 1967), als 'Dirigierungsstelle für den sozialen Aufstieg' (nach PLICKAT 1963 und SCHELSKY 1967), als 'bürokratische Organisation' (nach FUERSTENAU 1964), als Mittelklasse-Institution (nach LUETKENS 1959), als 'Raum für offene Erfahrung' (nach H. von HENTIG 1971).

Mit einem solchen Eigenzitat wird für mich ziemlich genau die Nahtstelle fassbar, an der der Begriff Schulpädagogik als selbständige Disziplinbezeichnung auftaucht, Schulpädagogik als Sicherungsdisziplin für Unterricht in der Institution Schule d. h. in dominant didaktischer Zielsetzung, aber eben doch kompetenter erfasst - so kann nach dem Zeitgeist zitiert werden - als "Theorie der Schule" im Rahmen einer Erziehungswissenschaft nach ihrer gerade vollzogenen 'realistischen Wende', deutlich abgesetzt von dem hausbackenen Begriffsgebrauch "Schulpädagogik" innerhalb der traditionellen

Lehrerbildung, wie der Verweis auf Rebles Band "Lehrerbildung in Deutschland" (1958) deutlich machen soll. Ich greife wieder z. T. auf ein Eigenzitat von 1972 zurück: "Frage die traditionelle Schulpädagogik eher danach, 'was das, was in der Schule geschieht, für die Kinder und Jugendlichen bedeutet', wie es in der Reimersschen Fassung des Lexikon-Artikels von 1964, (ebd., S. 256) ausgeführt wurde, ... so erhebe eine Theorie der Schule die Frage nach der Funktion institutionalisierten Lehrens und Lernens zu ihrem eigentlichen Gegenstand" (S. 52).

Mit einer neuen Bereichsbestimmung "Theorie der Schule", für die 1973 noch keine lexikalische Fassung vorlag (abgesehen von Kramps Ausführungen im "Handbuch Pädagogischer Grundbegriffe" von 1970), wollte man sich von diesem Herkommen in der Lehrerbildungstradition gewissermassen distanzieren; es ging nunmehr nicht um einen "primär pädagogischen Begriff", sondern um eine Sammelbezeichnung für die entsprechenden Bemühungen "verschiedener Wissenschaftler" (KRAMP 1970, S. 578) andererseits wollte man auch nicht den von G. Preissler gefassten Begriff der "Schulwissenschaft" (1968) wegen dessen bildungsökonomisch-modernistischer Einengung einfach übernehmen.

Wohl mag auch die Warnung Reimers' im Raum gestanden haben, man "sollte nicht versuchen, die Schulpädagogik als gesonderte Disziplin zu entwickeln, sondern das erzieherische und unterrichtliche Handeln auf dem pädagogischen Feld der Schule lediglich als einen Gegenstand der allgemeinen Pädagogik ansehen" (REIMERS: Schule. In: GROTHOFF (Hrsg.): Pädagogik. 1964, S. 255). Entsprechend schrieb auch Kramp schon 1961: Schulpädagogik sei der Allgemeinen Pädagogik "ursprünglich und grundsätzlich inkorporiert" und folgerichtig: "Schulpädagogik ist also allgemeine Pädagogik, konzentriert ... und begrenzt auf die historisch-systematische Erforschung und Darstellung der Schule" (KRAMP: Schulpädagogik. In: GROTHOFF, STALLMANN (Hrsg.): Pädagogisches Lexikon. 1961, S. 844).

Diese Abschottung erfolgte offensichtlich von der Universitätspädagogik her; in der Tradition der "Pädagogischen Akademie" war "Schulpädagogik" gleichbedeutend mit "Praktischer Pädagogik". Aus diesem Traditionsbezug schrieb Gerhard Steindorf seine "Einführung in die Schulpädagogik" im Jahre 1972, wohlwissend, dass es auf dem 1. Pädagogischen Hochschultag in Jugenheim 1951, im Arbeitskreis "Schulpraktische Ausbildung in hochschulmässiger Form" noch hiess: Der Missdeutung des Ausdrucks 'Praktische Pädagogik' suche man durch die Einführung des Begriffs 'Schulpädagogik' zu entgehen, die sich auf Verknüpfung von Theorie und Praxis in der Lehrerbildung besonders beziehe. Dies war auch als Sache der "Allgemeinen Didaktik" gerade entdeckt

worden. Denn wie sich zeigt, fällt die Didaktikgenese in der Nachfolge zu Wagenschein und den "Tübinger Beschlüssen" (1952) geradezu zusammen mit dem Aufkommen des Begriffs "Schulpädagogik" anstelle von "Praktischer Pädagogik" an den Pädagogischen Hochschulen Norddeutschlands. Beide Begriffe, Schulpädagogik und Allgemeine Didaktik, haben seinerzeit miteinander konkurriert in der Ablösung eines eigenständigen Gegenstandsbereichs aus der Allgemeinen Pädagogik.

Somit haben wir erst einmal eine Stufe in der Genese des Begriffs markiert, von der aus es sich lohnt, zurück- und vorauszuschauen, um eine 'Schulpädagogik' in der bundesrepublikanischen Pädagogik-Entwicklung verorten zu können. Dabei entdecke ich auf dem Weg meiner Spurensicherung zur Genese einer Schulpädagogik *drei Phasen:*

- -eine Phase vom Kriegsende bis zum Ende der 60er Jahre, die ich als *Phase schulpädagogischer Defizienz* bezeichnen möchte. Aus der Sicht der Universitätspädagogik stellen schulpädagogische Fragen lediglich ein Ableitungsproblem innerhalb der neukonzipierten Allgemeinen Didaktik dar, aus der Sicht der Seminar- bzw. PH-Pädagogik erweist sie sich vor allem als "Allgemeine Unterrichtslehre".
- -Die zweite Phase, die im wesentlichen ab 1970 einsetzt, bezeichne ich als *Phase der Konstituierung einer Schulpädagogik*, wobei der Reflexion um eine "Theorie der Schule" ein besonderes Qualifizierungsmoment zukommt. Von den Konzepten, die vorgelegt werden, beziehe ich mich besonders auf das von Gerhard Steindorf (1972), Helmut Heiland (1974) und Dietrich Benner (1977).
- -Die dritte Phase ab den 90er Jahren ist als eine der *Konsolidierung* zu kennzeichnen. Dabei beziehe ich mich vor allem auf Apels "Grundlegung einer Schulpädagogik" von 1990, sowie auf den von Apel und Grunder herausgegebenen Band "Texte zur Schulpädagogik" von 1995, auf Wilhelm Wittenbruchs Konzept von 1994 und aus demselben Jahr das von Wolfgang Einsiedler.

2.2.2 Schulpädagogik in der Phase didaktischer Defizienz

Wenn im Rahmen einer allzuständigen Allgemeinen Pädagogik der Schule ein Sonderfeld zugestanden wurde, dann war es abgestempelt als Problem der Praxis und Anwendung. "Praktische Pädagogik" diente im Rahmen der Pädagogischen Akademie als Überschrift für ein Reflexionsfeld, das sich im wesentlichen auf *Unterricht* als der Aufgabe von Schule kaprizierte. Schule stand noch auf dem sicheren Untergrund eines öffentlichen Erziehungsverständnisses, das vor allem als Sache der Primärinstitution der Familie und der Kirchen in ihrer normativen Zuständigkeit verstanden wurde. Wie in einer stillschweigenden konsensualen Gewaltenteilung war Schule für Unterricht verantwortlich, für Erziehung das Elternhaus. In dieser Terrain-Harmonisierung wurden auch die kirchlichen Vereinbarungen mit dem Vatikan in Sachen Schule (Konkordate wurden bis 1965 in allen deutschen Ländern abgeschlossen) geregelt. Im Rahmen der "Praktischen Pädagogik" war das Thema "Schulpädagogik" eingegrenzt auf eine *"Allgemeine Unterrichtslehre"*, von Oskar Vogelhuber (1951) über Franz Huber (1951) bis Ferdinand Rettenmaier (1956) - oft, wie beim Zweitgenannten, als Schulrats-Meisterlehrbuch, in vielfachen Auflagen bis in die 60er Jahre erschienen. Die Allgemeine Unterrichtslehre versuchte eine "Einführung in die Kunst des Unterrichtens und Erziehens in der Schule" zu geben - so im Untertitel zu F. Rettenmaiers "Kleiner Unterrichtslehre": sie handelte sowohl von der "Analyse des Bildungsaktes", von der "Lehrerpersönlichkeit", wie von den "Bildungswirkungen durch die Organisation der Bildungsgüter". Das Muster für solche Auffassungen gab schon Otto Willmann mit seiner "Didaktik als Bildungslehre" von 1882 vor (6. Aufl. 1958). Unterricht sei - so Georg Kerschensteiners für die Nachkriegszeit wichtige Position in seiner "Theorie der Bildung" von 1926 - "die systematisch zusammenhängende, methodisch aufgebaute Einführung in die Sinngefüge der Kulturgüter". Das Zitat macht deutlich, wie stark Unterrichtslehre mit *"Bildungslehre"*, mit "Versittlichung" und "Vergeistigung" der Persönlichkeit überhaupt verbunden reflektiert wurde. Kerschensteiner: "Diese Sinngefüge bilden die geistige Struktur der Kulturgüter, und die geistigen Akte, denen sie entspringen, geben ihnen den spezifischen, unbedingt gültigen Wertcharakter. Er ist dem Sinngebilde derart immanent, dass jedem, der in dieses Sinngefüge kraft seiner geistigen Struktur eindringen kann, das Erlebnis des spezifischen, unbedingt geltenden Wertes in dem betreffenden Kulturgute zugänglich ist" (KERSCHENSTEINER 1926, S. 326). Damit war eine Unterrichtslehre so hoch und abstrakt aufgehängt im Rahmen geisteswissenschaftlicher und bildungstheoretisch geprägter Kultur- und Wertpädagogik, dass die Frage nach der Umsetzung in die Praxis als zweitrangig zu betrachten war.

In dieser Tradition steht ohne Frage auch der Ansatz Wolfgang Klafkis zu einer "Didaktik im engeren Sinne", für die Niederung einer Einführung der Lehramtsstudierenden in die Schulpraxis an der PH Hannover 1958 formuliert in seiner *"Didaktischen Analyse* als Kern der Unterrichtsvorbereitung". Der bildungstheoretischen Begründung der Stoffauswahl durch die Struktur- und Exemplaritätsfrage, um die "Bildungsmächtigkeit der Sache" zu eruieren, neben der Bildungsbedeutung des Stoffs und dessen Zugänglichkeit für den Schüler, kommt das Hauptgewicht zu. Die Methodisierung ist zweitrangig und relativ beliebig. Der Entwurf ist so etwas wie eine Brennglasaufnahme der didaktischen Reflexion im Rahmen der bildungstheoretischen Pädagogik. Klafkis "didaktische Analyse", so praktikabel sie auch gemeint war, barg doch immer in sich eine bildungsphilosophische Okkupation der "Praktischen Pädagogik". Die Befreiung der Didaktik von solchem "Stratosphärendenken" war denn auch der Ansatz des Berliners Paul Heimann in seinem Beitrag von 1962 unter dem Titel "Didaktik als Theorie und Lehre". Heimann nannte "Bildung" schlicht eine "spekulative Kategorie", zu Hilfe kam ihm, dass aus dem Raum der sogenannten 'bildungstheoretischen Pädagogik' selbst inzwischen Vorbehalte gegenüber einem alles regulierenden Begriff "Bildung" schon geäussert wurden, so von Bollnow, Nohl und Dolch.

Heimanns Zurückgreifen auf den *Lernbegriff* und seine strukturtheoretische Analyse des Unterrichtsprozesses lassen Unterricht und Schule als den "Ort" erscheinen, "wo die ungelösten Fragen der didaktischen Gesamtsituation als konkret zu lösende Lehr- und Lernprobleme auftreten" (HEIMANN 1962, S. 415).

In dem von Heimann und seinen Schülern Gunter Otto und Wolfgang Schulz herausgegebenen Didaktik-Modell (Konzept der sog. Berliner Schule): "Unterricht-Analyse und Planung" von 1965 wird ohne Frage im Kontrast zum bildungstheoretischen Klafki-Konzept die Defizienz einer bildungstheoretischen Didaktik als "Schulpädagogik" besonders deutlich. Unter der erstmals herausgehobenen "Bedingungsstruktur des Unterrichts" werden bei Heimann nunmehr "normierende und konditionierende Faktoren" beim Namen genannt, die sich auf die *Schule als Institution* wie auf den *Schüler* und seine tatsächlichen *"anthropogenen"* und *"soziokulturellen Voraussetzungen"* für das methodische Entscheidungshandeln der Lehrkraft beziehen – Fragehorizonte, die bis dahin ausgeblendet waren.

Sowohl die Wellenbewegung, die die "Kritische Theorie" der 'Frankfurter Schule' eines Adorno und Habermas um den Emanzipationsbegriff am Ende der 60er Jahre verursacht hat, als auch jene, die sich mit dem Kommunikationsbegriff (SCHAEFER, SCHALLER 1971) zu Wort gemeldet hat, haben vor allem eines bewirkt: eine *Konvergenzbewegung* - einerseits auf der Seite Wolfgang Klafkis zu einer *"kritisch-konstruktiven" Weiterentwicklung* seines Didaktik-Konzeptes (1980) hin, andererseits auf der Seite der Berliner Didaktikschule um G. Otto und W. Schulz ein Umschwenken zum posterioren "Hamburger Konzept", in dem dann seit 1980 auch *"Bildung als Perspektive"* wiederentdeckt wurde (vgl. SCHULZ 1980). Für beide Konzepte gilt: Die Strasse einer blossen Vermittlungsdidaktik ist zu Ende! Es komme nunmehr darauf an - so die konvergente Erkenntnis - Unterricht auch als Beziehungssystem zu begreifen. Die Hinwendung zu einer Beziehungsdidaktik geschieht vor allem durch die Aufnahme der zentralen Begriffe der 'Interaktion' und 'Kommunikation'.

Damit haben sich neben dem engeren Problemhorizont "Unterrichtstheorie" zwei weitere Fragekreise einer später zu entfaltenden Schulpädagogik etabliert: Ein Problemkreis, der den sozialpädagogischen Zusammenhang einer Schulklasse, die Beziehung zwischen Lehrer und Schüler, Heranwachsenden und dem Schulleben zu verfolgen sucht, aus dem man eine *Theorie pädagogischen Handelns in der Schule* erschliessen könnte, und ein Problemkreis, den die *Institution und Organisation Schule* selbst generiert in ihrer Verflechtung mit juristischen, administrativen, sozialen, psychologischen, wirtschaftlichen und politischen Determinanten, wie ihn die Verfechter einer "Theorie der Schule" um 1970 herauszustellen suchten.

Der letztgenannte Fragenkreis stellt sich unter der Überschrift *"Theorie der Schule"* zunächst bewusst neben und betont abgesetzt von einer sich seit den 60er Jahren an Norddeutschlands Pädagogischen Hochschulen als "Schulpädagogik" nennende Disziplin. Für deren Genese stelle ich rückblickend und zusammenfassend fest:

Die Disziplin "Schulpädagogik" erweist sich als ein Produkt vielfacher Häutungen und Zellteilungen:

- von der genetischen Linie der Lehrerbildung an den Pädagogischen Akademien und Pädagogischen Hochschulen her betrachtet ist sie *"Praktische Pädagogik"* mit der Aufgabe der Einführung in die Schulpraxis und in die *Allgemeine Unterrichtslehre,*
- aus der Sicht der geisteswissenschaftlichen Universitätspädagogik ist sie seit den 50er Jahren vornehmlich *Didaktik* als bildungstheoretisch begründete Bildungsgut-Auswahl und -Transportlehre, abgeleitet von der Wert- und Kulturpädagogik mit relativ hoher Distanz zur Schul- und Unterrichtspraxis.

Die Konstituierung einer eigenständigen "Schulpädagogik" konnte nur gelingen aus der Kritik dieser einseitigen Didaktik-Konzeptionierung und aus der verantwortlichen Inkorporierung verschiedener regionaler Schultheorien. Eine so entstehende *"Theorie der Schule"* wäre dann allerdings nichts anderes als eine Zwischenstufe einer forschungsspezifischen Abgrenzung gegenüber herkömmlicher, eher rezeptologischen Anwendungsbezogenheit.

Es wird eine Frage sein, inwieweit die an den norddeutschen Pädagogischen Hochschulen anstelle der "Praktischen Pädagogik" etablierten "Schulpädagogiken" seit den 60er Jahren sich diesem Milieu der rezeptologischen Praxiseinweisung sowie den typischen Ableitungen von der Allgemeinen Pädagogik entziehen können und sich der Aufgabe der selbstorganisierenden Integration regionaler Schultheorien und sozialwissenschaftlicher Theoriesegmente unterziehen. Anmeldungen dafür sind in den Aufsätzen von Job-Günter Klink zu erkennen: "Ort und Inhalt der Schulpädagogik" von 1966 sowie von Wolfgang Kramp in seinem Artikel im Grothoff-Stallmannschen "Pädagogischen Lexikon" von 1961 (Spalte 843 f.), konsequenter in dem Band von Gerhard Steindorf: "Einführung in die Schulpädagogik" von 1972, in Aufsätzen von Hellmut Heiland: "Zum Selbstverständnis der Schulpädagogik" von 1974 und von Dietrich Benner: "Was ist Schulpädagogik" von 1977.

2.2.3. Schulpädagogik in der Phase der Konstituierung

Der Zwang zur Konstituierung der Schulpädagogik als deutlich abgrenzbarer Bereich der Pädagogik wird durch verschiedene Momente und Bedingungselemente in Gang gesetzt.

1. Die im Rahmen der geisteswissenschaftlichen Pädagogik erstarkte *bildungstheoretische Didaktik,* zu der bis zu ihrem Ausgang am Ende der 60er Jahre geradezu jede Richtung innerhalb der geisteswissenschaftlichen Pädagogik Stellung bezogen hatte[2], sieht sich infrage gestellt im Zusammenhang mit der sog. "realistischen Wende", die die Erziehungswissenschaft in Deutschland insgesamt vollzogen hat. Mit der "geisteswissenschaftlichen Pädagogik am Ausgang ihrer Epoche" (- so ein Publikationstitel von Ilse Dahmer aus dem Jahre 1966 -) geht auch die Einheit der Didaktik-Diskussion verloren.

2. Die Anerkennung der Pädagogischen Hochschulen als wissenschaftliche Hochschulen bzw. ihre Integration in die Universität bringt es mit sich, dass

2 So neben Klafki (Das pädagogische Problem des Elementaren ...von 1958 und: Das Problem der Didaktik von 1962), u. a. von Erich Weniger (Didaktik als Bildungslehre, 1952/1960), von Josef Derbolav (Versuch einer wissenschaftstheoretischen Grundlegung der Didaktik: 1960, so von Josef Dolch (1960 erstmals ein Artikel "Didaktik" in seinen "Grundbegriffen der pädagogischen Fachsprache", S. 45 f.), so auch von Gustav Siewerth (Didaktik als Wissenschaft. In: Vierteljahresschrift für wissenschaftliche Pädagogik 1962).

im Rahmen der Fach-zu-Fach-Zuordnung der Didaktik zunehmend eine *Kluft zwischen Allgemeiner Didaktik und den Fachdidaktiken* entstand, die ihrerseits einhergeht mit einer zunehmenden Differenzierung der Pädagogik, für die W. Ritzel schon 1967 die "Vielheit pädagogischer Theorien" beklagt.

3. Ferner hat die Erziehungsfrage im Wettersturz der Studentenbewegung von 1968 die *Aufmerksamkeit der Sozialwissenschaften* auf breiter Front gefunden. So wird vor allem vom empirisch-psychologischen Ansatz her (LEWIN und TAUSCH, TAUSCH) die Problematik der *Erziehungsstile* aufgerollt, dem autoritären oder Laissez-faire-Stil ein sozialintegrativer Erziehungsstil mit fast missionarischem Eifer vorangestellt, ebenso wird der *Leistungsbegriff,* für dessen Beurteilung eine testtheoretisch gesicherte Objektivität eingefordert wird, einer Revision unterzogen. Die Soziologie trägt mit der *Rollen- und Milieutheorie* zu einer weiteren Ausformung des empirischen Feldes von Unterricht und Erziehung in der Schule bei. Die Schule und ihre Ausbildung wird einer *Funktionsanalyse* (erfasst wird eine Qualifikations-, Allokations- und Reproduktionsfunktion der Schule - so bei FEND 1974) und durch Fürstenau, einer *"Psychoanalyse"* (vgl. 1964) unterworfen.

4. Aus dieser meist ausserhalb der Pädagogik entstandenen Daten- und Theorienflut, die zudem zueinander disfunktional nach Inhalt und Methode sich verhielten, ergab sich ein grosser *(Theorien-) Integrationsbedarf* für die Vertretung in Forschung und Lehre unter dem Dach der Pädagogik mit besonderen Anforderungen an die Teildisziplin, die der schulpraktischen Bedarfslage theoretisch am intensivsten ausgesetzt war: der Schulpädagogik.
   Während Job-Günter Klink 1966 noch mit relativer Naivität nach "Ort und Inhalt der Schulpädagogik" aus dem Kontext einer als Einheit bestehenden Allgemeinen Pädagogik fragte und in der Schulpädagogik nunmehr eine Spezialform herausheben zu können glaubte mit dem Blick auf eine Theorie der Schule, der Didaktik und Unterrichtstheorie, der Methodik, der Schulstufen und -formen, gingen spätere Schulpädagogikkonzepte gegenüber der neuen Datenflut wesentlich kritischer zu Werke.
   Doch in dem einen Punkt ist auch Klinks Konzept von kritischer Distanz: Gegenüber der Krampschen Ausformung von 1961, die noch darauf hinauslief, die Schulpädagogik nicht von der Allgemeinen Pädagogik zu isolieren, denn Schulpädagogik sei Allgemeine Pädagogik, ihre Probleme

könnten aus dieser deduzierbar abgehandelt werden, stellt Klink die Schulpädagogik als eine selbständige Spezialdisziplin heraus, freilich ohne dass er die spezielle Fragestellung dieser Disziplin schon herausarbeiten könnte. Gleichwohl aber bezieht er mit Kramp die Fachdidaktiken in eben diesen Zusammenhang der Erziehungswissenschaft ein. Die Stellung der Schulpraktika sieht er deshalb ebenfalls im Rahmen der schulpädagogisch dominierten Unterrichtstheorie, in die er auch das Schulleben als schulpädagogische Gestaltungsaufgabe einschliesst (177).

Helmut Heilands Abhandlung "Zum Selbstverständnis der Schulpädagogik" von 1974 ist da schon deutlich von den Wetterstürzen des Paradigmenwechsels in der Pädagogik gekennzeichnet. Eine Positionsbestimmung zu den Aufgaben einer Schulpädagogik nimmt er nicht vor, wenn, dann eher im referierenden Sinne der Positionen von Kramps "Theorie der Schule" von 1970 oder von Röhrs' "Schulpädagogik" von 1965 (vgl. HEILAND, S. 187 f.). Heiland berührt die Frage: "Ob Schulpädagogik durch eine Theorie der Schule ersetzt werden kann und muss", lässt sie aber letztlich unerledigt (ebd., S. 186), da der bis dahin vorliegende Entwurf von Kramp (1970) für ihn zu einseitig dem kritischen Rationalismus verhaftet bleibe. Deutlich orientiert er sich an den Theorievorgaben der Frankfurter "Kritischen Schule" und misst an ihnen den für die Schulpädagogik konstitutiven Zusammenhang von Theorie und Praxis, von daher wird auch deutlich, dass er nicht einer ausschliesslich empirisch-analytischen Ausrichtung das Wort reden kann, vielmehr verpasst er der Schulpädagogik ein metatheoretisches Konzept zugunsten von Emanzipation gegenüber der gesellschaftlichen Wirklichkeit. Heiland:"Eine 'kritische Theorie der Schule', die die jeweils vorgegebenen Zwecke etwa des sozialen Systems Schule also selbst in die wissenschaftliche Reflexion einbezieht und sie an einem gesellschaftlichen Zwecken übergeordnetem Kriterium prüft", eine Theorie, die schulische Erziehungsprozesse als 'Hilfe zur Individualisation oder Personalisation, zur Selbstbestimmung, Emanzipation oder Mündigkeit' versteht, könnte als Metatheorie einem emanzipatorischen Erkenntnisinteresse verpflichtet sein und so die hermeneutisch-analytische Ebene transzendieren, damit aber verhindern, dass die hermeneutische Analyse in eine punktuelle, empirisch pragmatische Bestandsaufnahme von Realität umschlägt und so eine ausschliesslich quantitative Qualität erreicht" (HEILAND: Unter Einschluss von Zitatssegmenten von KRAMP, S. 188). Das Verdienst von Heiland ist es, Schultheorie und die übrigen Gegenstandsfelder für die Schulpädagogik als ein eigenständiges "Disziplin- und Theoriekonzept" eingeholt zu haben, wenn auch unter der Massgabe des mit Ausschliesslichkeit auftretenden emanzipatorischen Kriteriums der Frankfurter Schule.

Handwerklicher, betont pluralistisch und der Tradition der Schulpädagogik in der Lehrerbildung verhaftet, geht Gerhard Steindorf mit seiner "Einführung in die Schulpädagogik" von 1972 vor. Sie ist für ihn als eine "selbständige Disziplin der Erziehungswissenschaft" (STEINDORF 1972, S. 22) auf den Gegenstandsbereich "Wirklichkeit der Schule" (ebd., S. 24) ausgerichtet. Vor dem Hintergrund der Methodendiskussion, die nach der realistischen Wendung die Erziehungswissenschaft am Ende der 60er Jahre kennzeichnet, wird ein "Nachholbedarf an empirischer Forschung" (ebd., S. 28) moniert. Deskription (1), Absicherung gegenüber "bisher unbewiesenen, als gültig übernommenen Annahmen" und ihre Überprüfung durch empirische Forschung (2) sowie eine gesellschaftsrelevante Überprüfung auf eine fachspezifische Prognostik hin (3) - dies beinhaltet eine notwendige methodologische Weichenstellung, um die Modernisierung der Schulpädagogik unter einer erkenntnisleitenden Fragestellung als eigenständige Disziplin zu sichern. Mit Heiland gesprochen, kommt Steindorf durchgängig über "ein praktisches Erkenntnisinteresse" nicht hinaus, anders gesagt: er sieht Schulpädagogik dominant als eine sozialwissenschaftlich intentionierte Handlungswissenschaft.

Kommen wir schliesslich auf den Entwurf von Dietrich Benner (1977) zu sprechen, der am Ende der Konstituierungsphase steht und der zugleich als der kritischste bezeichnet werden kann unter der Fragestellung: "Was ist Schulpädagogik?". Einerseits stellt Benner die eigentümliche Aporie der Schulpädagogik heraus, dass sie sowohl Theorie für pädagogisches Handeln in der Schule und zugleich Kritik der Schule als Institution zu sein habe, andererseits hebt er angesichts der Autonomie, dass Schule erzieherisch auf Individualität, zum anderen aber auch auf Erziehung zur bürgerlichen Allgemeinheit zu setzen habe, bewusst ab auf eine *kritische Schulpädagogik.*

Diese ihre kritische Potenz leitet Benner in einem hermeneutisch-analytischen Durchgang aus zwei historischen Konzepten zur Bestimmung der Schule ab: vom Schulkonzept Hegels, wonach Schule die Vermittlung zwischen Familie und bürgerlicher Gesellschaft zu leisten habe, und aus der Position Herbarts, der in der staatlichen Institution Schule einen Ausdruck des politischen Instrumentalisierungswillens des Staates und damit eine Pervertierung des pädagogischen Handeln erkennt. Diese schulpädagogische Antinomie, Schule geschichtlich einerseits für die bürgerliche Gesellschaft als notwendig zu betrachten, Schule andererseits nur mangelhaft bzw. nicht pädagogisch legitimierbar sehen zu können, durchzieht die Schulpädagogik sowohl in ihrer didaktischen, lehrplantheoretischen wie schultheoretischen Funktion. Benner fordert plausibel erstmals eine sozialpädagogische Erweiterung der Schultheorie, um sie aus der institutionellen Verengung herauszuführen. Andererseits - und nicht zuletzt deshalb - kann man Benners eigener Einschnürung der schulpädagogischen Gegenstandsfelder auf Didaktik, Lehrplan und Schultheorie nur schwer folgen, denn die sozialpädagogische Erweiterung sollte sich doch wohl gerade da anmelden, wo eine kommunikative Schulkultur, wo Schulleben und soziale Umgangsformen in der Schule infrage stehen bzw. eine pädagogische Legitimation von Schule sich geradezu aufdrängt.

2.2.4. Schulpädagogik in der Konsolidierung und Modernisierung

Die Konsolidierungsphase scheint mir durch verschiedene Veröffentlichungen seit den 90er Jahren besonders angezeigt. Ich zähle dazu besonders Hans Jürgen Apels "Schulpädagogik. Eine Grundlegung" von 1990, Wolfgang Einsiedlers "Schulpädagogik - Unterricht und Erziehung in der Schule" von 1991 bzw. 1994, Wilhelm Wittenbruchs "Schulpädagogik" und seine Übersicht über die "Vielfalt der Reflexionsansätze" von 1994, Apels "Theorie der Schule. Historische und systematische Grundlinien" von 1995 und nicht zuletzt die von Apel und Grunder gemeinsam herausgegebenen "Texte der Schulpädagogik" von 1995.

Gegenüber den vorgenannten "Konstituierungsentwürfen" ist Schule inzwischen durch das Bad systemtheoretischer, emanzipatorisch-kritischer und einseitig sozialwissenschaftlicher Bestimmungen gegangen, der erfahrenen Sinnkrise der Schule kann nur mit einer erneuten Pädagogisierung ihrer Legitimation geantwortet werden.

Nicht zuletzt der gesellschaftliche Wandel, die radikale Pluralisierung und Relativierung der gesellschaftlichen Werte und Normen, die fast massenhafte neuartige Zuspitzung des Ausfalls der Familie als Treuhandpartner der Schule in Sachen Erziehung, die vielschichtige Veränderungen der Kindheit nach sich zieht, die nicht mehr wegzudiskutierende Zunahme von Unrechtsbewusstsein, von Kriminalisierung und Gewalt im jugendlichen und kindlichen Lebensraum, auch in der Schule - solche Einflussgrössen, die nach Bedarf erweitert oder differentieller gefasst werden können, sie zwingen die Schulpädagogik, ihre traditionelle Begrenzung zu erweitern bzw. neue Brücken in die Kontinuität der Lebensbezüge von Kindheit und Jugend zu schlagen. In der Folge sollen nicht die verschiedenen Konzeptionen vorgestellt, miteinander verglichen und analysiert werden, vielmehr wird auf *Problemlagen* zu ihrer Modernisierung verwiesen, denen die Schulpädagogik sich bei ihren Konsolidierungsbemühungen zukünftig vorrangig zu stellen haben wird.

2.2.4.1 *Eine sozialpädagogische Neuvermessung* der Schulpädagogik ist sicherlich die erstrangige Forderung, der sich angesichts des Spektrums von gesellschaftlichen Veränderungen die Schulpädagogik konfrontiert sieht (vgl. GRUNDER, in APEL, GRUNDER 1995, S. 26, sowie EBERLE 1985: Die Schulpädagogik. Einführung, 1995, 26 und EBERLE 1985). Die auf Erziehungshilfe eingestellte Sozialpädagogik bezieht Schule zunehmend in ihre Organisationsanalyse ein, andererseits ist *Schule als Sozialisationsinstanz* - dies das Ergebnis der 70er Jahre - längst über eine didaktische Funktionsbestimmung als Ort der Lernleistungshilfe hinausgewachsen. Lernstörungen und Verhaltensprobleme verschieben die Problematik von der Lernhilfe zur Erziehungshilfe! Ohne eine Gesamtvernetzung des jugendlichen Lebens-raumes, die auf besondere Weise Sozialpädagogik und Schulpädagogik einander näherführt, ist den gesellschaftlichen Problemen der Eingliederung der Nachfolgegeneration in eine immer komplexer und komplizierter werdende Gesellschaft nicht mehr beizukommen. Sicher scheinende Verankerungen der Gesellschaft etwa an Schulleistung und Schulerfolg sind angesichts einer Freizeitgesellschaft, einer immensen Jugendarbeitslosigkeit zu offenen Fragestellungen und Umorientierungen geworden. *Schulsozialarbeit* ist deshalb inzwischen zu einem sowohl von der Praxis wie aus der Sicht der zugeordneten Disziplinen Schulpädagogik und Sozialpädagogik akzeptierten Aufgabenfeld geworden, das die Lehrerschaft aus ihrem auf Unterricht beschränkten beruflichen Selbstverständnis herausführen möchte (vgl. u. a. HOMFELDT, LAUFF, MAXEINER 1977; HOLTHAUS, MEUSEL, RUBACK 1980; FROMANN 1981; SANDFUCHS 1981, S. 93-110).

Nicht selten sieht sich der Sozialpädagoge in der Schule zur blossen "Pannenhilfe" degradiert, nicht zuletzt bilden Besoldungsunterschiede um berufsständische Interessen die Grundlage für Fehleinschätzungen und falsche Abgrenzungen. Wenn nach einem Konsens zur Bestimmung der Schulsozialarbeit gefragt werden soll, dann ist an folgende Generallinie zu denken:

-die Ausprägung des prophylaktischen Aspekts verbunden mit der Intention, eine Brücke zwischen Schule und Lebenswelt zu schlagen,
-die Möglichkeit, Sozialarbeit entweder als gemeinsame Arbeit der Lehrkräfte oder als kooperativ gestaltete Arbeit von Lehrerninnen, Lehrern *und* Sozialpädagogen zu begreifen,
-der Ansatz, dass Schulsozialarbeit auch Elternarbeit einschliesst, vor allem angesichts der Problemlage der Ausländerkinder.

2.2.4.2 Mit dem Komplex Schulsozialarbeit eng verbunden ist die Frage nach der *Schulkultur.*

Auch hier erweitert sich das Thema der Schulqualität: weg von der "school-effectiveness" zur "school-goodness", zur Kultur der schülerorientierten Umgangsformen, zur Stiftung von Schultraditionen vor dem Hintergrund erlebnishaften Schullebens, zur Neuvermessung emotionaler Stimulierung des "Lebensortes Schule" durch Spiel, Feier und Fest neben den Lernortaktivitäten eines offenen Unterrichts. Die im Kontext der neueren Diskussion um *Schulautonomie* erstarkte *Schulentwicklungsforschung* macht mit Recht auf verstärkte Profilbildungs-aktivitäten der Einzelschulen und ihr entsprechendes corporate-identity-design aufmerksam. Schulkultur wird im Rahmen der anlaufenden Schulautonomie-bewegung zu einer festen Grösse werden. Andererseits ist nicht zu verkennen, dass die Schulkultur, die immer intensiver in die Zwickmühle der Freizeitgesellschaft gerät, sich mit einer prophy-laktischen Freizeitpädagogik in der Schule auseinandersetzen muss.

2.2.4.3 Ein anderes Problem der Schulpädagogik stellt sich unter dem Aspekt ihrer Kompetenz für Allgemeine Didaktik aus dem Bereich der Fachdidaktiken und richtet sich an eine Aktualisierung der *überfachlichen Service- und bildungstheoretischen Leitfunktion der Allgemeinen Didaktik* im Zusammenhang mit der Forderung nach mehr überfachlichem Unterricht (vgl. NRW-Denkschrift 1995).

Wie Keck, Köhnlein und Sandfuchs (1990) in ihrer Bestandsaufnahme und "Vergleichenden Analyse des fachdidaktischen Selbstverständnisses aus allgemeindidaktischer Sicht" feststellen, war die Fachdidaktik angesichts der "realistischen Wende" der Erziehungswissenschaft und nicht zuletzt nach der Fach-zu-Fachzuordnung im Rahmen der Integration der Lehrerbildung in die Universität zwischen 1970 und 1980 aus der schulpädagogischen Diskussion ausgewandert bzw. hat sich mit der dazugehörigen Fachwissenschaft auf eigene Grundlagen gestellt. So haben z. B. die Natur- und Technikwissenschaften aus ihrem eigenen Denkzusammenhang her Grenzen wahrgenommen, die sie zunehmend in Zugzwang brachten, von einer Metaebene aus annäherungsweise die Sinn- und die Vermittlungsfrage selbst zu stellen (ebd., S. 336 f.). Noch deutlicher kann dies in einzelnen Geisteswissenschaften, z. B. der Sprach-, Literatur- und den Geschichtswissenschaften studiert werden. Sie reflektieren ihren Gegenstand per se auf Kommunikation und Vermittlung hin. Die Hilfe einer bildungstheoretischen Sinnerschliessung scheint entbehrlich, solange die Fachwissenschaft ihre eigene Didaktik zu generieren scheint. Doch tut sie dies wirklich und mit entsprechenden Auswirkungen in der Lehrplanrevision? Offensichtlich sind daran Zweifel aufgekommen, dass der fachsystematische Zusammenhang wissenschaftsorientierter Lehre auch konsequent überschritten würde mit Hinsicht auf die *Bedeutsamkeit* der erworbenen Kenntnisse. Das Problem der *"didaktischen Differenz"* - von Weniger (1952) und Derbolav (1963) schon in den 50er und 60er Jahren ausgesprochen, dass in aller Regel "das System der Wissenschaft selbst" keine Kriterien über divergierende Ansprüche enthalte - gewinnt neue Bedeutung bei der von vielen Seiten geforderten Reform des Schulunterrichts zu mehr überfachlichen und projektorientierten Innovationen. Das muss interpretiert werden als ein *Generalangriff auf die traditionelle Fächerung der Schule* und ihre quasi facheigenen Abbild-Didaktiken. Ein solcher Angriff wird zur Zeit von vielen Kultusministerien in der Bundesrepublik in Szene gesetzt, neben dem lautstärksten vom Landesinstitut für Schule und Weiterbildung in Nordrhein-Westfalen, das mit der Denkschrift der Kommission "Zukunft der Bildung - Schule der Zukunft" von 1995 und der Forderung, "Schule als Haus des Lernens" zu installieren, sich am weitesten vorwagte; seither sind ähnliche Umorientierungen in der Lehrplanfortschreibung in Baden-Württemberg (Kultus und Unterricht 13, 1993 - Schuljahr 5-11 im Gymnasium), in Verlautbarungen des Pädagogischen Zentrums von Rheinland-Pfalz und andere zu nennen. Die NRW-Denkschrift spricht es am deutlichsten aus. Ansatzpunkt ist nicht die Frage: "Inwieweit ein neuer, veränderter Wissens- und Erkenntnisaufbau in einzelnen Fächern und Lernbereichen dazu geeignet ist, die Schule der Zukunft auf einen rapiden Wissens- und Wertewandel einzustellen" (NRW-Denkschrift, S. 104). Es wird vielmehr unterstellt, dass der herkömmliche fachadditionistische Wissensaufbau dies nicht mehr zu leisten vermag, vielmehr müsse "eine 'neue' Ordnung die bisherige fachliche Ordnungsstruktur des Lernens" ablösen. Die Zauberformeln gegen den etablierten Fachunterricht lauten: "fächerübergreifender", "überfachlicher" Unterricht, "vernetztes", mehrspektivisches, "interdisziplinäres" und "ganzheitliches" Lernen.

Wie auch immer die Formeln in ihrer Gültigkeit überprüft werden mögen, ob denn z. B. Ganzheitlichkeit als Leitvorstellung erkenntniskritischer Überprüfung standhalten kann, eins sind sich die genannten Initiativen darin, dass Fachunterricht nur wenig oder nichts zur Ausbildung von Werturteilsfähigkeit und moralischer Handlungskompetenz beitrage, weil er sich auf die Wissensvermittlung beschränke (belehrende Unterweisung), die Frage nach Sinn und Bedeutung des Lernens für verantwortliches Lernen jedoch unterdrücke.

Vor allem diejenigen Fachdidaktiken, in denen aufgrund ihres fachimmanenten abbilddidaktischen Überhangs eine Interdisziplinarität und Mehrspektivität bisher nicht besonders entwickelt war - als Beispiel sei etwa die Mathematikdidaktik genannt -, werden damit vor neue Herausforderungen gestellt. Eine allgemeindidaktische, bildungstheoretisch zentrierte Leitungsfunktion durch die Schulpädagogik wird angemahnt (vgl. PRANGE 1995, S. 85).

Was mit diesen Ausführungen verfolgt werden sollte, ist dies: Der Bereich der Allgemeinen Didaktik im Rahmen der Schulpädagogik ist dabei, wieder zu einer neuen bestimmenden Kraft zu werden. Es gehört zur Konsolidierung der Disziplin, sich gegenüber wachsenden Interessen von aussen nicht zu sperren oder sich gar einzukapseln, sondern die neue Herausforderung im interdisziplinären Diskurs anzunehmen.

2.2.4.4 Noch ein Letztes: Wer die Systematisierungsvorschläge der Schulpädagogik und entsprechende Modernisierungsansprüche verfolgt, dem fällt auf, dass zwar *Schulrecht*, bisweilen auch *Schulhygiene* in neuem Gewand auftauchen, eine *historische und vergleichende schulpädagogische Forschung* aber keine oder nur seltene Erwähnung findet. Nun mag sein, dass hier eine traditionelle Arbeitsteilung zwischen Allgemeiner Pädagogik und Schulpädagogik selbstverständlich erscheint, andererseits aber begibt sich Schulpädagogik eines grossen Reservoirs ihres einschlägigen Fach-Wissensbestandes. Wie jede Wissenschaft, so hat auch die Schulpädagogik ihre eigenen historischen Arbeitsbereiche mit entsprechenden Fragestellungen. Auch eine Geschichte der Schulpädagogik als erziehungswissenschaftliche Disziplin ist tatsächlich erst rudimentär verfügbar. Auf der anderen Seite - unabhängig von der eigenen Wissenschaftsgeschichte - sind die historischen Bearbeitungsgebiete zu schultheoretischen, schuldidaktischen Problemen oder etwa zur Schulkultur von attraktiver Bedeutung für eine schulhistorische Bildungsforschung, dass man sich fragt, warum diese Chancen nach aussen verlegt werden sollen.

2.2.4.5 Fügt man die verschiedenen genannten Aspekte zu einem Gesamtbild, so erhält man das folgende *Modell* der erziehungswissenschaftlichen Teildisziplin Schulpädagogik, das in seinen Rändern und Überschneidungen bewusst offengehalten ist und sich im Kern auf drei Theoriekomplexe konzentriert:

1) *Allgemeine Didaktik* (als Theorie des Lehrplans und des Unterrichts nach Schulstufen
2) *Theorie der Schule als Organisation und Institution* (Schule als Lern-, Selektions- und Förderungsort)
3) *Theorie pädagogischen Handelns in der Schule* (Schule als *"Lebenswelt"*, einschließlich der Schulsozialarbeit. - Vgl. KECK, SANDFUCHS 1994, S. 298 f.)

Diese drei Theoriekomplexe sind als Gegenstandsbereiche sowohl für die *Lehre* wie für die *Forschung* zu verstehen. Die in der Grafik erfolgte Heraushebung von einzelnen Forschungsbereichen soll jedoch die besondere *interdisziplinäre Verwiesenheit der schulpädagogischen Forschung* verdeutlichen. Vergleichbar sollen die Überschneidungen mit der Pädagogischen Psychologie und Soziologie verstanden werden.

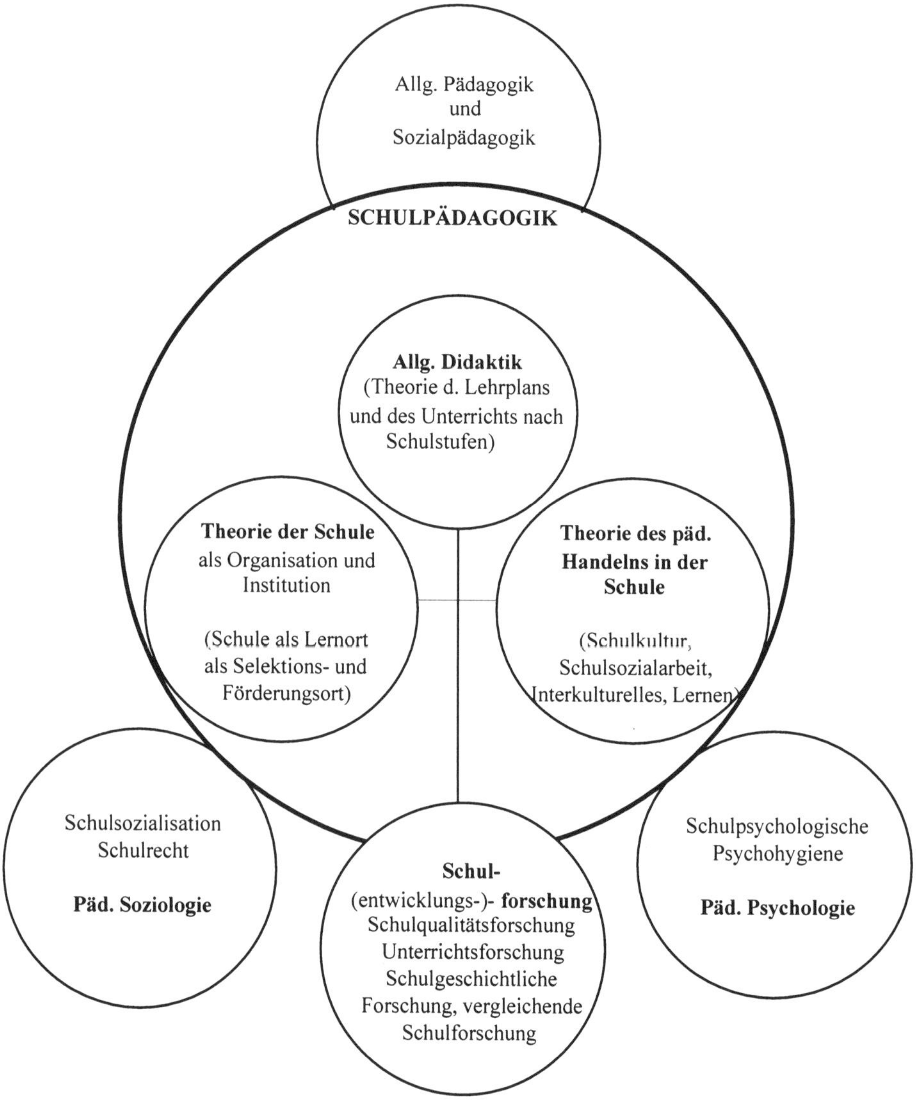
Allg. Pädagogik
und
Sozialpädagogik
SCHULPÄDAGOGIK
Allg. Didaktik
(Theorie d. Lehrplans
und des Unterrichts nach
Schulstufen)
Theorie der Schule
als Organisation und
Institution
(Schule als Lernort
als Selektions- und
Förderungsort)
Theorie des päd.
Handelns in der
Schule
(Schulkultur,
Schulsozialarbeit,
Interkulturelles, Lernen)
Schulsozialisation
Schulrecht
Päd. Soziologie
Schul-
(entwicklungs-)- forschung
Schulqualitätsforschung
Unterrichtsforschung
Schulgeschichtliche
Forschung, vergleichende
Schulforschung
Schulpsychologische
Psychohygiene
Päd. Psychologie

Zum Schluss noch ein Wort zu den *Aporien und Antinomien,* die die Schulpädagogik als wissenschaftliche Disziplin bestimmen. Sie sind schon früh in der Konstituierungsphase herausgearbeitet worden. Ein Bewusstsein für ihr Weiter- und Mitwirken bei ihrer Theoriefindung und -generierung muss auch fürderhin wachgehalten werden, soll ihre Modernisierung gelingen.

So die Aporien, dass sie Theorie für die Praxis zu sein habe, andererseits aber ihre Theorie immer mehr als ihre Praxis enthalten muss, sie also Praxis auch immer übersteige, um ihre notwendig kritische Position gegenüber der Praxis einnehmen zu können.

Die andere Aporie macht die Arbeit der Schulpädagogik als integrative und interdisziplinär angelegte Wissenschaftsdisziplin ebenfalls nicht einfach, nämlich dass einerseits ihre Reflexion die Schule als Institution bzw. Lernorganisation insgesamt einschliesslich ihrer Konsequenzen aus dem jugendlichen Sozialisationsraum erfassen soll, andererseits aber ist ihr nur ein relativ enger Ausschnitt in ihrer Praxis zugänglich.

Ein weiterer grundlegender antinomischer Aspekt besteht darin, dass sie - entsprechend der grundgesetzlichen Verankerung und dem dort formulierten Vorrecht der Einzelpersönlichkeit der Individualerziehung - aus pädagogischer Verantwortung den Vorrang einzuräumen hat, dass aber zugleich aus der Verantwortlichkeit gegenüber demokratischer Sozialstaatlichkeit unseres Gemeinwesens einer Erziehung zu Sozialität und Solidarität das Wort zu reden ist.

Solche widerstreitenden Prinzipien der Disziplin Schulpädagogik machen es dem schulpädagogisch Handelnden, Erzieher oder Lehrerin, nicht einfach, in der Praxis sich jeweils kompetent zu verhalten. Die Theorie lässt die Praktiker letztlich im konkreten Anspruch allein.

Andererseits zeigt solch antinomische und interdisziplinäre Veranlagung der Disziplin Konsequenzen für den im Denk- und Begriffshaushalt der Disziplin, der innerhalb des Faches wenig spezifisch zur Entfaltung gelangt bzw. sich in Grenzüberschreitungen übersättigt; zuweilen ist selbst der Erziehungsbegriff in Gefahr, abhanden zu kommen, je nachdem, ob man sich der regionalen Schultheorie, der Soziologie oder der Psychologie bedient.

Unabhängig von dieser latenten Disziplingefährdung bleibt doch mit Blick auf die schweizerischen Verhältnisse im Wandel der Lehrerbildung zu fragen, ob nicht der bundesrepublikanische deutsche Weg zur Generierung einer eigenständigen Disziplin Schulpädagogik auch der Schweiz angesichts ihrer gegenwärtigen Probleme und Befindlichkeitenals Exempel dienen könnte. Vergleichbar scheint mir für den Entwicklungszusammenhang die Gleichzeitigkeit von Akademisierung der seminaristischen Lehre und der Spezialisierung der von ihr - unter welcher Bezeichnung auch immer - vertretenen Pädagogik mit Hinsicht auf die Institution Schule zu sein.

In den alten Ländern der Bundesrepublik Deutschland ist jedenfalls heute "Schulpädagogik" *die* Professionsdisziplin für die Lehramtsstudiengänge, auch für den gymnasialen Ausbildungsweg, obgleich für diesen die Akzeptanz sich am schwierigsten gestalten musste, da er ja seine Legitimation historisch aus den Fachwissenschaften, den Philologien, nicht aus der Pädagogik zog.

Gäbe es eine historische Prognostik, am BeispielDeutschlands gemessen, dann müsste die Akademisierung der seminaristischen Lehramtsstudiengänge, wie sie derzeit in den schweizerischen Kantonen vollzogen wird, zu einem neuen Zuschnitt ihrer Pädagogik führen, wobei eine Spezialisierungauf Schule hin neben einer systematischen AllgemeinenPädagogik ihren Niederschlag finden müsste. Der Reflexionsbereich Schulpädagogik ist dann nur eine Frage der Etikettierung.

Literatur

Apel, H.J., Grunder, H.-U. (Hrsg.), Texte zur Schulpädagogik. Selbstverständnis in ihrer Entstehung und Schwerpunkt schulpädagogischen Denkens. Weinheim, München 1995

Apel, H.J., Schulpädagogik. Eine Grundlegung. Köln, Wien 1990

Apel, H.J., Theorie der Schule. Historische und systematische Grundlinien. Donauwörth 1995

Apel, H.J., Was ist Schulpädagogik? In: Pädagogische Rundschau, Jg. 47, 1993, S. 389-411

Benner, D., Was ist Schulpädagogik? In: Derbolav, J. (Hrsg.), Grundlagen und Probleme der Bildungspolitik,München 1977, 88-111 - abgedr. in Apel, Grunder 1995, S. 54-84

Bertelsmann-Stiftung (Hrsg.): Schule neu gestalten. Gütersloh 1996

BildungskommissionNRW: Zukunft der Bildung - Schule der Zukunft. Denkschrift der Kommission - Nordrhein-Westfalen, Neuwied 1995

Dahmer, I., Die geisteswissenschaftliche Pädagogik am Ausgang ihrer Epoche. Hannover 1966

Derbolav, J., Versuch einer wissenschaftstheoretischen Grundlegung der Didaktik. In: ZfP, 2. Beiheft. Weinheim 1960

Dolch, J., Grundbegriffe der Pädagogischen Fachsprache. München 1952, [3]1960

Eberle, H.J., Unterstützen und integrieren. Sozialpädagogik in der Schule. Bad Heilbrunn 1985

Einsiedler, W., Schulpädagogik - Unterricht und Erziehung in der Schule. In: Roth, L. (Hrsg.): Pädagogik. Handbuch für Studium und Praxis. München 1991, 649-656 - abgedr. in: Apel, Grunder 1995, S. 209-221

Fend, H., Die gesellschaftlichen Bedingungen schulischer Sozialisation. Weinheim 1974

Fend, H., Sozialisierung und Erziehung. Weinheim 1969

Fromann, H., Sozialpädagogik und Schule. Zur Begründung von Schulsozialarbeit. In: Sozialpädagogik H. 2/1981, S. 81-83

Fürstenau, S., Zur Psychoanalyse der Schule als Institution. In: Zur Theorie der Schule. Weinheim, Basel, [2]1972, 9-25 - abgedr. in: Apel, Grunder 1995, S. 169

Heiland, H., Zum Selbstverständnis der Schulpädagogik. In: Pädagogische Rundschau, Jg. 28, 1974, 451-471 - abgedr. in: Apel, Grunder 1995, S. 178-190

Heimann, S., Didaktik als Theorie und Lehre. In: Die deutsche Schule 1962, S. 407-427

Heimann, S., Otto, G., Schulz, W. (Hrsg.), Unterricht - Analyse und Planung. Hannover 1965, Reihe B

Holthaus, Mäusel, Ruback (Hrsg.), Schulsozialarbeit. In: Neue Praxis H. 2/1980, S. 224-240

Homfeldt, H. G., Lauff, W., Maxeiner, J., Für eine sozialpädagogische Schule. Grundlagen, Probleme, Perspektiven. München 1977

Huber, F., Allgemeine Unterrichtslehre. München 1943, [10]1968

Keck, R.W., Schulpädagogik/Schultheorie. In: Keck, Sandfuchs (Hrsg.): Wörterbuch Schulpädagogik. Bad Heilbrunn 1994, 298 ff., S. 306-310

Keck, R. W., Theorie der Schule. In: W. S. Nicklis: Handwörterbuch der Schulpädagogik. Bad Heilbrunn 1973, S. 52 ff.

Keck. R. W., Köhnlein, W., Sandfuchs, U. (Hrsg.), Fachdidaktik zwischen Allgemeiner Didaktik und Fachwissenschaft. Bad Heilbrunn 1990; darin: überfachliche Servicefunktion, S. 341 f.

Keck. R. W. (Hrsg.), Erziehung ist unteilbar. Freiburg 1981

Kerschensteiner, G., Theorie der Bildung. München 1926

Klafki, W., Das pädagogische Problem des Elementaren und die Theorie der kategorialen Bildung. Weinheim 1958

Klafki, W., Das Problem der Didaktik. In: 3. Beiheft der ZfS. Weiheim 1963
Klafki, W., Didaktische Analyse als Kern der Unterrichtsvorbereitung. In: Die deutsche Schule H. 10/1958, S. 450-471
Klafki, W., Studien zur Bildungstheorie und Didaktik. Weinheim 1963
Klafki, W., Unterrichtsplanung im Sinne kritisch-konstruktiver Didaktik. In: König, Schier, Vohland (Hrsg.), Verfahren und Modelle der Unterrichtsplanung, München 1979
Klafki, W., Zur Verhältnis von Didaktik und Methodik. In: Zeitschrift für Pädagogik, 1976, S. 77-94
Klink, J.-G., Ort und Inhalt der Schulpädagogik. In: Lebendige Schule. Jg. 21, 1966, S. 1-8
Kramp, W., Theorie der Schule. In: Wehle, Speck (Hrsg.), Handbuch der pädagogischen Grundbegriffe. Weinheim 1970, II, S. 529-589
Kramp, W., Schulpädagogik. In: Grothoff, Stallmann (Hrsg.), Pädagogisches Lexikon. Frankfurt 1961, SS. 1843 f.
Prange, K., Zeit der Schule. Bad Heilbrunn 1995
Preissler, G., Raumordnung und Bildungsplanung., 1968
Reble, A.: Lehrerbildung in Deutschland. Bad Heilbrunn 1958
Reimers, E., Schule. In: Grothoff (Hrsg.), Pädagogik. Frankfurt 1964, S. 255
Rettenmaier, F., Kleine Unterrichtslehre. München o. J. (um 1956)
Röhrs, H., Die Schulpädagogik. In: AllgemeincErziehungswissenschaft. Weinheim 1965, S. 291-315
Sandfuchs, U., Eltern ausländischer Schule ins Schulleben integrieren. Ein Beitrag zur Schulsozialarbeit. In: Keck: Erziehung ist unteilbar 1981, S.93-110
Schäfer, H. K., Schaller, K., Kritische Erziehungswissenschaft und kommunikative Didaktik. Heidelberg 1971
Schulz, W., Die Perspektive heisst Bildung. In: Friedrich-Jahresheft VI, 1980, abgedr. in: Otto, G., Luscher, Schulz, G. (Hrsg.), Didaktische Einblicke. Weinheim, Basel 1995, S. 26-35
Siewerth, G., Didaktik als Wissenschaft. In: Vierteljahresschrift für wissenschaftliche Pädagogik 1962, S. 78 ff.
Steindorf, G., Einführung in die Schulpädagogik. Bad Heilbrunn 1972
Vogelhuber, O., Allgemeine Unterrichtslehre. München 1953
Wagenschein, M., Das exemplarische Lehren als ein Weg zur Erneuerung des Unterrichts an den Gymnasien. Weinheim 1954
Wagenschein, M., Zur Selbstkritik der höheren Schule. In: Die Sammlung 1952, S. 142 ff.
Weniger, E., Didaktik als Bildungslehre, T. 1. Die Theorie der Bildungsinhalte und des Lehrplans. Weinheim, o. J. (1952); T. 2. Didaktische Voraussetzungen und der Methode in der Schule. Weinheim 1960

Willmann, O., Didaktik als Bildungslehre nach ihren Beziehungen zur Sozialforschung und zur Geschichte, 1882, [6]1958
Wittenbruch, W., Schulpädagogik und katholische Schule. Handbuch Katholischer Schule, Bd. 2, Köln 1992, 3-61 - in veränderter Fassung abgedr. in: Apel, Grunder 1995, S. 190-208

2.3 Schulpädagogik in den neuen Bundesländern: Erfahrungen-Reflexionen - Ansichten

Uwe Sandfuchs, Technische Universität Dresden

> "Wir ahnen, dass wir uns tief zu unseren Wurzeln hinuntergraben müssen. Und mag der Schlüssel zum Verständnis des westlichen Teils Deutschlands im alles beherrschenden Spiel seiner Wirtschaft zu finden sein - der Schlüssel zum Verständnis seines östlichen Teils liegt in der Erziehung. Kein Bereich der DDR-Gesellschaft hat den abgeschotteten ‚Sozialismus-Zögling' intensiver geprägt als das Erziehungs- und Bildungswesen. Und nirgendwo sonst lässt sich die Strategie der herrschenden Partei derart explizit nachvollziehen wie im Spannungsfeld von Staat und Schule."
> (Klier 1991, S. 13)

2.3.1 Vorbemerkungen

Seit sechs Jahren arbeite ich an Universitäten in den neuen Bundesländern, zunächst ein Semester in Jena, seither an der Technischen Universität Dresden. Das müsste mir den Vortrag leicht machen, denn ich habe viele Erfahrungen sammeln und vieles lesen können. Tatsächlich aber ist mir die Vorbereitung schwer gefallen. Zum einen habe ich gemerkt, dass es mir an Abstand fehlt, ich bin immer noch zu sehr in der täglichen Arbeit befangen. Zum anderen aber fürchte ich mit einigen meiner Aussagen falsch verstanden zu werden - von meinen Studierenden, einem Teil meiner Kolleginnen und Kollegen und von anderen Menschen, mit denen ich gern zusammenarbeite. Gleichwohl äussere ich mich offen und pointiert und verzichte nicht auf Kritik, wo ich sie für nötig halte.

Systeme, in denen wir leben, prägen uns mehr als wir dies wissen und wollen. Niemand entgeht dem. Das erklärt manches, entschuldigt aber nicht alles von vorn herein. Wer jedoch nicht im engstirnigen autoritären System der DDR gelebt hat, urteilt möglicherweise leichtfertig und wirft mit Steinen aus dem Glashaus.

Aus der soziologischen Rollentheorie wissen wir: Von allen Rollen, die der Mensch erlernt, prägt ihn die kulturelle Rolle am tiefsten. Die kulturelle Rolle ist die Basis der Persönlichkeit und ihrer Entwicklung. Kulturelles Neulernen ist nicht unmöglich, aber es ist schwer, nur in Teilen möglich, es kann Krisen und auch andauernde Beschädigungen verursachen. Das gilt sowohl für alle vom System einst fraglos Überzeugten, wie für die Widerständler, als auch für die zwischen Nähe und Distanz sich bewegenden Menschen.

Ich habe die Problematik kulturellen Neulernens erstmals im Kontext der interkulturellen Erziehung, einem meiner Arbeitsgebiete, erfahren. In diesen Jahren erfahre ich dies zum zweiten Mal. Politische Kultur und Alltagskultur haben sich in beiden deutschen Staaten völlig anders entwickelt. Der Graben zwischen Ost und West besteht nicht nur auf Grund unterschiedlicher Interessenlagen, sondern signalisiert elementare Mentalitätsdifferenzen[3]. Die vielfältigen Prozesse soziokultureller Dynamik in dieser Zeit sind nicht von allen und von vielen nur in Teilen rational und emotional bewältigt worden. All dies gilt auch für die Entwicklung der Lernkultur insgesamt und für die Entwicklung der Schulkultur im besonderen.

Schulpädagogik in den neuen Bundesländern ist nur verständlich erstens vor dem Hintergrund von Schulpädagogik und Schulkultur in der DDR und zweitens durch Betrachtung der Spezifika des ab 1990 erfolgten Transformationsprozesses, die nicht nur eine radikale Umwälzung nach westlichem Muster ist, sondern auch eine (wenngleich nicht gleichberechtigte) kulturelle Vermischung darstellt.

Versteht man Schulpädagogik so wie dies Hans-Ulrich Grunder in der Einladung zu dieser Tagung getan hat "als empirisch, historisch und systematisch reflexive ... Theorie pädagogischen Handelns unter schulischen Voraussetzungen und deren ausserschulisch wirksamen Prämissen für die schulische Arbeit - im

3 Wie diese Mentalitätsdifferenzen den notwendigen Prozess der "Nations(neu)bildung" erschweren, welche Irritationen und Probleme in diesem Zusammenhang zu bewältigen sind, hat Christian Meier (1991) sensibel reflektiert.

Hinblick auf die Ausbildung von Lehrkräften und anderer Studienrichtungen" (vgl. Kapitel 1.), so ist in beiden Teilen der Blick zum einen zu richten auf

- Hochschulen, Universitäten und andere Institutionen, an denen Wissenschaft in Forschung und/oder Lehre betrieben wird,
- Institutionen der Schulpolitik und Schulverwaltung, also auf Ministerien und ihnen nachgeordnete Schulbehörden zum anderen.

Weiterhin sind die Denk- und Handlungsmuster von Personengruppen bedeutsam: Wissenschaftler, Politiker, Schulaufsichtsbeamte, Lehrkräfte, Studierende, Schüler und Eltern sind hier gemeint.

2.3.2 Zur Rolle und Bedeutung von Pädagogik/Schulpädagogik in der DDR

In Literatur und Gesprächen fallen zwei unterschiedliche Betrachtungsweisen ins Auge. Einesteils wird von der Pädagogik/Schulpädagogik der DDR gesprochen als dem willfährigen Erfüllungsgehilfen des totalitären Führungsanspruchs einer Partei, die immer recht habe, einer ideologisch eng gebundenen, am sowjetischen Vorbild ausgerichteten Schulpolitik. Wissenschaft insgesamt, universitäre Pädagogik im besonderen habe nicht mehr getan als kontinuierlich eine autoritäre Staatspädagogik legitimiert. Von monolitischer Staatspädagogik und fataler Kapitulation vor der Obrigkeit ist die Rede. Andere mahnen, man möge genauer hinsehen und eine Pluralität pädagogischer Denkformen und Konzepte erkennen, ein "komplexes Ineinander der institutionellen, personellen, methodologischen und gegenstandstheoretischen Ausdifferenzierung der DDR-Pädagogik in ihren unterschiedlichen Perioden", so Ernst Cloer aus Hildesheim (1994, S. 19), der ebenfalls anregt, man möge die Aktionsebenen auseinanderhalten.

Versuchen wir, uns ein Bild anhand von zwei meines Erachtens sehr aufschlussreichen, kritisch rückblickenden Aufsätzen von DDR-Pädagogen zu machen. Elisabeth Fuhrmann beschreibt die Entwicklung der DDR-Didaktik bis 1990 (1997) und Adolf Kossakowski skizziert die pädagogische Psychologie der DDR im Spannungsfeld von kindorientierter Forschung und bildungspolitischen Forderungen (1994).

Führmann sieht die DDR-Didaktik "in einem vielschichtigen Spannungsfeld zwischen zentralen staatlichen Vorgaben und schulpolitischen Anforderungen, individuellen Ansprüchen und Erwartungen der beteiligten Wissenschaftler sowie den trotz aller Dirigismen und Zwänge ja dennoch vorhandenen Gestaltungsspielräumen" (Furhmann 1997, S.195 f.) - soweit die Grunddoktrinen dies zuliessen. Im Mittelpunkt des Feldes finden wir die Akademie der Pädagogischen Wissenschaften (APW). Sie ist seit ihrer Gründung im Jahre 1970 die zentrale Leiteinrichtung der pädagogischen Wissenschaften der DDR und zugleich selbst Forschungsinstitution mit Mitte der achtziger Jahre immerhin 560 Wissenschaftlern. Die APW ist dem Ministerium für Volksbildung, also Margot Honecker, direkt unterstellt. Das Ministerium ist Auftraggeber, Abnehmer und direkt kontrollierende Instanz aller wissenschaftlichen Forschung an der APW selbst sowie an den Universitäten und Pädagogischen Hochschulen (vgl. EICHLER, UHLIG 1994). Der nach unten allmächtige Präsident der APW, Gerhart Neuner, hat in steter Erfüllung des obrigkeitlichen Auftrags den Primat der staatlichen Schulpolitik betont und gegen etwaige Widerstände durchgesetzt. Aufbau und Leitungsstruktur waren dabei hilfreich. (Zur Sichtweise Neuners sowie zum Verhältnis von APW und Volksbildungsministerium vgl. NEUNER 1991, 1996.) In der APW bestand auch ein relativ gering geschätztes Institut für Didaktik (ID) und ein ihm zugeordnetes Beratungsorgan, der Wissenschaftliche Rat für Didaktik (WRfD). Fuhrmann skizziert einen langjährigen Konflikt zwischen dem Institut für Didaktik und dem Wissenschaftlichen Rat für Didaktik einerseits sowie dem Ministerium für Volksbildung (MfV), besonders der Abteilung Wissenschaft und der Leitung der APW, insbesondere dem Direktorat für Forschung.

Vorwürfe gegen das ID und den WRfD waren u. a.

- mangelnde Orientierung an (den vom MfV gesehenen) aktuellen und schulpolitischen Fragen.
- Widersprüche zwischen der Praxissicht des MfV und der des ID. (Wenn die Ergebnisse des ID mit den Absichten des MfV nicht übereinstimmten, hiess es, dass die Forschungsmethoden wohl nicht stimmen könnten (vgl. FUHRMANN 1997, 197).
- Überbewertung der Orientierung des ID auf Schüleraktivität und problemlösenden Unterricht, was in krassem Gegensatz zur spätherbartianischen Frontalunterrichtsdidaktik stand, wie sie an den Schulen der DDR praktiziert wurde und heute vielfach in den neuen Bundesländern ungebrochen fortgeführt wird.

Von der Didaktik, also auch vom ID, wurde weiter nichts erwartet, als konkrete Hilfen für Lehrer. Das leistete die DDR-Didaktik weit mehr als die bundesrepublikanische, aber die Didaktiker wollten mehr als die beliebte grüne Reihe "Ratschläge für Lehrer" beitragen. Fuhrmann berichtet über eine Reihe von Disziplinierungsmassnahmen: Zum Beispiel über die Rede, die Margot Honecker 1983 auf einer Tagung der Bezirksschulräte hielt, dann die Disziplinierung des Leiters des ID, Helmut Weck, im Jahre 1979, in mehreren Präsidiumssitzungen. Fuhrmann schreibt, Weck sei regelrecht vorgeführt worden. Vor allem aber wurden unliebsame Forschungen und Forschungsergebnisse ignoriert, ihre Publikation verhindert (1973, 1979 und 1987). Fuhrmann betont, es sei bei all dem nicht um politische Standortfragen gegangen, sondern um ein angemessenes Verständnis von Didaktik als Wissenschaft in Forschung und Lehre.

Die o. g. grüne Reihe "Ratschläge für Lehrer" zeigt, was in solcher Situation aus einer Wissenschaft werden kann. Die Reihe sollte nach dem Selbstverständnis ihrer Herausgeber anschaulich, lebendig und für Lehrer gut handhabbar sein, sie sollte konstruktive Lösungswege weisen, zum schöpferischen

Denken anregen und anderes mehr. Sie war in der Tat sehr beliebt, und sie wird heute noch gern von Lehrern und Studierenden herangezogen. Dass allerdings Bücher dieser Reihe zum schöpferischen Denken angeregt hätten, habe ich noch nicht feststellen können und halte es auch kaum für denkbar. Die einzelnen Bände sind allzusehr gekennzeichnet durch hanebüchende ideologische Einschüsse, teils völlig verdrehte Ausfälle gegen die sogenannte "BRD-Pädagogik" oder aber merkwürdige Schwarmgeistereien etwa über Hausaufgaben als Mittel zur ideologisch-weltanschaulichen Erziehung (DREWELOW u.a. 1985, S. 38). Zudem sind unbelegte und teilweise auch nicht belegbare Pauschalisierungen kennzeichnend nach dem Muster: "Die Wissenschaft hat festgestellt ..." Nicht ohne Grund wurde die Reihe bald als "Lehrerbumme" bespöttelt. ("Bummi" war eine Kinderzeitschrift in der DDR.) Adolf Kossakowski (1994, S. 216) schreibt, wie so ein Text entstand: Er hatte begonnen, einen Band mit dem Titel "Erziehung älterer Schüler psychologisch betrachtet" zu schreiben. Erst "nach mehrfachen Überarbeitungen, die sich auf gutachterliche 'Empfehlungen' von Bildungspolitikernund gut ausgewählten Wissenschaftlern zur 'Abschwächung von problematischen und Verstärkung von positiven Seiten' im Verhalten und in den Einstellungen 'unserer' Jugendlichen bezogen, wurde das Manuskript vom Präsidenten der APW und von der Ministerin persönlich (!) zum Druck 'freigegeben'."

Damit nicht genug: Nach Drucklegung verlangte der für Lehrerpublikationen zuständige Vizeminister weitere "Verbesserungen", die nach Kossakowskis Weigerung von einem Lektor vorgenommen wurden. Gleichwohl hatte die Posse einen weiteren Akt:

"Das Kuriose an diesem ganzen Vorgang bestand darin, dass dieses auf die geschilderte Weise zurechtfrisierte Büchlein noch so viele politische Probleme enthielt, um eine Affäre hervorzurufen: Kurz nach seinem Erscheinen hielt das Politbüro-MitgliedEgon Krenz anlässlich eines Parlaments der FDJ eine Rede, in der er das ‚wahre Bild' der DDR-Jugend malte. Dieses wurde von der ‚Süddeutschen Zeitung' und von BBC London mit dem von mir gezeichneten verglichen und natürlich als illusionär charakterisiert, was Krenz zum Anlass nahm, sich über mich und die APW bei Erich Honecker zu beschweren. Dieser hielt das Vergehen für so beträchtlich, dass er den Präsidenten der APW brieflich aufforderte, in seinem Laden Ordnung zu schaffen! Die erste Reaktion der Ministerin für Volksbildung, die diesen ‚Vorgang' zur Kenntnis erhielt, bestand in einer Androhung meiner Entlassung von der Funktion des Direktors des Instituts für Pädagogische Psychologie an der APW. Nur dank der Tatsache, dass ihr nachgewiesen werden konnte, die besagten Texte vor ihrer Veröffentlichung selbst gelesen und ihnen ihren Segen gegeben zu haben, bin ich (und auch sie?) mit Ermahnungen davongekommen, was aber dennoch die ‚Deutsche Lehrerzeitung' dazu veranlasste, Artikel von mir nicht mehr zu publizieren." (KOSSAKOWSKI 1994, S. 216f)

Im übrigen zählt Kosakowki aus eigener Erfahrung folgenden Katalog repressiver Massnahmen auf:
- Verbot bestimmter Fragestellungen
- Verhinderung von Publikationen
- Androhung disziplinarischer Massnahmen
- Unterdrückung und Ignorieren von Untersuchungsergebnissen (vgl. dazu auch FRIEDRICH 1994 und FAUST 1997).

Walter Friedrich, langjähriger Leiter des Zentralinstituts für Jugendforschung im Leipzig, (1994, S. 200) schreibt, Kossakowski bestätigend: Sollwerte seien zu Istwerten umgebogen worden. In der Jugendforschung hätten Deutungen und Wirklichkeit jugendlichen Bewusstseins und Verhaltens von Jahr zu Jahr mehr auseinandergeklafft. Welche Folgen dies u. a. hatte, haben mir Erziehungswissenschaftler der damaligen DDR so verdeutlicht: Einer, lange Jahre prominent und massgeblich, sagte, es habe im Laufe der Zeit eine deutlich wahrnehmbare Niveausenkung der wissenschaftlichen Pädagogik gegeben, denn unter den obwaltenden Umständen habe befähigter Nachwuchs einen Weg um die Pädagogik gemacht.[4] Ein anderer weist ergänzend auf die Ritualisierung von wissenschaftlichen Texten hin, die eine inhaltliche Entleerung mit sich gebracht habe. Zu diesen Ritualen gehörte die permanente Behauptung der Überlegenheit sozialistischer Wissenschaft und Ideologie gegenüber der "bürgerlichen Wissenschaft" - was leicht behauptet werden konnte, da selbst der Elite der Aspirantur-Studenten in der APW der Zugang zu den Originaltexten verwehrt war (vgl. MEBUS 1994, 311).

Zu den das Denken überlagernden Ritualen gehörte auch die ständig wiederholte Behauptung, die DDR habe das bildungspolitische und pädagogische Erbe der

4 Solche Einschätzungen einzelner sind allerdings heikel und schwer zu verifizieren, ich referiere sie daher nur und mache sie mir nicht zu eigen.

Arbeiterbewegung erfüllt. Das gilt mit Sicherheit für einen Bereich nicht: Die Ausbildung von ‘Lehrern unterer Klassen’, denn alle der Arbeiterbewegung nahestehenden pädagogischen Gruppen und Bewegungen hatten seit der Revolution von 1848 eine universitäre Ausbildung für alle Lehrer gefordert. Während jedoch die Lehrer höherer Klassen an Pädagogischen Hochschulen und Universitäten den Abschluss eines Diplomlehrers erwarben, erhielten die Unterstufenlehrer eine vierjährige Fachschulausbildung im Anschluss an die 10. Klasse der Polytechnischen Oberschule. Die Institute für Lehrerbildung (IfL) vermittelten in einer einphasigen praxisnahen Ausbildung ein handfestes methodisches Repertoire. Die Ausbildung war stark verschult und auch inhaltlich sehr eng geführt. Die Unzufriedenheit mit dieser Form der Ausbildung von Grundschullehrern führte dazu, dass bereits 1987 in Potsdam mit der Integration der Ausbildung von Lehrern unterer Klassen in die Pädagogische Hochschule begonnen wurde, die Zusammenlegung der PH Halle und des IfL Köthen im Jahre 1988 sollte ebenfalls der Startschuss für eine Hochschulausbildung sein (THIEM 1997, S. 150).

Ab 1992 habe ich im Fach Grundschulpädagogik mehrere Jahre fast ausschliesslich ehemalige IfL-Schüler als Studierende betreut. Um ihnen auch in der Bundesrepublik den Weg in das Lehramt zu ermöglichen, ist ihnen der Fachschulbesuch als fachgebundene Hochschulreife anerkannt worden. Sie zeichneten sich grossenteils aus durch ein festgefügtes, um nicht zu sagen frühzeitig festgefahrenes Verständnis ihres zukünftigen Berufes. Das Prinzip der "führenden Rolle des Lehrers" im Erziehungs- und Unterrichtsprozess hatten viele mit einer Selbstverständlichkeit internalisiert, die von keinem Zweifel angekränkelt schien. Das Gebot strenger Zucht, gleichschrittigen frontalen Unterrichts liess in ihren Augen zunächst keine individuellenSchülerverhaltensweisen zu. Die Konfrontation mit der gänzlich anders gearteten Auffassung eines offenen Unterrichts hat anfangs nur Verunsicherung geschaffen, die nicht immer produktiv gewendet werden konnte. Das Gebot etwa einer differenzierenden Hausaufgabenpraxis blieb den meisten völlig fremd; selbst wenn sie sich bemühten, die Gründe aufzuarbeiten, kamen viele am Ende doch wieder zu dem Schluss: "Ich meine, Hausaufgaben für alle in gleicher Weise sind nötig." Ich weiss wohl, dass diese jungen Frauen und Männer unter teilweise chaotischen, oft nachgerade unzumutbaren Studienbedingungen zu leiden hatten. Ich habe aber andererseits nur bei etwa einem Drittel erkennen können, dass sie die Möglichkeit des Studiums als eine Chance gesehen und ergriffen haben. Das

Reflexionsvermögen war durchschnittlich gering, antinomisches Denken, das Abwägen von Alternativen war ihnen fremd. Ein unreflektierter Positivismus ("Es ist, wie es ist, wie es ist!") herrschte vor. Ich sehe dafür im wesentlichen zwei Gründe: Zum einen sah ich durch Erfahrung Aussagen bestätigt, es seien zu den IfLs zum grossen Teil junge Leute gegangen, die das System der DDR nicht in Frage stellten, ohne es jedoch zu reflektieren. Zum anderen scheinen gerade solche Schulabsolventen, die 'perfekten' Ergebnisse des DDR-Bildungssystems zu sein.

Der Jugendforscher Achim Hoffmann führt aus, die Volksbildung in der DDR habe unausgesprochen auf dem Konzept beruht, es könne durch Erziehung so ziemlich alles erreicht werden. Dabei habe man andere Einflussfaktoren als die Schule unbeachtet gelassen, wissentlich vernachlässigt oder unter Verdikt gestellt.
"Doppelzüngigkeit, Frustration und Lebensferne waren die Folge, die Freiheit des Wortes, des Gedankens und des Handelns gingen auf beiden Seiten immer mehr verloren. Der Widerspruch und der Zweifel wurden aus der Schule verbannt. Das Brave, Mustergültige, das Streben nach Gesichertem überwog im Schulalltag (HOFFMANN 1990, S. 94).

Eine 'Formierungspädagogik', die glaubte alles vorgeben und vordenken zu können, habe mit ihren Bevormundungen und Indoktrinationen ein mangelndes Vermögen und mangelnde Bereitschaft zum selbständigen Denken und Handeln produziert. Der Lehrerberuf habe infolgedessen ein geringes Berufsprestige gehabt und tendenziell leistungsschwache und wenig auf Selbständigkeit orientierte Schulabsolventen überzufällig angezogen.[5]

Die Zahl der kritischen Stimmen lässt sich beliebig vermehren. Jürgen Kuczynski, einer der prominentesten Wissenschaftler der DDR, schreibt, es habe die Tendenz überwogen, die Schüler mit Fakten zu überlasten, statt sie zu lehren wo und wie man sich selbst orientieren könne. "Probleme sehen lernen ist die Voraussetzung für die Entdeckung, Entwicklung und Förderung von Begabungen." (KUCZYNSKI 1994). Die Förderung der Denkbegabten aber sei völlig ungenügend gewesen.

---

5 Auch diese Einschätzung ist nicht verifiziert und scheint mir recht pauschal zu sein. Die grundsätzliche Kritik am IfL und der Rekrutierung seiner Absolventen kann m. E. nicht auf die Pädagogische Hochschulen und Universitäten übertragen werden. Die dort in den nicht ideologisierten Bereichen der Lehrerausbildung geleistete Arbeit ist durchaus respektabel.

Mein Kollege Klaus Tanner, Religionspädagoge an der TU Dresden, sagt, die Studenten, die Margot Honeckers Bildungssystem durchlaufen hätten, suchten nach autoritativen Antworten, sie bevorzugten ein schnelles Ja oder Nein, Richtig oder Falsch (Merkur extra 24/13. 6. 1997).

Tanner fügt hinzu, es gehe ihm nicht um eine billige Kritik junger Leute, er wolle vielmehr deutlich machen, was die Hinterlassenschaft des Bildungsbetriebs der DDR gewesen sei. In der Tat habe auch ich den Eindruck, Studierenden gelegentlich Unrecht getan zu haben. Allzuleicht vergisst man, dass sie es nicht gewohnt waren, ihre Gedanken und Einwände öffentlich zu formulieren - also im Kantschen Sinne ihre Vernunft zu gebrauchen. Gelegentlich bemerkt man eher zufällig, dass viele ihre Lektion gelernt haben, wenngleich sie dies nicht öffentlich kundtun. Eine interessante Reflexion seiner Erfahrungen an der TU Chemnitz gibt Bernhard Koring (1996). Er konstatiert eine andauernde Wirksamkeit der DDR-Erziehung, die aber nicht in erster Linie an Inhalten festzumachen sei, sondern vielmehr einen "Lernhabitus" geprägt habe, der durch die "Geschlossenheit von Form (Lektion) und Inhalt (fixiertes Wissen und klare politisch-normative Wertorientierungen)" gekennzeichnet sei. "Uneindeutigkeit, Unentscheidbarkeit und mehrere begründbare Wertorientierungen lösen nicht nur Verunsicherung, sondern auch Ärger aus." Problemorientiertes, selbständiges und kritisches Arbeiten falle schwer und löse Widerstand aus, die Studierenden suchen nach einem Wissen, das rasch die gewünschte Sicherheit gibt, die Pluralisierung der Werte in der Erziehung werde als Verfallsgeschichte empfunden.

Walter Ulbricht hatte gemeint: "Der Aufbau des Sozialismus ist im wesentlichen eine Erziehung des Menschen." Schule ist immer auch als Einrichtung zur politischen Erziehung verstanden, genutzt oder instrumentalisiert worden. Für die SBZ/DDR gilt dies "auf Grund der Weite, seiner Zielsetzung und dem umfassenden Mitteleinsatz" in besonderer Weise (ebd.). Wozu dies am Ende (auch) geführt hat, will ich an einigen Beispielen illustrieren und kommentieren.

Der für Erziehung in der DDR typische Anpassungs- und Konformitätsdruck wird zum einen deutlich, wenn man die zahlreichen Fälle von Schulrelegationen nachvollzieht. Den letzten grösseren Fall haben Grammes und Zühlke (1992) umfassend dokumentiert: Weil sie unbequeme politische Meinungen schulöffentlich gemacht hatten, wurden im Jahre 1988 in Berlin drei Schüler und eine Schülerin der Schule verwiesen, wodurch sie nicht nur politisch geächtet wurden, sondern ihnen auch Abitur und Studium verwehrt waren. Dass Konformitätsdruck nicht nur von oben bestand, sondern auch horizontal von den gedankenlos Angepassten an Mitschüler weitergegeben wurde, zeigt folgender Fall: In einer Abschlussprüfung war mir eine Studentin durch exzellentes Wissen und hohes Reflexionsniveau aufgefallen. Die mit mir prüfende Kollegin kannte den Prüfling aus dem IfL, bestätigte, K. sei immer schon aufgefallen und fügte hinzu, K. sei am IfL "dicht am Selbstmord gewesen". Auf meine verwunderte Nachfrage erfuhr ich, dass K. von den Mitschülern wegen ihres Lerneifers soweit getrieben worden war. "Erst als sie sahen, dass K. keine Streberin ist, sondern nicht anders kann, haben sie sie in Ruhe gelassen."

Über den politischen Unterricht im engeren Sinne sagen viele, sie hätten "auf Durchzug geschaltet", ihn von sich abgleiten lassen, gar nicht an sich herangelassen. Es scheint aber so zu sein, dass ritualisierte Unterrichtsinhalte zu einer Sinnentleerung von Unterricht überhaupt führen können, so dass Unterricht am Ende nicht mehr ist als ein sinnentleertes Ritual, eine Alibiveranstaltung. Wiederholt habe ich in Seminaren erlebt, dass Studierende in Referaten gänzlich Unverstandenes vortrugen, dass allen Zuhörern dies klar war, aber niemand sich darüber beschwert hat. Meine Vorhaltungen, es würden dadurch nicht nur materielle Ressourcen vergeudet, sondern vor allem die eigene Lebenszeit, trugen lange keine Früchte.

Oft wird von ehemaligen DDR-Lehrern und -Schülern berichtet, die Ideologie sei nicht ohne Brüche und Widerstände in den Schulalltag gelangt. Ein interessantes Lehrstück dafür habe ich in einem Seminar über "Unterrichtsprinzipien" erlebt. Eine Studentin referierte über Unterrichtsprinzipien bei dem DDR-Didaktiker Lothar Klingberg (1972). Klingbergs Einführung in die Allgemeine Didaktik zeichnet sich durch ein fast durchgängig sehr hohes Niveau aus, sie ist aus diesem Grunde auch von den westdeutschen Didaktikern seit langem rezipiert worden. Die Prinzipien allerdings bieten marxistisch-leninistische Didaktik im DDR-Verständnis pur, angefangen beim "Prinzip der Einheit von wissenschaftlicher Bildung und allseitiger sozialistischer Erziehung im Unterricht auf der Grundlage des Marxismus-Leninismus".
Die beabsichtigte kritische Reflexion dieser Prinzipien kam allerdings nicht zustande. Die Referentin hatte ein Arbeitsblatt vorbereitet, auf dem zum einen die

Prinzipien aufgeführt waren und zum anderen jeweils zugeordnet mit Spiegelstrichen deren Inhalt. Merkwürdigerweise war hinter diesen Spiegelstrichen kein Hauch Ideologie und allerdings auch keinerlei textliche Übereinstimmung mit Klingberg zu finden, statt dessen eine brave Schulpädagogik des späten 19. Jahrhunderts! Die Aussprache ergab: Die Kommilitoninhatte sich an ihren am IfL gefertigten Mitschriften orientiert, sie sagte, so habe es ihnen der Pädagogiklehrer beigebracht. Andere bestätigten dies, und es stellte sich heraus, dass alle zu Beginn ihrer Ausbildung Klingbergs "Einführung in die Allgemeine Didaktik" geschenkt bekommen hatten, dass aber keiner von ihnen auch nur eine Seite darin gelesen hatte. Prüfungen, so sagten sie, hätten sie nur anhand ihrer Mitschriften absolviert. Der Fachschullehrer hatte also an die Stelle eines ihm sinnlos erscheinenden ideologisierten Inhaltes etwas anderes ihm vernünftig erscheinendes gestellt. Er hatte eine Autorität durch die andere ausgetauscht. Zu kritischer Reflexion hatte er seine Schülerinnen und Schüler nicht befähigt bzw. nicht befähigen können. Es wundert nicht, dass spätestens ab Beginn der 80er Jahre das Schulwesen rapide an Autorität verlor, denn als Resultat sehen wir hier eine Erziehung zur Unmündigkeit. Es ist daher wohl nicht falsch, wenn Freya Klier (1990, S. 192) von der Unfähigkeit dieser Schülergeneration spricht, ihre Erfahrungen zu artikulieren. Die Fähigkeit dazu, meint Klier, sei ihnen abtrainiert worden. "Und sie hatten kein Wissen mehr, weil das Interesse, ihnen Wissen zu vermitteln, geschwunden war", weil ihnen obendrein "Ideologie statt Wissen" vermittelt worden sei.
"Man muckst immer seltener auf, doch breitet sich nörgelnde Unlust über Staat und Schule. Das weder mitgeplant noch mitregiert werden darf, sondern lediglich die Aufträge einer missliebigen Kommandohöhe auszuführen sind, zeigt langsam deutliche Spuren von Lähmung." (KLIER, 1990, S. 135)

Die sozialistischen Erziehungsziele werden so banalisiert und ausgehöhlt. Klier schreibt, das Wort Sozialismus habe seine Wucht, den Klang von Drohung, Pathos und Kühnheit verloren. Die Partei habe das Land ins Biedermeier konsolidiert. Ein Spottgedicht von Waldemar Spender (1988) zeigt, dass dies mehr oder minder allen klar war:

Ein Papierpionier

Der Pionier folgt auf das Wort,
isst gern Spinat, treibt artig Sport
und bleibt auf festen Wegen.

Als Vorbild ist er unerreicht.
Der Pionier ist pflegeleicht,
denn er ist nie dagegen.

Was hier leichtifüssig, scheinbar harmlos aufgeschrieben ist, ist letztlich die Entblätterung des sozialistischen Normenkataloges, der Sieg der Sekundärtugenden, die durch eben diesen Sieg sinnlos werden.

2.3.3 Schulpädagogik im Transformationsprozess seit 1990

Die dem Zusammenbruch der DDR folgenden Prozesse werden unterschiedlich gesehen. Die einen sprechen von einem tiefgreifenden politisch-gesellschaftlichen Wandel, der alle Lebensbereiche radikal verändert und auch das Bildungs- und Wissenschaftssystem der DDR umgestülpt und keinen Stein auf dem anderen gelassen habe. Andere meinen, es seien lediglich westdeutsche Strukturen gleichsam imperialistisch an die Stelle ostdeutscher gesetzt worden. Wieder andere entdecken eine Kontinuität der Entwicklung, vor allem im Bereich des Schulwesens - so u. a. Klaus Jürgen Tillmann (1996).

Tatsächlich ist die Transformation der Hochschulen und der Forschungseinrichtungen wie APW, Zentralinstitut für Jugendforschung (ZIJF) und anderer institutionell und personell radikal vollzogen worden. Die zentralen Forschungseinrichtungen sind aufgelöst worden, ihre Forschungsaufgaben sind an die Universitäten übergegangen (vgl. EICHLER, UHLIG 1994, HILDEBRANDT 1997).

Die Pädagogischen Hochschulen und die Institute für Lehrerbildung sind aufgelöst, die gesamte Lehrerausbildung ist an die Universitäten verlagert worden, vielfach wurden dort Erziehungswissenschaftliche Fakultäten eingerichtet. Deren Organisationsstruktur und Personalauswahl wurde von sogenannten Gründungskommissionen in der Regel bis 1993/94 entwickelt und vorgenommen. Über alle Fachbereiche hinweg sind nur knapp 50% der neu-berufenen Hochschullehrer aus Ostdeutschland, deren Anteil überwiegt in den "ideologiefreien" Disziplinen. In anderen Bereichen wurden überwiegend westdeutsche Hochschullehrer berufen, an der Universität Leipzig z. B. in der Juristischen Fakultät 100%, in den Erziehungswissenschaften 94% (vgl. NEIDHARDT 1996, MEL-

ZER, STENKE 1996). An der Fakultät Erziehungswissenschaften der TU Dresden, deren Gründungskommission es sich zum Prinzip gemacht hatte, DDR-Wissenschaftler ausdrücklich zu berücksichtigen, sind ca. 25% der Professoren ostdeutscher Herkunft (vgl. BUSCH 1993), letztere haben i.d.R. aber nur C3-Stellen inne. Es sind dies vor allem Berufspädagogen oder Fachdidaktiker.

Oftmals wurden junge habilitierte Wissenschaftler berufen, z. Z. aber auch erfahrende Hochschullehrer, die bereits eine Professur (oft C2 oder C3) innegehabt hatten, die eine neue Herausforderung suchten oder auch ihre Karriere neu in Schwung bringen wollten. Viele hätten ohne die Wiedervereinigung einen solchen Karrieresprung nicht machen können, z. T. sind vor allem die auf C3 berufenen Professoren bereits wieder im Westen, jetzt auf C4-Stellen. Nicht selten wurden Schüler von Mitgliedern der Gründungskommissionen berufen. Die Gegenbewegung von Ost nach West ist nur einigen wenigen ehemaligen DDR-Kollegen gelungen (vgl. LENHARDT 1997). Der universitäre Mittelbau in der Pädagogik/Schulpädagogik besteht zu ca. 70% aus ostdeutschen Kollegen.

Der von Olbertz und Kell (1997) zusammengestellte "Forschungsatlas Neue Bundesländer" konnte 300 kleine bis grössere Projekte ermitteln, von denen ca. 44% der Schul- und Unterrichtsforschung zuzurechnen sind. Themenschwerpunkte sind z. B.: Öffnung von Schule und Unterricht, Partizipation von Schülern und Eltern, Gewalt in der Schule, Umwelterziehung, Forschungen zur aktuellen Schulentwicklung in den neuen Bundesländern, reformpädagogische Fragestellungen (vgl. auch MELZER, STENKE 1996).

Die Lehrplanentwicklung liegt überwiegend in der Hand landeseigener pädagogischer Institute, die aber nur über begrenzte Kompetenzen zur Forschung verfügen, sondern eher aus schulfachlicher Berufserfahrung heraus agieren. Als den Ministerien nachgeordnete Behörden sind sie in der Regel bequeme Partner "einer Kultusbürokratie, die sich sehr schnell zu einem selbstreferenziellen System entwickelte und mit ihrer Ordnungspolitik, ihrem Pragmatismus und der Orientierung am finanziell Machbaren, Barrieren, z. T. sogar Mißtrauen und Ängste gegenüber Wissenschaftlern aufbaute". So schreiben Melzer und Stenke (1996) aus offenkundig eigener Betroffenheit. Für das Bundesland Sachsen kann ich diese Erfahrung nachdrücklich bestätigen. Die Kultusbehörden werden strikt autoritär von oben her geführt, eine Schul- und Unterrichtsforschung, die sich als selbständiger und kritischer Partner versteht, ist nicht erwünscht. In den anderen neuen Bundesländern ist eine weit engere Zusammenarbeit von Schulpädagogik als Wissenschaft und Schulpolitik teils institutionalisiert teils informell eingerichtet, so dass zum einen Forschungsprojekte zur aktuellen Schulpolitik und zu Fragen der Schulentwicklung initiiert werden und Rückwirkungen haben, zum anderen eine kontinuierliche Politikberatung. Als beispielhaft können in Sachsen-Anhalt das "Zentrum für Schulforschung und Lehrerbildung" an der Universität Halle und in Thüringen die Aktivitäten des Instituts für allgemeine und empirische Bildungsforschung an der PH Erfurt gelten. In beiden Fällen gehen Schulforschung, Schulentwicklung und Politikberatung ineinander.

Nach meiner Einschätzung ist die Besetzung der *Schulbehörden* in den neuen Bundesländern qualitativ überaus heterogen - mehr als dies in den alten Bundesländern der Fall ist. Das mag die teilweise zu beobachtenden autoritär-hierarchischen Strukturen begünstigen, die sowohl nach innen als auch nach aussen beobachtbar sind und bis zum Umgang von beamteten Schulleitern mit ihren teilzeit- und zeitlich begrenzt angestellten Lehrerinnen und Lehrern durchschlagen. Hier sprechen Beobachter davon, dass DDR-typische Strukturen obrigkeitsstaatlichen Handelns sich fortsetzen.

Auch die *Schule* ist in Struktur, Inhalten und Zielen gleichsam über Nacht in einer historisch wohl beispiellosen Weise verändert worden. Die wohnortnahe Einheitsschule, die Polytechnische Oberschule (vgl. WATERKAMP 1987), ist nach westlichem Vorbild umstrukturiert worden, meist stand ein westliches Bundesland Pate. Das Einheitsschulsystem der DDR mit seiner 10jährigen Polytechnischen Oberschule war politisch so diskreditiert, dass eine ernsthafte politische Diskussion über seine Beibehaltung und Weiterentwicklung nicht stattgefunden hat. Die Mehrheit der Eltern ist zwar überzeugt, dass die ideologisierten Inhalte und Ziele der DDR-Schule nicht mehr zeitgemäss seien, gleichwohl jedoch halten sie zentrale Elemente der Schulstruktur nach wie vor für sinnvoll: polytechnischen Unterricht, gemeinsamen Schulbesuch, flächendeckendes Angebot an Hortplätzen, wohnortnahe Schulversorgung vor allem (ROLFF u.a. S. 1992, 24ff.). Die Schulpolitik einzelner neuer Länder entspricht daher in Teilen nicht den Wünschen und Vorstellungen der Bevölkerungsmehrheit, sondern ist orientiert am Schulsystem der Bundesrepublik bzw. an den jeweiligen Partnerländern und den Vorstellungen der dort regierenden Parteien. Die augenfälligste Abweichung vom bundesdeutschen dreigliedrigen

Grundmodell ist die Zusammenfassung von Haupt- und Realschule unter dem Dach einer zweizügigen Sekundarstufe I, die in Sachsen Mittelschule, in Sachsen-Anhalt Sekundarschule und in Thüringen Regelschule genannt wird. Dieser Abschied von der Hauptschule ist m. E. nicht als Eingehen auf regionale Besonderheit interpretierbar, vielmehr initiieren Schulpolitiker der CDU hier ein Experiment, das sie im Westen nicht hätten durchsetzen können, vor allem weil sie es ihren Wählern nicht hätten erklären können.

Es liegt auf der Hand, dass ein Transformationsprozess, der alle rund 5000 Schulen der neuen Bundesländer betrifft, in den das gesamte Lehrpersonal, alle Eltern und alle Schüler involviert sind, sich nicht problemlos vollziehen kann - zumal dies nur ein Teil des gesamtgesellschaftlichen Umbruches mit all seinen Verunsicherungen ist (MELZER, SANDFUCHS 1996).

Für die Lehrerinnen und Lehrer in den neuen Bundesländern ist dieser Strukturwandel mit Unsicherheiten und mit Angst verbunden: Teilweise fehlt es ihnen an Kompetenzen und Erfahrungen (z. B. moderne Fremdsprachen, offene Formen des Unterrichts), teilweise sehen sie ihre berufliche Qualifikation radikal in Frage gestellt, schliesslich ist ihr Arbeitsplatz oftmals höchst unsicher.

Arno Combe (1995, S. 2) urteilt am Beispiel der Grundschule:
"Die derzeitigen labilen Arbeitsverhältnisse und -bedingungen sind so beschaffen, dass von einer Mehrzahl dieser Grundschullehrkräfte im Grunde weder eine Auseinandersetzung mit der Vergangenheit noch Impulse der Erneuerung oder gar Offenheit für Neues zu erwarten sind. Viele dieser Lehrkräfte befinden sich im Zustand einer paralysierenden Verunsicherung. Die Wende hinterliess auch Groll und Bitterkeit. Vergleichsweise wenigen gelingt der ‚Blick nach vorn'. Und das angesichts eines enormen Problemstaus auf verschiedenen Ebenen."
Nach Combes Urteil war die DDR "ein Staat, der von seinen Fehlern und Problemen nicht lernen konnte". So habe sich eine "selbstreflexiv operierende Lernfähigkeit der Teilsysteme" nicht entwickeln können. Um den "Anschein der Unfehlbarkeit" zu wahren, konnte pädagogische Forschung nur "als Teil einer staatlichen Kontrolle und Lenkung" verstanden werden, dessen brisante Ergebnisse nur gefiltert und in Form verordneter Kampagnen an die pädagogische Öffentlichkeit dringen durften. Für die von ihm untersuchte Grundschule kon-

statiert Combe "einen hochgradigen kulturellen Ritualismus", der sich "an völlig starren, verkrusteten Zügen des Grundschulsystems rekonstruieren lässt" (ebd., S. 2).

Die Bedeutung dieser Einschätzung wird klar, wenn man sich vor Augen hält, dass das Lehrpersonal mehrheitlich um fünfzehn Jahre im Dienst ist, wegen des dramatischen Rückgangs der Geburtenzahlen jedoch die gegenwärtigen Absolventen von Lehramtsstudiengängen nicht in den Dienst gelangen, sondern zu grossen Teilen in die alten Bundesländer gehen.

Dem gravierenden Veränderungsschub im Schulwesen der neuen Bundesländer stellt Klaus Jürgen Tillmann (1996) daher die Kontinuität im Personal (Lehrkräfte, Schulbehörden) entgegen. Dem politischen Umbruch zum Trotze, so Tillmann, habe die Schule ihre Eigenlogik; wegen ihrer "relativen Autonomie" (Bourdieu und Passeron) bleibe die grundlegende pädagogische Orientierung erhalten - um so mehr als nach einer anfänglichen Schulreformbereitschaft viel Reformpotential abgebügelt oder unterdrückt wird. Was aus dem Konglomerat von Wandel, Kontinuität und Beharren sowie der Einflussnahme durch Schulbehörden und Schulpädagogik am Ende entstehen wird, ist m. E. noch offen.

Ich beobachte zuweilen die Verlängerung eines DDR-typischen Rituals in die Gegenwart: Feiertägliche Beschwörungen des pädagogischen Auftrages auf der einen Seite und knallhart disziplinierendes Reden und Handeln (!) auf der anderen Seite - ohne dass zwischen beidem eine Vermittlung gesucht würde. Nur die Säulenheiligensind ausgetauscht worden, statt Margot Honecker nun Hartmut von Hentig.

2.3.4 Schlussbemerkungen

Die Schulpädagogik in den neuen Bundesländern ist nur zu verstehen, wenn man sie in komplexere Zusammenhänge einordnet, die konstituiert werden durch den Zusammenhang der Schulpädagogik mit Schulpolitik, Schulverwaltung und Schulorganisation sowie die Einstellungs- und Handlungsweisen der beteiligten Personengruppen. Dieser Konnex wird historisch konstituiert durch das Nachwirken der DDR-Pädagogik und der DDR-Schulkultur, die die Mentalität der in der DDR sozialisierten Personengruppen entscheidend geprägt haben. Der Zusammenhang wird ebenfalls hergestellt, durch die Dynamik des Transformationsprozesses, dem die beteiligten Institutionen und Personengruppen unterworfen sind.

Was die jeweils zu Beginn der Kapitel 2 und 3 dieses Beitrages dargestellten sehr unterschiedlichen Einschätzungen einerseits der Rolle und Bedeutung der Schulpädagogik in der DDR und andererseits des Transformationsprozesses seit 1990 angeht, so hat m. E. jede der skizzierten Sichtweisen ihr Recht. In der Tat hat es in der universitären Pädagogik der DDR Ansätze zu einer Pluralität der Konzepte gegeben, wie Ernst Cloer (1994) nachweist; auch haben Erziehungswissenschaftler der DDR versucht, Fragestellungen und Forschungsansätze zu generieren, die sich aus der Verantwortung für die Sache ergaben und zwangsläufig mit dem dirigistischen Anspruch des Staats in Konflikt gerieten. Den Monopolanspruch der Staatspädagogik hat dies allerdings nur marginal berührt und nicht einschränken können.

Auch die Einschätzungen des Transformationsprozesses - radikaler Wandel, Kontinuität, westdeutscher Imperialismus - haben jeweils ihr Recht. Schule in entwickelten Gesellschaften scheint in der Tat relativ autonom zu sein, so dass ein gewisses Beharrungsvermögen anzunehmen ist; die Mentalität der beteiligten Personengruppen ist gleichfalls nur begrenzt veränderbar. Das Überstülpen westdeutscher Strukturen verändert einerseits vieles grundlegend, es provoziert andererseits Beharrungskräfte. Aus den konfligierenden Gemengelagen von Anpassung und Widerstand wird m. E. völlig Neues entstehen, Menschen und Institutionen werden sich verändern. Das von dem Leipziger Psychologen Wilhelm Wundt formulierte Gesetz der Heteronomie der Zwecke lässt uns allerdings argwöhnen, dass das Ergebnis nicht absehbar ist: "Ambivalenz nennen wir die Erfahrung, dass wir, gerade wenn wir etwas - Angestrebtes erreicht oder verwirklicht haben, entdecken müssen, dass es eigentlich nicht das Angestrebte, sondern vielleicht sogar dessen Verhinderung war." (VON WEIZSAECKER 1977, S. 80)

Diese Ambivalenz wird ironischerweise begünstigt durch den Umstand, dass eine Kontinuität von in der DDR gewonnenen Erkenntnissen und Erfahrungen tabuisiert worden ist. Vieles, das in Schule und Lehrerausbildung jenseits aller Ideologie bewährt war, hätte mit westlichen Absichten, Einsichten und Erfahrungen verbunden werden können, dem Selbstbewusstsein und Selbstverständnis vieler Menschen hätte das gutgetan. So aber wirken die Dinge informell und möglicherweise kontraproduktiv in kurzgeschlossener DDR-Nostalgie.

Literatur

Anweiler, O., (Hrsg.), Stand und Perspektiven der erziehungs-wissenschaftlichen Forschung in der Bundesrepublik Deutschland und in der Deutschen Demokratischen Republik (Arbeitsstelle für Vergleichende Bildungsforschung), Bochum 1990

Busch, F. W. (Hrsg.), Wege entstehen beim Gehen. Erziehungwissenschaft in Dresden, Dresden 1993

Busch, F. W., Das Zusammenwachsen Deutschlands im Bereich des Bildungswesens. Unveröff. Ms., Dresden 1995

Cloer, E., Wernstedt, R., (Hrsg.), Pädagogik in der DDR. Erörterung einer notwendigen Bilanzierung, Weinheim 1994

Cloer, E., Universitäre Pädagogik in der früheren DDR - ausschliesslich Legitimationswissenschaft? Untersuchungen zur Pluralität pädagogischer Denkformen. In: Krüger, H., Marotzki, W. (Hrsg.), Pädagogik und Erziehungsalltag in der DDR, Opladen 1994, S. 17-33

Combe, A., Belastungskonstellationen von Grundschullehrkräften in Ostdeutschland. Das westdeutsche Bildungssystem auf dem Prüfstand, hekt. Ms. Juli 1995

Deiters, H., Bildung und Leben. Erinnerungen eines deutschen Pädagogen (Deutsches Institut für internationale Pädagogische Forschung, Studien und Dokumentationen zur deutschen Bildungsgeschichte, Band 40), Köln 1989

Dudek, S., Tenorth, H.-E., (Hrsg.), Transformationen der deutschen Bildungslandschaft, Lernprozess mit ungewissem Ausgang, Weinheim 1994

Eichler, W., Uhlig, Chr., Die Akademie der Pädagogischen Wissenschaften der DDR. In: Dudek, Tenorth 1994, S. 115-126

Faust, H., Forschungen zum "Lernen Lehren - Lernen lernen" an der Karl-Marx-Universität zu Leipzig im Spannungsfeld institutioneller Profilierung und zentraler Anforderungen. In: Cloer, Wernstedt 1994, S. 261-283

Friedrich, W., Jugendforschung in der DDR: Einige Probleme und Ergebnisse aus bildungspolitischer Sicht - Die Ausgrenzung der Jugendforschung durch das Volksbildungsministerium. In: Cloer, Wernstedt 1994, S. 190-202

Fuhrmann, E., Entwicklung der DDR-Didaktik bis 1990. In Kell, Olbertz 1997, S. 193-211

Geissler, G., Blask, F., Scholze, T. (Hrsg.), Schule streng vertraulich. Die Volksbildung der DDR in Dokumenten, Berlin 1996
Grammes, T., Zühlke, A., Ein Schulkonflikt in der DDR. Dokumentenband und Leitfaden zum Dokumentenband (Arbeitshilfen für die politische Bildung, Hrsg. v. d. Bundeszentrale für politische Bildung, Bonn o. J. (1992)
Hildebrandt, K., Ausseruniversitäre Institute der Bildungsforschung in der DDR - Verbleib des erziehungswissenschaftlichen Personals - In: Kell, Olbertz 1997, S. 90-122
Hoffmann, A., Ursachen der Bildungskrise in der DDR und erste Lösungsansätze aus der Sicht der Jugendforschung. In: Anweiler 1990, S. 92-100
Hoffmann, D., Neumann, K. (Hrsg.), Erziehung und Erziehungswissenschaften in der BRD und der DDR. Band 1: Die Teilung der Pädagogik (1945-1965), Weinheim 1994
Kell, A. (Hrsg.), Erziehungswissenschaft im Aufbruch. Arbeitsberichte (Entwicklung der Erziehungswissenschaften in den Neuen Bundesländern), Weinheim 1994
Kell, A., Olbertz, J.-H. (Hrsg.), Vom Wünschbaren zum Machbaren. Erziehungswissenschaften in den neuen Bundesländern, Weinheim 1997
Klier, F., Lüg Vaterland. Erziehung in der DDR, München 1990
Klingberg, L., Einführung in die Allgemeine Didaktik, Berlin-O. 1972
Kluchert, G., Leschinsky, A., Schwierigkeiten mit der Erziehung. Die Schule der früheren DDR im Spiegel von Revisionsberichten. In: Die Deutsche Schule
Koring, B., Lernen im Umbruch - Wahrnehmung West. Pädagogik in den neuen Bundesländern. In: Deutsche Lehrerzeitung 39/40, 2. Okt. 1996
Kossakowski, A., Die pädagogische Psychologie der DDR im Spannungsfeld zwischen kindorientierter Forschung und bildungspolitischen Forderungen. In: Cloer, Wernstedt 1994, S. 205-222
Kuczynski, J., Ein Leben in der Wissenschaft der DDR, Münster 1994
Lenhart, V., Erziehungswissenschaftler und Erziehungswissenschaftlerinnen aus der DDR in den alten Bundesländern. In: Kell, Olbertz 1997, S. 123-129
Mebus, S., Wissenschaftliche Aspirantur an der Akademie der Pädagogischen Wissenschaften der DDR in Berlin Mitte der 80er Jahre - Einblicke, Erfahrungen und Erkenntnisse aus der Sicht einer ehemaligen Forschungsaspirantin. In: Cloer, Wernstedt 1994, S. 301-329
Meier, Chr., Die Nation, die keine sein will. München 1991
Melzer, W., Sandfuchs, U. (Hrsg.), Schulreform in der Mitte der 90er Jahre. Strukturwandel und Debatten um die Entwicklung des Schulsystems in Ost- und Westdeutschland, Opladen 1996

Melzer, W., Stenke, D., Schulentwicklung und Schulforschung in den ostdeutschen Bundesländern. In: Rolff, H.-G. u.a. (Hrsg.), Jahrbuch der Schulentwicklung, Band 9, Weinheim 1996, S. 307-338

Merkur extra 24/13. 6. 1997: Zum Aufbruch fehlt der Mut

Neidhardt, F., Gewinner West - Verlierer Ost. In: Deutsche Universitätszeitung 21/1996, S. 16-20

Neuner, G., Pädagogische Wissenschaft in der DDR. Ein Rückblick auf Positionen und Restriktionen. In: Die Deutsche Schule 3/1991, S. 280-295

Neuner, G., Zwischen Wissenschaft und Politik. Ein Rückblick aus lebensgeschichtlicher Perspektive (Deutsches Institut für internationale Pädagogische Forschung, Studien und Dokumentationen zur deutschen Bildungsgeschichte, Band 61), Köln 1996

Olbertz, J.-H., Kell, A., Erziehungswissenschaftliche Forschung an den Universitäten der neuen Länder - Beitrag zu einem Forschungsatlas. In: Kell, Olbertz 1997, S. 21-89

Spender, W., Geburtstagsgrüsse, Berlin 1988

Stenke, D., Melzer, W., Hat das Zwei-Schulen-Modell eine bildungspolitische Zukunft? Eine erste Bilanz der Schulentwicklung in Sachsen. In: Melzer, Sandfuchs 1996, S. 67-86

Thiem, W., Von IfL zur Universität. Entwicklung der Grundschullehrer--ausbildung. In: Kell, Olbertz 1997, S. 149-171

Tillmann, K.-J., Von der Kontinuität, die nicht auffällt - Das ostdeutsche Schulsystem im Übergang von der DDR zur BRD. In: Melzer, Sandfuchs 1996, S. 13-22

von Weizsäcker, C. F., Der Garten des Menschlichen. Beiträge zur geschichtlichen Anthropologie, München 1977

Waterkamp, D., Handbuch zum Bildungswesen der DDR, Berlin 1987

Wenzel, H., Herausforderungen für die Lehrerbildung in den neuen Bundesländern. In: Röhrs, H., Pehnke, A. (Hrsg.), Die Reform des Bildungswesens im Ost-West-Dialog. Geschichte, Aufgaben, Probleme, Frankfurt a. M. 1994, S. 207-222

und da sind unsere ersten Schulpädagogen...
(Grimm)

2.4 Schulpädagogik in Österreich: Aspekte ihrer Genese seit 1800 und aktuelle Situation

Gerald Grimm, Universität Klagenfurt

Die Forschung auf dem Gebiet der Schulpädagogik erlebt in Österreich seit den späten 1960er Jahren eine Phase der Expansion und Spezialisierung, die sich in einer stetig steigenden Zahl von einschlägigen Publikationen unterschiedlichster Qualität und Quantität manifestiert. Dieser Sachverhalt ist einerseits als ein Resultat des in den vergangenen drei Dezennien besonders intensiv und auf breiterer Basis als in der Habsburgermonarchie (bis 1918) und der Ersten Republik Österreich (1918-1934) geführten bildungspolitischen Diskurses anzusehen; andererseits kann er aber wohl auch als die konsequente Fortentwicklung der vielfältigen und durchaus bemerkenswerten, wenn auch wenig bekannten, bis ins späte 18. Jahrhundert zurückreichenden schulpädagogischen Tradition in Österreich betrachtet werden.

Aus diesem Grund möchte ich im ersten Teil meines Beitrags auch die selbst in Fachkreisen kaum rezipierte historische Entwicklung schulpädagogischen Denkens in Österreich grob skizzieren. Im zweiten Abschnitt versuche ich dann, die aktuelle Situation der Schulpädagogik in Österreich überblickartig darzustellen. Im abschliesenden Ausblick werden schliesslich die Zukunftsperspektiven des Faches Schulpädagogik in Österreich anhand einiger konstatierter Defizite und Forschungsdesiderate aufgezeigt.

2.4.1 Vom Teilgebiet der Allgemeinen Pädagogik zur eigenständigen erziehungswissenschaftlichen Bereichsdisziplin: zur historischen Entwicklung schulpädagogischen Denkens in Österreich

Der Begriff 'Schulpädagogik' wird im österreichischen Raum erstmals im Jahre 1804 in einer bloss handschriftlich überlieferten Vorlesung von Ignaz Thanner, Professor für Pädagogik an der Universität Salzburg, verwendet. Thanner bestimmt darin die "Schulpädagogik" als speziellen Teil der "allgemeinen Pädagogik"[6] und wird mit dieser Definition richtungsweisend für das (schul-)-pädagogische Denken in Österreich im 19. Jahrhundert. Denn auch im 1816 in Prag erschienenen "Leitfaden der Vorlesungen über die Katechetik, mit der Pädagogik und Methodik verbunden" des böhmischen Geistlichen und Pädagogen Alex Vincenz Parizek scheint der Begriff "Schulpädagogik" in analoger Bedeutung auf.[7] Doch bereits ein Vierteljahrhundert zuvor, nämlich in den frühen 1790er Jahren, hat der Direktor des Salzburger Lehrerseminars, Franz Michael Vierthaler, in seinen pädagogisch-didaktischen Schriften die Grundlagen einer Schulpädagogik entwickelt. Schulpädagogik wird von Vierthaler zwar nicht als solche bezeichnet, doch deckt sich der von ihm formulierte Begriff "Schulerziehungskunde" (vgl. VIERTHALER 1794) weitgehend mit dieser.[8] Auf Grund seiner 1794 veröffentlichten Schrift "Entwurf der Schulerziehungskunde" kann Vierthaler jedenfalls wohl mit Recht als Pionier und Wegbereiter der Schulpädagogik in Österreich bezeichnet werden. Als "älteste pädagogische Bereichsdisziplin" (APEL, GRUNDER 1995, S.14) weist die Schulpädagogik somit in Österreich (wie übrigens auch in Deutschland) eine bereits 200jährige Tradition auf.

Nach der vor allem in Salzburg um 1800 unter spätaufklärerischen Auspizien erfolgten Grundlegung der Schulpädagogik in Österreich sollte es jedoch mehr als ein halbes Jahrhundert dauern, ehe Schule und Unterricht wieder zentrales Thema pädagogischer Reflexion in der Habsburgermonarchie wurden. In der fast die gesamte zweite Hälfte des 19. Jahrhunderts währenden Epoche des

6 Vgl. Ignaz Thanner, Vorlesung 1804 nebst Gesch. des Schulwesens und Litteratur, Teil b, lit. d; UB Salzburg, Handschriftensammlung, M I 420. Den Hinweis auf Thanner verdanke ich LECHNER 1989, S. 68, Fußn. 39. Über den katholischen Geistlichen und Pädagogen Thanner (1770-1856) siehe WURZBACH 1881, S. 172-177. In Deutschland hingegen taucht der Begriff "Schulpädagogik" erst viel später, und zwar im Titel der posthum (1922) publizierten Vorlesung, die der Philosoph Georg Simmel im Winter-semester 1915/16 an der Universität Straßburg über pädagogische Fragen im Schulunterricht gehalten hat (vgl. RAUSCHENBERGER 1979, S. 71).

7 Vgl. LECHNER 1989, S. 68, Fußn. 39. Über Parizek (1748-1822) siehe WURZBACH 1870, S. 314-316.

8 Vierthalers Begriff "Schulerziehungskunde", wie ihn der Salzburger Pädagoge 1794 formulierte, geht inhaltlich allerdings weit über den engeren schulischen Bereich hinaus und bezieht auch Elemente der Allgemeinen Pädagogik und Didaktik ein - ein Umstand, dem in der zweiten Auflage auch im Titel Rechnung getragen wurde (vgl. VIERTHALER 1824). Franz Hörburger sieht deshalb in Vierthalers "Schulerziehungskunde" eine "wissenschaftlich unterbaute Darstellung der Pädagogik" überhaupt (HÖRBURGER 1967, S. 80). Eine strikte Trennung zwischen Allgemeiner Pädagogik und Schulpädagogik ist im 19. Jahrhundert noch nicht konstatierbar (vgl. auch APEL, GRUNDER 1995, S. 17). Über Vierthaler (1758-1827) siehe insbesondere LAIREITER 1958 sowie LECHNER 1986.

Herbartianismus erlebte das schulpädagogische Denken in Österreich dann allerdings auch einen ersten Höhepunkt.[9] Die österreichischen Herbartianer schränkten zwar die Pädagogik überhaupt weitgehend auf eine pragmatisch ausgerichtete Schulpädagogik ein, leisteten aber auf diesem Gebiet Substantielles. Sie waren (wie etwa der Prager Philosoph und Schulreformer Franz Exner[10] auch an den richtungsweisenden Schul- und Bildungsreformen der franzisko-josephinischen Epoche (vgl. dazu ENGELBRECHT 1986, S. 107-277) federführend beteiligt. Neben dem auch international renommierten, aus Westpreussen gebürtigen und mehr als 30 Jahre an der Universität Prag wirkenden Gelehrten Otto Willmann, der übrigens als einer der wenigen österreichischen Herbartianer sich primär der historisch-systematischen Pädagogik widmete,[11] ist hier vor allem Gustav Adolf Lindner zu erwähnen. Der aus Böhmen stammende Lindner kam von der Schulpraxis. Er war zunächst als Gymnasiallehrer, später als Direktor einer Lehrerbildungsanstalt tätig gewesen, ehe er 1878 als Professor für Philosophie und Pädagogik an die Universität Prag berufen wurde.[12] Dort verfasste Lindner 1884 als Ergebnis seiner, wie er selbst schreibt, "mehr als dreissigjährigen philosophisch-pädagogischen Studien" (LINDNER 1884, S. IV) das "Encyklopädische Handbuch der Erziehungskunde mit besonderer Berücksichtigung des Volksschulwesens". Auf mehr als 1000 Seiten wird darin auf der Grundlage eines durchaus kritisch rezipierten Herbartianismus eine "alphabetisch geordnete Darstellung des Wissenswürdigsten aus der allgemeinen Pädagogik und Didaktik, der allgemeinen und speciellen Methodik, der Schulkunde, Geschichte der Pädagogik, Schulgesetzgebung und Schulstatistik" (ebd., Titelblatt) geboten. Mit diesem umfassenden Werk, das von "Abtheilungsunterricht" bis "Zeichnen" alle damals

9 In Deutschland hatte die schulpädagogische Diskussion bereits in der ersten Hälfte des 19. Jahrhundert vor allem durch Friedrich Adolph Wilhelm Diesterwegs Theorie der "Schul-Erziehung" (1820) einen Kulminationspunkt erreicht (vgl. dazu OELKERS 1989, S. 117-137).

10 Exner (1802-1853), der Herbarts Philosophie und Pädagogik in der Habsburgermonarchie überhaupt erst bekannt machte und damit zum Wegbereiter des Herbartianismus in Österreich wurde, war der Verfasser der Reformpläne für die grundlegende Neugestaltung des österreichischen Sekundar- und Hochschulwesens (Gymnasien, Realschulen und Universitäten) in den Jahren 1848/49 (vgl. MEISTER 1963, S. 90-113 und ENGELBRECHT 1986, S. 147-149, 222-224.

11 Es ist deshalb ziemlich verwunderlich, dass Willmann (1839-1920) vor kurzem (1993) - übrigens als einziger in Österreich tätige Pädagoge - in den Sammelband "Bedeutende Schulpädagogen" aufgenommen wurde (vgl. GEISSLER/HUBER 1993); eher ist er wohl als "der bedeutendste Pädagogiker des alten Österreich" (so BREZINKA 1997) einzustufen.

12 Über Lindner (1828-1887) siehe FRISCH 1897, HÖRBURGER 1967, S. 129 und SCHALLER 1974.

(schul-)pädagogisch relevanten Themen behandelte, avancierte Lindner zweifellos zum bedeutendsten österreichischen Schulpädagogen des 19. Jahrhunderts, der den Durchschnitt der Herbartianer jedenfalls bei weitem überragte.

An der Wende zum 20. Jahrhundert wurde auch in Österreich die Kritik an der "Lernschule" herbartianischer Prägung immer lauter. Die Ideen und Konzepte der internationalen reformpädagogischen Bewegung der Jahrhundertwende beeinflussten vor allem die insbesondere in der Reichshauptstadt Wien immer stärker werdende sozialdemokratische Lehrerschaft (vgl. KUCHER 1983, S. 180f.). Der Ruf nach einer grundlegenden Reform des Pflichtschulwesens (Primarstufe, Sekundarstufe I) in Richtung "Arbeitsschule" (Einheitsschule vom 6. bis zum 14. Lebensjahr), Demokratisierung (Eltern- und Schülermitbestimmung), Trennung von Schule und Kirche sowie Chancengleichheit (Unentgeltlichkeit des Unterrichts und der Lehrmittel) bestimmte die schulpädagogische Diskussion in Österreich im ersten Viertel des 20. Jahrhunderts (vgl. ADAM 1983, S. 284-298; ENGELBRECHT 1988, S. 65-89). Federführend dabei wirkte der aus Niederösterreich gebürtige Lehrer und sozialdemokratische Politiker Otto Glöckel, der bedeutendste Repräsentant der reformpädagogischen Bewegung in Österreich.[13] In seinen freilich stärker (partei-)politisch als (erziehungs-)wissenschaftlich akzentuierten schulpädagogischen Schriften plädierte Glöckel insbesondere für die Schaffung einer gemeinsamen Schule aller österreichischen Staatsbürger bis zum 14. Lebensjahr, die Akademisierung der Pflichtschullehrerausbildung sowie die Neuakzentuierung der Lehrpläne und der Lehrbücher nach den Grundsätzen der Kindgemässheit, der Bodenständigkeit sowie des Arbeits- und Gesamtunterrichts (vgl. GLÖCKEL 1985). Die zum Teil zwar erziehungswissenschaftlich fundierten, in der Hauptsache jedoch gesellschaftspolitisch bestimmten Reformvorschläge des Sozialdemokraten Glöckel stiessen bei den "bürgerlichen" Parteien, vor allem den Christlichsozialen, allerdings auf entschiedene Ablehnung (vgl. ENGELBRECHT 1988, S. 90-99). Schulpädagogisches Denken geriet jedenfalls in Österreich in der Ersten Republik (1918-1934) immer stärker in ideologische und (partei-) politische Schranken.

Nicht zuletzt auf Grund ihres ideologischen Näheverhältnisses zur Sozialdemokratie war es der reformpädagogischen Bewegung in Österreich nicht ge-

---

13 Über Glöckel (1874-1935) siehe insbesondere ACHS, KRASSNIGG 1974; vgl. auch ACHS 1985, ADAM 1983, S. 276-280 und ENGELBRECHT 1988, S. 65-77.

lungen, an den Universitäten Fuss zu fassen. Dennoch erhielt auch die akademische Pädagogik in Österreich um die Jahrhundertwende eine gänzlich andere Ausrichtung: Der Herbartianismus wurde von einer sich als "geisteswissenschaftlich" im Diltheyschen Sinne verstehenden, auf Ethik, Logik und Psychologie aufbauenden Pädagogik abgelöst. Richtungweisend dafür wurden die Berufungen von Alois Höfler an die Universität Prag im Jahre 1903 und Eduard Martinak an die Universität Graz im Jahre 1904; 1907 wechselte Höfler dann an die Universität Wien. Sowohl Höfler als auch Martinak kamen von der Schulpraxis und hatten sich neben ihrer Tätigkeit als Gymnasiallehrer für Philosophie und Pädagogik habilitiert.[14] Ihre Lehrtätigkeit und die daraus resultierende intime Kenntnis der Probleme des österreichischen Mittelschulwesens (Gymnasien, Realgymnasien, Realschulen) bestimmten auch die Inhalte ihrer Forschung auf dem Gebiet der Pädagogik. Höfler und Martinak können zweifellos in erster Linie als "Schulpädagogen" bezeichnet werden, publizierten sie doch zahlreiche Beiträge zur Reform der österreichischen Sekundarschulen und zur Neuordnung der Mittelschullehrerbildung.[15] Darin traten sie jedoch - im Gegensatz zu Glöckel und den zeitgenössischen Schulreformbestrebungen - entschieden gegen die Realisierung des Einheitsschulmodells der Sozialdemokraten ein und plädierten vielmehr für die Beibehaltung der Typenvielfalt im Bereich der Sekundarstufe I sowie für eine intensivere pädagogisch-didaktische und schulpraktische Ausbildung der Kandidaten für das höhere Lehramt. Mit Höfler und Martinak erreichte die Schulpädagogik in Österreich jedenfalls einen zweiten Höhepunkt.

Ihre Nachfolger (Richard Meister in Wien, Otto Tumlirz in Graz) hatten jedoch ganz andere Forschungsinteressen (historisch-systematische Pädagogik resS. Pädagogische Psychologie),[16] so dass nach 1930 die schulpädagogische Forschung in Österreich weitgehend zum Erliegen kam. Auch nach dem Zweiten Weltkrieg änderte sich die Situation kaum, obwohl die Schulreformfrage zweifellos zu den umstrittensten und vieldiskutiertesten Problemen in den ersten eineinhalb Dezennien der Zweiten Republik Österreich (seit 1945) zählte. Das

---

14 Über Höfler (1853-1922) siehe MEISTER 1953, GRIMM 1990 und BREZINKA 1995a, S. 415-419; über Martinak (1859-1943) siehe insbesondere BACHMANN, MIKULA 1996, S. 45-62.

15 Vgl. etwa HÖFLER 1908/1918/1919 und MARTINAK 1904/1909/1929.

16 Über die Entwicklung des Faches Pädagogik an der Universität Wien nach dem Tode Höflers im Jahre 1922 siehe BREZINKA 1995b, S. 70-78; zur Situation an der Universität Graz nach der Emeritierung Martinaks 1930 vgl. BACHMANN/MIKULA 1996, S. 63-83.

Schulgesetzwerk 1962, das trotz zahlreicher inzwischen erfolgter Novellen den Aufbau und die Organisation des österreichischen Bildungswesens bis heute weitgehend bestimmt, war das Ergebnis eines politischen Kompromisses zwischen den Sozialdemokraten (SPÖ) und der bürgerlich-konservativ ausgerichteten Österreichischen Volkspartei (ÖVP), die nach 1945 das Erbe der Christlichsozialen Partei angetreten hatte (vgl. ENGELBRECHT 1988, S. 465-484; RAUCHENSTEINER 1987, S. 439f.). Eine begleitende erziehungswissenschaftliche Beratung und Kritik dieses "Grundgesetzes" des österreichischen Schulwesens der Gegenwart fehlte jedoch infolge des konstatierten Defizits an schulpädagogischer Forschung in Österreich nach 1945 fast völlig. Denn erst die in den sechziger Jahren einsetzende Bildungsexpansion machte die verantwortlichen Bildungspolitiker auf dieses Vakuum aufmerksam. 1965 ist dann an der Universität Wien die erste spezifische Lehrkanzel für "Angewandte Pädagogik - Schulpädagogik" eingerichtet worden. Wie wenig qualifizierte Schulpädagogen es damals in Österreich gab, dokumentiert das erstaunliche Faktum, daß diese Lehrkanzel mit dem bereits 65jährigen pensionierten Gymnasialdirektor Ulrich Schöndorfer, einem habilitierten Philosophen, der bis dahin keine nennenswerten (schul-)pädagogischen Veröffentlichungen aufzuweisen hatte, besetzt werden musste.[17]

Trotz dieser unzureichenden Bewerberlage markierte die Schaffung der ersten Lehrkanzel für Schulpädagogik an der Universität Wien eine signifikante Wende für die Forschung in diesem Spezialgebiet der Erziehungswissenschaft. Die ursprüngliche Absicht des Unterrichtsministeriums, 1966 auch an den anderen drei Universitäten (Graz, Innsbruck, Salzburg) Lehrkanzeln für Schulpädagogik einzurichten, wurde allerdings nicht realisiert. Lediglich an der Universität Innsbruck kam es 1969 zur Berufung eines Ordinarius für Schulpädagogik (Rudolf Weiss).[18] Dafür wurde 1970 mit der "Hochschule für Bildungswissenschaften" in Klagenfurt als Novum in der europäischen Universitätsentwicklung erstmals eine Hochschule mit dezidiert erziehungswissenschaftlichem Schwer-punkt geschaffen. Diese Neugründung stimulierte die schulpädagogische Forschung

---

17 Über Schöndorfer (1899-1984) siehe BREZINKA 1995a, S. 424f.; Nachfolger Schöndorfers als Professor für Angewandte Pädagogik-Schulpädagogik an der Universität Wien wurde 1970 Karl Wolf, der die Lehrkanzel bis zu seiner Emeritierung im Jahre 1979 innehatte [über Wolf (1910-1995) siehe ebd., S. 439f.]. Gegenwärtiger Lehrstuhlinhaber in Wien ist Karl Heinz Gruber, dessen Arbeitsschwerpunkt jedoch in der Vergleichenden Erziehungswissenschaft liegt.

18 Über Weiss (* 1932) siehe BREZINKA 1995a, S. 436f. und KÜRSCHNER 1996, S. 1559f.

in Österreich, die in den siebziger Jahren einen enormen Aufschwung zu verzeichnen hatte. Als Forschungszentrum etablierte sich neben der Hochschule für Bildungswissenschaften in Klagenfurt, an der ausser der Lehrkanzel für Schulpädagogik (Josef Klingler) auch Ordinariate für Unterrichtswissenschaft (Walter Schöler) und Lehrplanforschung (Peter Posch) eingerichtet wurden, insbesondere die Universität Wien, an der 1977 auch eine Lehrkanzel für Allgemeine Didaktik und Unterrichtsforschung (Richard Olechowski).[19] Aber auch an den hohen Schulen in Graz, Innsbruck und Salzburg erfuhr das Fach Schulpädagogik seit den siebziger Jahren intensive Förderung in Forschung und Lehre. Es ist somit eine dritte, bis in die Gegenwart währende Blütezeit der Schulpädagogik in Österreich zu konstatieren, die sich auch in der bereits eingangs erwähnten grossen Zahl einschlägiger Veröffentlichungen manifestiert.

2.4.2 Zur aktuellen Situation des Faches Schulpädagogik in Österreich: Forschungszentren und -schwerpunkte

Was die aktuelle Situation des Faches Schulpädagogik betrifft, so ist zunächst festzuhalten, dass diese erziehungswissenschaftliche Spezialdisziplin an allen österreichischen Universitäten vertreten ist. Zwar gibt es nicht an allen Hochschulstandorten eigene Professuren oder gar Abteilungen für Schulpädagogik, einschlägige Forschung und Lehre wird aber überall betrieben. Eigene Abteilungen für Schulpädagogik existieren an den Universitäten Graz, Klagenfurt, Salzburg und Wien. An der Universität Innsbruck ist das Fach seit 1969 durch eine ordentliche Professur vertreten. Seit 1996 wird die schulpädagogische Forschung und Lehre auch an der Universität Linz betrieben, weil der in diesem Jahr dorthin berufene Lehrstuhlinhalber für Allgemeine Pädagogik (Herbert Altrichter) sich seit mehreren Jahren primär dieser erziehungswissenschaftlichen Bereichsdisziplin widmet.[20] Um die (ausländischen) Leser dieses Beitrags nicht mit allzuviel Namen zu verwirren, möchte ich im folgenden bloss jeweils den gegenwärtig federführenden Repräsentanten des Faches Schulpädagogik an den sechs österreichischen Universitäten nennen: Graz: Helmut Seel,

19 Über Klingler (* 1934) siehe KÜRSCHNER 1996, S. 714f.; über Schöler (1928-1994) vgl. insbesondere LECHNER, ZIELINSKI 1988; über Posch (* 1938) siehe KÜRSCHNER 1996, S. 1103; über Olechowski (* 1936) vgl. ebd., S. 1041f.

20 Über Altrichter (* 1954) siehe KÜRSCHNER 1996, S. 16.

Innsbruck: Michael Schratz, Klagenfurt: Peter Posch, Linz: Herbert Altrichter, Salzburg: Josef Thonhauser, Wien: Nikolaus Severinski.[21]

Schulpädagogische Forschung wird in Österreich in der Hauptsache an den erziehungswissenschaftlichen Universitätsinstituten betrieben. An ausseruniversitären Forschungseinrichtungen ist zunächst einmal das 1971 gegründete "Zentrum für Schulversuche und Schulentwicklung" mit Abteilungen in Graz, Klagenfurt und Wien zu nennen. Für die schulpädagogische Forschung ist hier insbesondere die Abteilung II ("Evaluation und Schulforschung") in Graz (Werner Specht)[22] relevant . Zu erwähnen ist weiter das Institut für Höhere Studien (IHS) in Wien, das den Konnex von Schule und Wirtschaft im europäischen Kontext (Lorenz Lassnigg)[23] untersucht. Auch das vom Wiener Ordinarius für Allgemeine Didaktik und Unterrichtsforschung, Richard Olechowski, geleitete "Ludwig Boltzmann-Institut für Schulentwicklung und international-vergleichende Schulforschung" in Wien publiziert einschlägige Forschungsergebnisse.[24] Dies gilt auch für das in enger personeller Beziehung mit dem Institut für Erziehungswissenschaften der Universität Salzburg stehende "Austrian IEA Research Center" (Günter Haider, Volker Krumm) in Salzburg.[25] Schliesslich sind in diesem Zusammenhang noch - allerdings mit erheblichen Einschränkungen - die für die Pflichtschullehrerausbildung der Lehrerfortbildung zuständigen Pädagogischen Akademien und Pädagogischen Institute des Bundes in den Landeshauptstädten sowie die in der Hauptsache am berufsbildenden Schulwesen interessierten Bildungsforschungseinrichtungen der Wirtschafts- und Arbeiterkammern zu nennen.[26] Insgesamt jedoch domi-

---

21 Über Seel (* 1933) siehe BACHMANN, MIKULA 1996, S. 128f. und KÜRSCHNER 1996, S. 1355; über Schratz (* 1952) vgl. KÜRSCHNER 1996, S. 1311; über Thonhauser (* 1939) siehe ebd., S. 1468; über Severinski (* 1939) vgl. ebd., S. 1368.

22 Vgl. etwa SPECHT, THONHAUSER 1996; über Specht siehe HAIDER 1997, S. 190. Zum Aufbau des "Zentrums für Schulversuche und Schulentwicklung" siehe ENGELBRECHT 1988, S. 694, Anm. 12 und SCHNELL 1993, S. 238.

23 Vgl. etwa LASSNIGG, PECHAR 1994 und LASSNIGG 1997; über Lassnigg siehe HAIDER 1997, S. 189.

24 Vgl. etwa HANISCH 1988, OLECHOWSKI/RIEDER 1990, OLECHOWSKI/WOLF 1990, OLECHOWSKI, PERSY 1993, OLECHOWSKI, ROLLETT 1994 und OLECHOWSKI 1995.

25 Vgl. etwa HAIDER 1997; über Haider siehe ebd., S. 188; über Krumm vgl. ebd., S. 189. IEA = International Association for the Evaluation of Academic Achievement.

26 Über die Pädagogischen Akademien und die Pädagogischen Institute des Bundes siehe ENGELBRECHT 1988, S. 516-521 und SCHNELL 1993, S. 158-166. Zur bildungspolitischen Bedeutung der Arbeiter- und Wirtschaftskammern als Berater und Gutachter der Schulversuche im Bereich des berufsbildenden Schulwesens vgl. SCHNELL 1993, S. 246.

niert in Österreich eindeutig die universitäre schulpädagogische Forschung, zumal auch in den meisten der genannten ausseruniversitären Forschungseinrichtungen Mitarbeiter der erziehungswissenschaftlichen Universitätsinstitute in leitender Position tätig sind.

Was die Inhalte der schulpädagogischen Forschung in Österreich betrifft, so dominierte in den siebzigerer Jahren neben Studien zur Schul- und Unterrichtstheorie[27] die wissenschaftliche Begleitung und Evaluation der Schulversuche, insbesondere jener zur Integrierten Gesamtschule im Bereich der Sekundarstufe I. Daran war neben dem oben erwähnten Zentrum für Schulversuche und Schulentwicklung (vgl. etwa EVALUATION 1979/1982) bereits auch die empirisch orientierte universitäre Erziehungswissenschaft beteiligt.[28] Die Diskussion über die Schulversuche und die daraus resultierenden Konsequenzen für das Regelschulwesen wurde ziemlich kontrovers und zum Teil ideologisch motiviert geführt (vgl. ENGELBRECHT 1988, S. 485-515). Dies stimulierte nach Abschluss der Gesamtschulversuche 1982 die Untersuchung der Frage des Verhältnisses von Schulreform und Erziehungswissenschaft im allgemeinen. Dabei ging es primär um die Analyse der Frage, ob die Erziehungswissenschaft überhaupt, etwa die Schulpädagogik im besonderen im Dienst einer politisch motivierten Schulreform steht oder aber autonom als Motor der Schulentwicklung wirksam werden kann (vgl. SCHULREFORM 1987).

Die schulpädagogische Forschung wurde jedenfalls in Österreich auch in den achtziger und neunziger Jahren inhaltlich stark von den Themen des aktuellen bildungspolitischen Diskurses ("Neue Hauptschule", Schulautonomie, Integration Behinderter in das Regelschulwesen) bestimmt. Dies ist wohl auch darauf zurückzuführen, dass auf schulpädagogischem Gebiet sehr viel Auftragsforschung betrieben wird. Das Unterrichtsministerium, die Landesschulräte und zum Teil auch einzelne Schulen treten dabei als Auftraggeber bzw. Financiers einschlägiger Forschungsprojekte in Erscheinung und geben die Themen weitgehend vor. Neben dieser Auftragsforschung gibt es freilich auch eine sozusagen "autonome", vom internationalen erziehungswissenschaftlichen Diskurs geleitete schulpädagogische Forschung in Österreich. Im folgenden möch-

---

27 Vgl. etwa SCHEIPL 1974, SCHNELL 1974, SCHÖLER 1977, SCHÖLER, PONGRATZ 1978 und SEEL 1978.

28 Vgl. etwa SEEL 1974, PONGRATZ 1978, DERMUTZ 1983, HANISCH 1988 und SCHEIPL, SEEL 1988, S. 92-117.

te ich einen knappen Überblick über die zentralen Themen der aktuellen schulpädagogischen Forschung in Österreich geben:

-'Schulautonomie' als der bildungspolitische Schlüsselbegriff der neunziger Jahre in Österreich lenkt in zunehmendem Masse das Interesse der Forschung auf die einzelne schulische Institution und auf die Faktoren, die eine "gute Schule" ausmachen (vgl. ALTRICHTER, RADNITZKY, SPECHT 1994). Unter den sich wandelnden gesellschaftspolitischen Rahmenbedingungen (von der zentral administrierten zur deregulierten, autonomen Schule, verstärkter Konkurrenzkampf unter den Schulen) gewinnen daher Fragen der Qualitätsevaluation und der Qualitätsentwicklung im Schulwesen immer mehr an Bedeutung. Sie stellen jedenfalls einen wesentlichen inhaltlichen Schwerpunkt der aktuellen schulpädagogischen Forschung in Österreich dar.[29]

-Im engen inhaltlichen Zusammenhang damit steht der Themenbereich der Schulentwicklung im allgemeinen, wobei wiederum die "autonome" Einzelschule, d.h. die "Mikropolitik der Schulentwicklung" (ALTRICHTER, POSCH 1996), im Mittelpunkt steht (Fallstudien zur Schulqualität, Schulporträts). In diesem Kontext werden auch die Problematik der Führungsqualitäten von Schulleitern sowie die Rolle der Schulaufsicht in der autonomen Schulentwicklung untersucht, wobei auch betriebswirtschaftliche Ansätze (Organisationsentwicklung) zum Tragen kommen.[30]

-An Bedeutung gewinnt auch in Österreich der aus dem angelsächsischen Raum stammende methodische Ansatz der Aktionsforschung ("action" bzw. "teacher research", vgl. ALTRICHTER, THALER 1996). Bei diesem handlungstheoretisch ausgerichteten Forschungsdesign untersuchen und erforschen die Lehrer ihren eigenen Unterricht mit dem Ziel, diesen zu verbessern und gleichsam ihre "eigene" Unterrichtswissenschaft zu entwickeln.[31]

---

29 Vgl. etwa BILDUNG 1992, POSCH, ALTRICHTER 1992a, SEVERINSKI 1994/1996, SCHRATZ 1996a, SPECHT, THONHAUSER 1996 und POSCH, ALTRICHTER 1997.

30 Vgl. etwa KRAINER, TIETZE 1992, FISCHER, SCHRATZ 1993, ALTRICHTER, RADNITZKY, SPECHT 1994, KRALL, MESSNER, RAUCH 1995, SCHRATZ 1996b und KRAINZ-DÜRR 1977.

31 Vgl. etwa ALTRICHTER 1990, ALTRICHTER, POSCH 1994, HACKL 1994, ALTRICHTER, THALER 1996 und POSCH 1996.

- Als weitere, primär vom sich wandelnden gesellschaftlichen Umfeld stimulierte inhaltliche Schwerpunkte der schulpädagogischen Forschung sind die Integrationsproblematik, also die Frage der gemeinsamen Bildung Behinderter und Nichtbehinderter (vgl. etwa SEVERINSKI 1995), sowie das Interkulturelle Lernen, das gemeinsame Unterrichten von Schülern aus unterschiedlichen Kulturkreisen (vgl. etwa LARCHER 1991 und HACKL 1993), zu nennen.

- Auch die traditionelle empirische Schul- und Unterrichtsforschung erfreut sich in Österreich weiterhin grosser Beliebtheit. Dabei werden neben klassischen Themen wie Leistungsbeurteilung oder Schülermotivation nunmehr auch Themen wie Schulklima, Schulkultur oder Gewalt in der Schule untersucht.[32]

- Die Zukunft der Lehrerbildung und des Lehrberufs überhaupt zählt in jüngster Zeit gleichfalls zu den inhaltlichen Schwerpunkten schulpädagogischer Forschung in Österreich. Diese Fragen werden auch im gesamteuropäischen Kontext untersucht, wobei überdies neue inhaltliche Schwerpunkte wie etwa Umweltbildung im Lehramtsstudium angesprochen werden.[33]

- Ein in Zukunft gewiss an Bedeutung gewinnender Schwerpunkt der schulpädagogischen Forschung in Österreich ist schliesslich die international vergleichende Schulforschung. Dabei stehen Fragen wie die Auswirkungen der politischen Veränderungen in Europa auf das österreichische Bildungswesen und der Standard des österreichischen Schulwesens im internationalen Vergleich im Mittelpunkt.[34]

Zu den oben genannten Themenbereichen sind seit 1990 zahlreiche Monographien, Sammelbände und Zeitschriftenartikel erschienen.[35] In diesem Zusammenhang sind insbesondere die vom Unterrichtsministerium in Wien herausgegebenen Reihen "Bildungsforschung" und "Zukunftsforum" sowie die

---

32 Vgl. etwa OLECHOWSKI, RIEDER 1990, MICHAELIS 1992, OLECHOWSKI, PERSY 1993, OLECHOWSKI 1995, EDER 1996, NOVOTNY 1996 und GRUBER 1997b.

33 Vgl. etwa MAYR, SCHRATZ, WIESER 1993, THONHAUSER 1993, BUCHBERGER 1995, KRAINER, POSCH 1996, LERNEN 1996 und KLEMENT, TEML 1997.

34 Vgl. etwa BERGER 1985, GRUBER 1985/1997a, BILDUNG 1991, POSCH, ALTRICHTER 1992b, HAIDER 1997 und LASSNIGG 1997.

35 Das Literaturverzeichnis enthält eine repräsentative Auswahl neuerer und neuester schulpädagogischer Publikationen österreichischer Provenienz, die freilich keinerlei Anspruch auf Vollständigkeit erhebt und sich zudem in der Hauptsache auf Monographien und Sammelbände beschränkt.

vom Ludwig Boltzmann-Institut für Schulentwicklung und international-vergleichende Schulforschung in Wien herausgegebene Reihe "Schule-Wissenschaft-Politik" und die von Michael Schratz und Herbert Altrichter herausgegebene Reihe "Bildungsforschung & Bildungspolitik"zu erwähnen. Die Vielzahl von Publikationen dokumentiert den Aufschwung, den die schulpädagogische Forschung in jüngster Zeit in Österreich zu verzeichnen hat.

2.4.3 Resultate und Desiderate: Schulpädagogik in Österreich an der Wende zum 21. Jahrhundert

Trotz dieser angesichts der institutionellen und personellen Expansion des Faches Schulpädagogik positiven Bilanz darf man einige gravierende Defizite und Desiderate der erziehungswissenschaftlichen Forschung auf dem Gebiet von Schule und Unterricht in Österreich nicht ignorieren. Als gleichsam kritisches Resümee möchte ich deshalb abschließend die wichtigsten davon nennen. Das eklatanteste Defizit stellt wohl die Grundschulpädagogik dar. Auf Grund des Umstandes, dass es in Österreich - im Unterschied zu Deutschland etwa - keine eigene Professur für diesen Bereich gibt, wird Forschung auf dem Gebiet der Grundschulpädagogik an den erziehungswissenschaftlichen Universitätsinstituten, die fast ausschliesslich den Sekundarschulsektor untersuchen, de facto kaum betrieben.[36] Die für die Grundschullehrerbildung zuständigen Pädagogischen Akademien wiederum verstehen sich primär als Ausbildungsinstitute, die kaum einschlägige Forschungsergebnisse publizieren.[37] Auch auf dem Gebiet der Frühförderung (Kindergarten, Vorschule, Schuleinstieg) sind in Österreich gravierende Defizite in forschungsbezogener Hinsicht zu konstatieren.[38] Ein weiteres Desiderat der schulpädagogischen Forschung in Österreich stellt die Hochbegabtenförderung dar, die wohl aus politisch-ideologischen Gründen (Gleichsetzung mit der Bildung neuer Eliten) ziemlich vernachlässigt wird.[39] Die Frage der geschlechtsspezifischen Erziehung und Sozialisation in der Schule

---

36 Zu den wenigen diesbezüglichen Ausnahmen zählt OLECHOWSKI, WOLF 1990.

37 Zu den wenigen diesbezüglichen Ausnahmen zählen BUCHBERGER 1995 und KLEMENT, TEML 1997.

38 Vgl. BURGSTALLER, LEITNER 1987, S. 70-91. Die dort angegebene Literatur (vgl. S. 87-91) bezieht sich nämlich in der Hauptsache auf die Grundschulentwicklung in Österreich.

39 Zu den wenigen diesbezüglichen Ausnahmen zählen HEITGER 1988, SEVERINSKI 1988 und SEVERINSKI 1994, S. 97-117. Zu den zumeist politisch-ideologisch motivierten Einwänden gegen die Hochbegabtenförderung vgl. SEVERINSKI 1994, S. 98-106.

zählt gleichfalls zu den Desideraten der (schul-)pädagogischen Forschung in Österreich; in jüngster Zeit ist diese Thematik allerdings verstärkt zum Gegenstand erziehungswissenschaftlicher Studien geworden (vgl. etwa LASSNIGG, PASEKA 1997). Schliesslich sind in den neunizger Jahren - im Unterschied zu den beiden Dezennien zuvor - kaum mehr nennenswerte Beiträge zur Allgemeinen und Fachdidaktik sowie zur Schul- und Unterrichtstheorie von österreichischen Erziehungswissenschaftlern veröffentlicht worden.[40]

Für die Zukunft des Faches Schulpädagogik in Österreich wird es wohl entscheidend sein, neben den gewiss wichtigen aktuellen bildungspolitischen Themen verstärkt auch die zuletzt genannten Defizite und Desiderate in Angriff zu nehmen, um sich als autonome, konjunkturunabhängige erziehungs-wissenschaftliche Bereichsdisziplin zu etablieren und ein eigenes Profil zu entwickeln.

Literatur

Achs, O., Krassnigg, A., Drillschule - Lernschule - Arbeitsschule. Otto Glöckel und die österreichische Schulreform in der Ersten Republik. (Pädagogik der Gegenwart, 112). Wien, München 1974.

Achs, O., Otto Glöckel - Leben und Werk. In: Otto Glöckel, Ausgewählte Schriften und Reden. Hrsg. von Oskar Achs. Wien 1985. S. 7-18.

Adam, E., Austromarxismus und Schulreform. In: Die Schul- und Bildungspolitikder österreichischen Sozialdemokratie in der Ersten Republik. Entwicklung und Vorgeschichte. (Quellen und Studien zur österreichischen Geistesgeschichte im 19. und 20. Jahrhundert, 3). Wien 1983. S. 271-314.

Adam, E., Das Subjekt in der Didaktik. Ein Beitrag zur kritischen Reflexion von Paradigmen der Thematisierung von Unterricht. Weinheim 1988.

Altrichter, H., Ist das noch Wissenschaft? Darstellung und wissenschafts-theoretische Diskussion einer von Lehrern betriebenen Aktionsforschung. (Bildung-Arbeit-Gesellschaft, 3). München 1990.

---

40 In den achtziger Jahren hingegen zählten diese Themen noch zu den Schwerpunkten erziehungswissenschaftlicher Forschung in Österreich (vgl. etwa SCHIRLBAUER 1982 und ADAM 1988). Zu den wenigen Beiträgen österreichischer Pädagogen zur Didaktik und Unterrichtstheorie aus den neunziger Jahren zählen SCHIRLBAUER 1992 und SCHWENDENWEIN 1993, wobei letzterer allerdings auf einer Darstellung aus dem Jahre 1985 basiert.

Altrichter, H., Posch, S., Lehrer erforschen ihren Unterricht. Eine Einführung in die Methoden der Aktionsforschung. 2., durchges. u. bearb. Aufl.; Bad Heilbrunn 1994.
Alrtrichter, H., Radnitzky, E., Specht, W., Innenansichten guter Schulen. Portraits von Schulen in Entwicklung. (Bildungsforschung, 6). Wien 1994.
Altrichter, H., Posch, S., (Hrsg.), Mikropolitik der Schulentwicklung. Förderliche und hemmende Bedingungen für Innovationen in der Schule. (Studien zur Bildungsforschung & Bildungspolitik, 13). Innsbruck, Wien 1996.
Altrichter, H., Thaler, M., Aktionsforschung in Österreich: Entwicklungsbedingungen und Perspektiven. In: Schule verändern durch Aktionsforschung. Hrsg. von Johanna Juna und Paul Kral. Innsbruck, Wien 1996. S. 89-120.
Apel, H.J., Grunder, H.U.(Hrsg.), Texte zur Schulpädagogik. Selbstverständnis, Entstehung und Schwerpunkte schulpädagogischen Denkens. (Grundlagenexte Pädagogik). Weinheim, München 1995.
Bachmann, G., Mikula, R., Ein Jahrhundert Pädagogik an der Universität Graz. Mit einem Vorwort von Helmut Seel. (Bildung-Arbeit-Gesellschaft, 21). München, Wien 1996.
Berger, W., Kritik der Entwicklung der höheren Schule in Österreich. Beiträge zur Neugestaltung. (Klagenfurter Beiträge zur bildungswissenschaftlichen Forschung, 16). Klagenfurt 1985.
Bildung in einem neuen Europa. Auswirkungen der politischen Veränderungen in Ost- und Südosteuropa auf das österreichische Bildungswesen. Perspektiven der Bildungskooperation. Neue Migration. (Zukunftsforum, II). Wien 1991.
Bildung in neuen Strukturen - Autonomie der Schule. (Zukunftsforum, III). Wien 1992.
Brezinka, W., Die Geschichte des Faches Pädagogik an den österreichischen Universitäten von 1805 bis 1970. In: Paedagogica Historica, XXXI (1995a), S. 407-444.
Brezinka, W., Geschichte des Faches Pädagogik an der Universität Wien von 1805 bis 1956. In: Mitteilungen der Österreichischen Gesellschaft für Wissenschaftsgeschichte, 15 (1995b), S. 67-78.
Brezinka, W., Otto Willmann, der bedeutendste Pädagogiker des alten Österreich. In: Geschichte und Gegenwart, 16 (1997), S. 147-166.
Buchberger, F., (Hrsg.), Lehrerbildung auf dem Prüfstand. Beschreibung und Evaluation von Programmen der Lehrerbildung in Finnland und Östereich. (Bildungsforschung, 7). Innsbruck, Wien 1995.
Buchstaller, F., Leitner, L., Pädagogische Markierungen. Probleme - Prozesse - Perspektiven. 25 Jahre österreichische Schulgeschichte (1962-1987). Wien 1987.

Dermutz, S., Der österreichische Weg: Schulreform und Bildungspolitikin der Zweiten Republik. (Österreichische Texte zur Gesellschaftskritik, 15). Wien 1983.

Eder, F., Schul- und Klassenklima. Ausprägung, Determinanten und Wirkungen des Klimas an höheren Schulen. (Studien zur Bildungsforschung & Bildungspolitik, 8). Innsbruck, Wien 1996.

Engelbrecht, H., Geschichte des österreichischen Bildungswesens. Erziehung und Unterricht auf dem Boden Österreichs. Band 4: Von 1848 bis zum Ende der Monarchie. Wien 1986. Band 5: Von 1918 bis zur Gegenwart. Wien 1988.

Evaluation der Schulversuche im Bereich der Schulen der Zehn- bis Vierzehnjährigen. Gesamtbericht über die erste Evaluationskohorte. Teil 1: Lernerfolgsvergleiche, Schülerlaufbahnen. (Zentrum für Schulversuche und Schulentwicklung, Abt. II, Arbeitsberichte, Reihe II, Nr. 11). Graz 1979. Teil 2: Entwicklung von Lernmotivation, Schulangst, Interessen, Schülereinstellungen, Schülerfreundschaften, Elternmeinungen, Schülerlaufbahnen an den weiterführenden Schulen. (Zentrum für Schulversuche und Schulentwicklung, Abt. II, Arbeitsberichte, Reihe II, Nr. 16). Graz 1982.

Fischer, W. A., Schratz, M., Schule leiten und gestalten. Mit einer neuen Führungskultur in die Zukunft. (Studien zur Bildungsforschung & Bildungspolitik, 7). Innsbruck 1993.

Frisch, F., Dr. Gustav Adolf Lindner. In: Biographien österreichischer Schulmänner. Als Beitrag zur Schulgeschichte der letzten hundert Jahre hrsg. von Franz Frisch. Wien 1897. S. 240-248.

Geissler, E.E., Huber, S., Otto Willmann (1839-1920). In: Bedeutende Schulpädagogen. Werdegang - Werk - Wirkung auf die Schule von heute. Hrsg. von Hans Glöckel et al.; (Beiträge zur Fachdidaktik und Schulpädagogik, 5). Bad Heilbrunn/Obb. 1993. S. 73-88.

Glöckel, O., Ausgewählte Schriften und Reden. Hrsg. von Oskar Achs. Wien 1985.

Grimm, G., Hochschulpädagogik und Schulreform. Alois Höflers Beitrag zur inhaltlichen und methodisch-didaktischen Neuorientierung des mathematisch-naturwissenschaftlichen Unterrichts an den österreichischen Gymnasien und Realschulen 1887-1922. In: Studienreform und Hochschuldidaktik 1890-1933. Konzepte, Kontroversen, Kompromisse. Hrsg. von Karlheinz Jackstel und Erich Leitner (Zeitschrift für Hochschuldidaktik, Jg. 14/1990, Sonderheft 13). Wien 1990. S. 79-98.

Gruber, K. H., Die verdrängte Schulreform. Nachwort zu den Bemühungen Walter Bergers, die österreichische Schulentwicklung durch vergleichenderziehungswissenschaftliche Aufklärung zu beeinflussen. In: Walter Berger, Kritik der Entwicklung der höheren Schule in Österreich. Beiträge zur

Neugestaltung. (Klagenfurter Beiträge zur bildungswissenschaftlichen Forschung, 16). Klagenfurt 1985. S.149-166.

Gruber, K.H., Leitmotive der europäischen Schulentwicklung. Integration – Dezentralisierung - Evaluation. In: Bildung - ein Wert? Österreich im internationalen Vergleich. (Informationen zur Politischen Bildung, 12). Innsbruck 1997a. S. 15-30.

Gruber, K. H., Das Unbehagen in der (Schul-)Kultur. Ein Statement zur verdrängten Krise der Sekundarstufe I. In: Bildung - ein Wert? Österreich im internationalen Vergleich. (Informationen zur Politischen Bildung, 12). Innsbruck 1997b. S. 85-95.

Hackl, B. (Hrsg.), Miteinander lernen. Interkulturelle Unterrichtsprojekte in der Schulpraxis. (Studien zur Bildungsforschung & Bildungspolitik, 9). Innsbruck 1993.

Hackl, B., Forschung für die pädagogische Praxis. (Texte zur Schultheorie und Unterrichtsforschung, 2). Innsbruck 1994.

Haider, G. (Hrsg.), Indikatoren zum Bildungssystem. Fakten zum österreichischen Bildungswesen und ihre Bewertung aus Expertensicht. (Beiträge zur Vergleichenden Schulforschung, 2). Innsbruck, Wien 1997.

Hanisch, G., Integrierte Gesamtschulen - eine Bilanz. (Schule-Wissenschaft-Politik, 2). Wien, München 1988.

Heitger, M. (Hrsg.), Elitebildung oder Chancengleichheit - Alternativen einer missverstandenen Bildungspolitik. (Grundfragen der Pädagogik der Gegenwart, 7). Innsbruck, Wien 1988.

Höfler, A., Drei Vorträge zur Mittelschulreform. Wien, Leipzig 1908.

Höfler, A., Das Ganze der Schulreform in Österreich. Stichproben und Ausblicke. (Schriften für Lehrerfortbildung, 8). Prag, Leipzig, Wien 1918.

Höfler, A., Reifwerden, Reifmachen und Reife-Prüfen. Vor- und Nachklänge zu den Rufen von Knilling, Wundt, Einstein, Kraus, Muncker, Thomas Mann: "Der Friedensschluss mit unseren Söhnen. Die Abschaffung des Abiturientenexamens". (Pädagogische Monographien, XVII). Leipzig 1919.

Hörburger, F., Geschichte der Erziehung und des Unterrichts. Wien, München 1967.

Klement, K., Teml, H. (Hrsg.), Schulpraxis reflektieren. Wege zum forschenden Lernen in der Lehrerbildung. (Praxis der Lehrerbildung, 3). Innsbruck, Wien 1997.

Krainer, K., Tietze, W. (Hrsg.), Schulentwicklung an der Basis. LehrerInnen machen Schule. (Bildungswissenschaftliche Fortbildungstagungen an der Universität Klagenfurt, 9). Wien, Köln, Weimar 1992.

Krainer, K., Posch, S. (Hrsg.), Lehrerfortbildung zwischen Produkten und Prozessen. Hochschullehrgänge "Pädagogik und Fachdidaktik für LehrerInnen" (PFL): Konzepte, Erfahrungen und Reflexionen. Bad Heilbrunn/Obb. 1996.

Krainz-Dürr, M. et al. (Hrsg.): Was Schulen bewegt. Sieben Blicke ins Innere der Schulentwicklung. Mit einem Vorwort von Hans-Günter Rolff. (Neue Lehrerbildung und Schulentwicklung). Weinheim, Basel 1997.

Krall, H., Messner, E., Rauch, F. (mit Beiträgen von Gusti Seidl): Schule beraten und begleiten. Reflexionen über externe Unterstützung von Schulentwicklungsinitiativen im Rahmen eines Aktionsforschungsprojektes. (Bildungsforschung, 5). Innsbruck, Wien 1995.

Kucher, S.-H., Zur Vorgeschichte des austromarxistischen Schul- und Bildungsprogramms: Bildungs- und Schulfrage in der Geschichte der österreichischen Arbeiterbewegung von 1848 bis 1909. In: Die Schul- und Bildungspolitik der österreichischen Sozialdemokratie in der Ersten Republik. Entwicklung und Vorgeschichte. (Quellen und Studien zur österreichischen Geistesgeschichte im 19. und 20. Jahrhundert, 3). Wien 1983. S. 137-190.

Kürschners Deutscher Gelehrten-Kalender 1996. Biobibliographisches Verzeichnis deutschsprachiger Wissenschaftler der Gegenwart. Geistes- und Sozialwissenschaften. 17. Ausgabe. Berlin, New York 1996.

Laireiter, M. (Hrsg.), Franz Michael Vierthaler. Festschrift zum 200. Geburtstag am 25. September 1958. Salzburg 1958.

Larcher, D., Fremde in der Nähe. Interkulturelle Bildung und Erziehung. Klagenfurt 1991.

Lassnigg, L., Pechar, H. (unter Mitarbeit von Maria Huber), Bildungsforschung in Österreich. Österreichischer Länderbericht zum 3. Internationalen OECD-Seminar zur Bildungsforschung und -entwicklung vom 5. bis 7. Oktober 1994. Wien 1994.

Lassnigg, L., Beschäftigung durch Bildung? Bemerkungen zur europäischen Bildungspolitik.In: Bildung - ein Wert? Österreich im internationalen Vergleich. (Informationen zur Politischen Bildung, 12). Innsbruck 1997. S. 31-48.

Lassnigg, L., Paseka, A. (Hrsg.), Schule weiblich - Schule männlich. Zum Geschlechterverhältnis im Bildungswesen. (Studien zur Bildungsforschung und Bildungspolitik, 17). Innsbruck, Wien 1997.

Lechner, E., Die Anfänge der Österreichischen Pädagogischen Historiographie. Dimensionen und Konturen. In: Informationen zur erziehungs- und bildungshistorischen Forschung (IZEBF), Heft 29 (1986), S. 69-110.

Lechner, E., Zielinski, J., Walter Schöler zum 60. Geburtstag. In: Wirkungssysteme und Reformansätze in der Pädagogik. Festschrift für Walter Schöler zum 60. Geburtstag. Hrsg. von Elmar Lechner und Johannes Zielinski unter Mitarbeit von Gerald Grimm. (Aspekte pädagogischer Innovation, 11). Frankfurt a.M. u.a. 1988. S. 15-25.

Lechner, E., Pädagogische Lehrveranstaltungen als Veranstaltung des Staates. Die Verwissenschaftlichung und Verfachlichung der Pädagogik als

Symptom und Instrument der Modernisierung des Bildungssystems in Österreich in den Jahrzehnten um 1800. In: Bildung, Staat, Gesellschaft im 19. Jahrhundert. Mobilisierung und Disziplinierung. Im Auftrage der Freiherr-Vom-Stein-Gesellschaft hrsg. von Karl-Ernst Jeismann. (Nassauer Gespräche der Freiherr-Vom-Stein-Gesellschaft, 2). Stuttgart 1989. S. 44-81.

Neues Lernen für die Gesellschaft von morgen. (Zukunftsforum, VI). Innsbruck, Wien 1996.

Lindner, G. A., Encyklopädisches Handbuch der Erziehungskunde mit besonderer Berücksichtigung des Volksschulwesens. Alphabetisch geordnete Darstellung des Wissenswürdigsten aus der allgemeinen Pädagogik und Didaktik, der allgemeinen und speciellen Methodik, der Schulkunde, Geschichte der Pädagogik, Schulgesetzgebung und Schulstatistik, dann den pädagogischen Hilfswissenschaften: Psychologie, Ethik, Logik, Culturgeschichte. Wien, Leipzig 1884.

Martinak, E., Zur pädagogischen Vorbildung für das Lehramt an Mittelschulen. In: Zeitschrift für die österreichischen Gymnasien, 55 (1904), S. 1043-1059.

Martinak, E., Lehrerbildung und Pädagogik. In: Österreichische Zeitschrift für Lehrerbildung, 1 (1909), S. 3-7, 49-52.

Martinak, E., Psychologische und pädagogische Abhandlungen. Zum 70. Geburtstage des Forschers ges. u. hrsg. von Ernst Mally und Otto Tumlirz. Graz 1929.

Mayr, E., Schratz, M., Wieser, I. (Hrsg.), Zukunft der universitären LehrerInnenbildung. Dokumentation über das Symposium an der Universität Innsbruck am 8. Mai 1992. (Veröffentlichungen der Universität Innsbruck, 197). Innsbruck 1993.

Meister, R., Alois Höfler. Rede anlässlich der Gedenkfeier am 15. April 1953. In: Wiener Zeitschrift für Philosophie, Psychologie, Pädagogik, IV (1953), S. 139-182.

Meister, R., Entwicklung und Reformen des österreichischen Studienwesens. Teil I: Abhandlung. (Sitzungsberichte der philosophisch-historischen Klasse der Österreichischen Akademie der Wissenschaften, 239/1). Wien 1963.

Michaelis, D. (Hrsg.), Was? Das kann ich auch. Leistungsbeurteilung und Integrative Pädagogik am Beispiel der Modellschule Graz. (Reihe Wissenschaft). München, Wien 1992.

Novotny, E., Lernen und Realitätsverlust in der Schule. 2., unv. Aufl.; Frankfurt a.M. u.a. 1996.

Oelkers, J., Die grosse Aspiration. Zur Herausbildung der Erziehungswissenschaft im 19. Jahrhundert. Darmstadt 1989.

Olechowski, R., Rieder, K. (Hrsg.), Motivieren ohne Noten. (Schule-Wissenschaft-Politik, 3). Wien, München 1990.

Olechowski, R., Wolf, W. (Hrsg.), Die kindgemäße Grundschule. (Schule-Wissenschaft-Politik, 4). Wien 1990.

Olechowski, R., Persy, E. (Hrsg.), Frühe schulische Auslese. (Schule-Wissenschaft-Politik, 7). Frankfurt a.M. u.a. 1993.

Olechowski, R., Rolett, B. (Hrsg.), Theorie und Praxis. Aspekte empirisch-pädagogischer Forschung - quantitative und qualitative Methoden. Bericht über die 49. Tagung der Arbeitsgruppe für empirisch-pädagogische Forschung. (Schule-Wissenschaft-Politik, 8). Frankfurt a.M. u.a. 1994.

Olechowski, R.(Hrsg.), Schulbuchforschung. (Schule-Wissenschaft-Politik, 10). Frankfurt a.M. u.a. 1995.

Pongratz, G., Gesamtschule in Österreich jenseits von Ideologie. Klagenfurt 1978.

Posch, S., Altrichter, H. (unter Mitarbeit von Michael Serti und Helmut Bachmann), Schulautonomie in Österreich. (Bildungsforschung, 1). Klagenfurt 1992a.

Posch, S., Altrichter, H., Bildung in Österreich. Analysen und Entwicklungsperspektiven. Mit Beiträgen von Michael Schratz und Ilsedore Wieser. (Studien zur Bildungsforschung & Bildungspolitik, 5). Innsbruck 1992b.

Posch, S., Schulentwicklung und Aktionsforschung. In: Schule verändern durch Aktionsforschung. Hrsg. von Johanna Juna und Paul Kral. Innsbruck, Wien 1996. S. 76-88.

Posch, S., Altrichter, H., Möglichkeiten und Grenzen der Qualitätsevaluation und Qualitätsentwicklung im Schulwesen. Projektbericht für das Bundesministerium für Unterricht und Kunst. Klagenfurt 1997.

Rauchensteiner, M., Die Zwei. Die Grosse Koalition in Österreich 1945-1966. Wien 1987.

Rauschenberger, H., Schulpädagogik. In: Die Handlungs- und Forschungsfelder der Pädagogik (Differentielle Pädagogik). Hrsg. von Hans-Hermann Groothoff. (Erziehungswissenschaftliches Handbuch, V/2). Königstein/Ts. 1979. S. 71-122.

Schaller, K., Gustav Adolf Lindner. In: Lexikon der Pädagogik. Neue Ausgabe in vier Bänden. Hrsg. vom Willmann-Institut München-Wien unter der Leitung von Heinrich Rombach. 3. Band: Kultur bis Schulbuch. 3. Aufl.; Freiburg i.Br., Basel, Wien 1974. S. 109.

Scheipl, J., Ganztagsschule - Problem und Aufgabe. (Pädagogik der Gegenwart, 116). Wien, München 1974.

Scheipl, J., Seel, H., Die Entwicklung des österreichischen Schulwesens in der Zweiten Republik 1945-1987. (Studientexte für die pädagogische Ausbildung der Lehrer höherer Schulen, 2) Graz 1988.

Schirlbauer, A., Didaktik und Unterricht. Eine systematische Untersuchung zum Theoriebegriff der Göttinger und Berliner Schule. (Pädagogik der Gegenwart, 132). Wien, München 1982.

Schirlbauer, A., Junge Bitternis. Eine Kritik der Didaktik. Wien 1992.
Schnell, H., Die österreichische Schule im Umbruch. (Pädagogik der Gegenwart, 113). Wien, München 1974.
Schnell, H., Bildungspolitik in der Zweiten Republik. (Veröffentlichung des Ludwig Boltzman Instituts für Geschichte der Arbeiterbewegung). Wien, Zürich 1993.
Schöler, W., Strukturen und Modelle des Unterrichts. (Lehrbücher zur Didaktik, 1). Paderborn 1977.
Schöler, W., Pongratz, G., Lehrverhaltenstraining für Unterricht in Schule und Betrieb. (Lehrbücher zur Didaktik, 2). Paderborn 1978.
Schratz, M., Die Rolle der Schulaufsicht in der autonomen Schulentwicklung. Eine Untersuchung über Selbstbild, Rollenklärung und Fortbildungsbedarf im Hinblick auf die Autonomisierung des österreichischen Schulwesens. (Bildungsforschung, 10). Innsbruck, Wien 1996a.
Schratz, M., Gemeinsam Schule lebendig gestalten. Anregungen zu Schulentwicklung und didaktischer Erneuerung. Unter Mitarbeit von Ulrike Steiner-Löffler. (Neue Lehrerbildung und Schulentwicklung). Weinheim, Basel 1996b.
Schulreform und Erziehungswissenschaft. Hrsg. von Friedrich Oswald, Österreichische Pädagogische Gesellschaft. (Pädagogik der Gegenwart). Wien, München 1987.
Schwendenwein, W., Theorie des Unterrichtens und Prüfens. (WUV-Studienbücher). 5., gänzlich neugest. Aufl.; Wien 1993.
Seel, H., Zu den österreichischen Schulversuchen mit der Gesamtschule. In: Erziehung und Unterricht, 124 (1974), S. 434-443.
Seel, H., Zu einer pädagogischen Begründung der Gesamtschule. In: Erziehung und Unterricht, 128 (1978), S. 329-336.
Severinski, N., Hochbegabtenförderung - Begabungsförderung: ein Konflikt? In. Erziehung und Unterricht, 138 (1988), S. 13-20.
Severinski, N., Schulautonomie und die Schulkrise der Gegenwart. Elemente einer liberalen Theorie der Schule. 2. Aufl., Wien 1994.
Severinski, N. (Hrsg.), Gemeinsame Bildung Behinderter und Nichtbehinderter. Tagungsbericht über das Symposium der Österreichischen Pädagogischen Gesellschaft am 7. und 8. November 1994. Höbersdorf bei Wien 1995.
Severinski, N., Schulautonomie: Wirklichkeit oder Schein? In: Pädagogik im Widerspruch. Vom populistischen Umgang mit Schule und Erziehung. Hrsg. von Angelika Wenger-Hadwig. (Grundfragen der Pädagogik der Gegenwart, 13). Innsbruck, Wien 1996. S. 9-30.
Specht, W., Thonhauser, J. (Hrsg.), Schulqualität. Entwicklungen, Befunde, Perspektiven. (Studien zur Bildungsforschung & Bildungspolitik, 14). Innsbruck, Wien 1996.

Thonhauser, J., Umwelterziehung in Österreich. Bestandsaufnahme, praktische Anregungen, Reflexionen. (Studien zur Bildungsforschung & Bildungspolitik, 10). Innsbruck 1993.

Vierthaler, F. M., Entwurf der Schulerziehungskunde zum Gebrauche seiner Vorlesungen. Salzburg 1794.

Vierthaler, F. M., Entwurf zu pädagogischen Vorlesungen. 1. und 2. Theil. Neue verb. Aufl.; Wien 1824.

Wurzbach, C., von, Biographisches Lexikon des Kaiserthums Oesterreich, enthaltend die Lebensskizzen der denkwürdigen Personen, welche seit 1750 in den österreichischen Kronländern geboren wurden oder darin gelebt und gewirkt haben. 21. Theil. Wien 1870. 43. Theil. Wien 1881.

2.5 Sozio-kulturelle und konstitutionelle Bedingungen von Schulvielfalt und deren Bedeutung für die Schulentwicklung - Das Beispiel der Niederlande

Ehrenhard Skiera, Universität Flensburg

Vorbemerkung

Dass es sich lohnt, einen Blick auf die "schulpädagogische Landschaft" der Niederlande zu werfen, soll eingangs näher begründet werden. Diese Blickrichtung ist in der Erziehungswissenschaft keineswegs selbstverständlich. Als die letzte große Debatte um eine grundlegende Strukturreform des Bildungswesens in der Bundesrepublik einsetzte, richtete sich der Blick vor allem auf jene Länder, in denen das Ziel einer gemeinsamen allgemeinbildendenSchule für alle Kinder und Jugendlichen bereits weitgehend verwirklicht worden war. Das Schulwesen der Niederlande musste unter dieser Zielperspektive am Ende der sechziger und in den siebziger Jahren als extrem rückständig erscheinen. Nach der damals sechsjährigen Grundschule erfolgte eine Aufteilung der Kinder nicht auf lediglich drei Zweige, wie in der Bundesrepublik, sondern auf sechs nach inhaltlicher Schwerpunktsetzung, Dauer und Anspruchsniveau unterschiedene Schulzweige. Die Bandbreite reichte von berufsbildenden Schulen der Unterstufe über verschiedene mittlere Bildungsgänge bis zum Gymnasium. Das heisst: die hochdifferenzierte Berufs- und Arbeitswelt fand bereits im Bereich der Sekundarstufe I einen starken Widerhall. Das erschien wenig interessant für eine Bildungspolitik, die unter der Massgabe der Chancengleichheit auf Vereinheitlichung des Bildungswesens sann.

Erst mit den revolutionären Entwicklungen in Osteuropa am Ende der achtziger Jahre kamen die Niederlande verstärkt in den Blick, nun im Zusammenhang mit der drängenden Aufgabe einer Neugestaltung des Bildungswesens in den neuen Demokratien. "Wieviel Staat braucht die Schule?" (Badertscher, Grunder 1995) - so lautete im Kern die Frage und so wurde sie auch auf vielen internationalen Kongressen gestellt. In diesen Diskussionen wurden und werden die Niederlande als ein Land mit einer beispielhaften Bildungsverfassung angeführt, die privaten bzw. gruppenspezifischen Bildungsinitiativen einen breiten, grundgesetzlich abgesicherten Entfaltungsraum gewährt. Dabei wird leicht übersehen, dass die liberale Bildungsverfassung der Niederlande das Ergebnis einer langen

Entwicklung und erbitterter politischer Kämpfe ist. In ihren Sätzen ist historische, noch immer lebendige Erfahrung eingeschrieben, eine gesellschaftliche Erfahrung, die nicht einfach übersehen oder übersprungen werden kann.

Werden diese Voraussetzungen mitbedacht, erschliesst sich auch der gesellschaftliche Sinn schulischer Vielfalt. Ihr Entstehungsgrund liegt zum einen in der komplexen Berufs- und Arbeitswelt selbst begründet, die - wie in allen Gesellschaften vergleichbaren Differenzierungsgrades - früher oder später im Sekundarbereich eine Differenzierung der Bildungs- bzw. Ausbildungsgänge bedingt. Zum anderen - und das macht die Besonderheit in den Niederlanden aus - finden wir eine starke Differenzierung nach Massgabe verschiedener religiös-weltanschaulicher und pädagogischer Orientierungen innerhalb des strukturell vorgegebenen Rahmens. Schulische Vielfalt repräsentiert also in einem hohen Mass kulturelle Vielfalt.

So steht neben den - prinzipiell allen zugänglichen - öffentlichen Schulen die weitaus größere Gruppe der privaten Schulen. Überwiegend aber nicht ausschliesslich handelt es sich um konfessionelle, meist also katholische oder protestantische Schulen. In Amsterdam bestehen zwei jüdische Schulen, je eine im Primar- und Sekundarbereich und in den letzten Jahren ist eine Anzahl (bis jetzt etwa 30) islamistischer Grundschulen hinzugekommen. Zudem muss auf die expandierende Gruppe der reformpädagogischen Schulen verschiedener Provenienz hingewiesen werden. Sie gehören sowohl dem öffentlichen wie privaten Bereich an. 600 der insgesamt etwa 8500 Grundschulen und einige Schulen des Sekundarbereichs rechnen sich ausdrücklich dieser Gruppe zu. Ihr Einfluss auf die Bildungspolitik,auf die schulpädagogische Diskussion und ihre Bedeutung für die innere Schulreform ist beträchtlich.

Ohne das im niederländischen Grundgesetz verankerte Prinzip der Schulfreiheit wäre die Entwicklung zur jetzt bestehenden Schulvielfalt nicht möglich gewesen. Es hatte eine starke Expansion des Privatschulsektors zur Folge, dessen Anteil an der Gesamtzahl aller allgemeinbildendenSchulen heute etwa bei zwei Drittel liegt. Dabei sind es nicht nur die grossen Religionsgemeinschaften, die als private Schulträger fungieren. Das Recht zur Gründung und Unterhaltung von Privatschulen wurde und wird von zahlreichen kirchlichen, religiösen und nicht-religiösen Vereinigungen genutzt. Beim Vorliegen bestimmter Voraussetzungen werden die Privatschulen zu 100% und nach demselben Massstab wie die öffentlichen Schulen staatlich finanziert. Wie in keinem anderen europäischen Land ist es in den Niederlanden gelungen, den staatlichen Machtanspruch im Bereich der Bildung und Erziehung zu begrenzen zugunsten einer Stärkung der Mitwirkungsmöglichkeiten des Bürgers und zur Stärkung der relativen Autonomie der einzelnen Schule. Dieser Entwicklung liegt eine besondere gesellschaftliche Dynamik zugrunde, die ihren stärksten Ausdruck im sogenannten Schulkampf des 19. Jahrhunderts fand.

In drei Schritten will ich die angesprochenen Zusammenhänge und deren Bedeutung für die Schulentwicklung in historischer und aktueller Sicht näher beleuchten. Abschliessend soll in einem knappen Aufriss nach dem möglichen "Lernertrag" einer solchen Bemühung gefragt werden.

2.5.1 Die Schulfrage in historischer Sicht

Die liberale Bildungsverfassung der Niederlande wurde entscheidend geprägt von den Emanzipationsbestrebungen jeweils benachteiligter Volksteile. Diese reichen zurück bis zum eigentlichen Beginn der Nationalgeschichte. Die Entstehung der "Republik der vereinigten Niederlande" im 16. Jahrhundert war das Ergebnis des Kampfes der Protestanten (d.h. Calvinisten) gegen die spanische katholische Vorherrschaft. Im Jahre 1587 wurde diese Republik, die freilich eine Regentenoligarchie und keine Demokratie im modernen Sinne war, gegründet. Mit sich verschiebenden Grenzen hatte sie Bestand bis in die napoleonische Zeit, also über zwei Jahrhunderte. Die Katholiken waren in dieser Zeit eine mässig unterdrückte Minderheit. Der katholische Gottesdienst war formell verboten, aber jedermann wusste die "schuilkerken", die "Kirchen im Verborgenen", zu finden. Die Zentralmacht war nicht imstande - und wohl auch nicht gewillt - gegen sie grösseren Zwang auszuüben. Gewissensfreiheit war zudem allen gewährt, nur durften die nicht-calvinistischen Kultstätten nicht "öffentlich" in Erscheinung treten. So wurden die Niederlande ein Zufluchtsort für unterdrückte Minderheiten aus den umliegenden Ländern. (Erinnert sei an Comenius, der die letzten Jahre seines Lebens in Amsterdam verbrachte.) Es herrschte also gleichsam ein System der gemäsigten Unterdrückung oder der eingeschränkten Toleranz.

Eine einschneidende Änderung brachte erst die napoleonische Zeit mit sich. Jetzt wurde allen Religionsfreiheit gewährt. Für die Dynamik der Schulgeschichte wurden zwei antagonistische Einflussgrössen bestimmend. Die neu gewonnene Religionsfreiheit legte den Grundstein für die gesellschaftliche Emanzipation der Katholiken. Aber auch alle nicht-calvinistischen Gruppen begrüssten die neu gewonnene Freiheit. Der zweite Faktor ist die Erstarkung der zentralen Macht, die zu Beginn des vorigen Jahrhunderts u.a. in den ersten nationalen Schulgesetzen ihren Ausdruck fand. Als Regelschule wurde gesetzlich die konfessionell-neutrale öffentliche Schule auf allgemein-christlicher Grundlage gefordert. Damit war der Grundantagonismus vorgezeichnet: nämlich der Widerstand der neu erstarkten religiösen Gruppen gegen die - ebenfalls erstarkte - Zentralmacht in Sachen Schule.

Vier Konzeptionen rangen in der Folgezeit um ihre Anerkennung:

1. Eine Gruppe trat für die (in den frühen Gesetzen vorgesehene) christlich aber nicht konfessionell fundierte öffentliche Schule ein.
2. Eine zweite Gruppe wünschte die öffentliche Schule mit unbedingter Neutralität in weltanschaulichen und religiösen Fragen.
3. Für die orthodoxen Protestanten schliesslich war der "allgemeinchristliche Charakter" nicht akzeptabel. Sie strebten nach einer öffentlichen Schule auf konfessioneller Grundlage, die in der Regel orthodox-protestantischen Charakters sein sollte, in Ausnahmefällen auch römisch-katholischen oder jüdischen.
4. Nachdem die Fiktion einer religiös weitgehend homogenen Gesellschaft calvinistischer Prägung aufgegeben werden musste, traten die orthodoxen Protestanten nach 1860 für eine von den Eltern, einer Vereinigung oder Stiftung auf konfessioneller Grundlage gegründete und geführte "bijzondere" (private) Schule ein. Da diese Forderung den Katholiken entgegenkam, schlossen sie sich dieser Auffassung an.

Die nach langen Auseinandersetzungen und manchen Zwischenstufen im Jahre 1917 endgültig gefundene Lösung des Schulkampfes brachte die gesetzliche und finanzielle Gleichstellung der öffentlichen und privaten Schulen. Inhaltlich setzte sich eine Mischform der Konzeptionen 1 und 2 und eine modifizierte Form der Konzeption 4 durch; nämlich: eine öffentliche Schule mit "Achtung vor jedermanns religiöser Überzeugung" und private Schulen mit eigener weltanschaulicher oder religiöser Ausrichtung.

Die Bedeutung der Schulfrage und des schliesslich erreichten Schulfriedensschlusses lag vor allem darin, dass mit der Sicherung des Einflusses auf die schulische Erziehung ein Stück kultureller Identität im eigenen Kreis gewahrt und institutionell gestützt werden konnte. Die Begriffe "Emanzipation" und "Toleranz" haben in den Niederlanden einen spezifischen Klang, der an die

Emanzipations- und Tolerierungskämpfe einzelner gesellschaftlicher Gruppen in der nunmehr über vierhundertjährigen Nationalgeschichte erinnert.

Die sogenannte "Freiheit des Unterrichts" wird als ein hohes Rechtsgut angesehen. Es bildet die Rechtsgrundlage der bestehenden Schulvielfalt. Und noch heute wird der Begriff "schoolstrijd" gebraucht, wenn es gilt, als ungerechtfertigt angesehene normierende Eingriffe des Staates im Bildungssektor abzuwehren. Doch was bedeutet dieses Recht im einzelnen und wo liegen seine Grenzen?

2.5.2 Das bleibende Erbe des Schulkampfes

In den Niederlanden wird das Grundrecht der "vrijheid van onderwijs" auf die prägnante Formel gebracht: "Vrijheid van stichting, richting en inrichting".

Die "Freiheit der Stiftung" besteht darin, dass eine Gruppe von Eltern mit einer bestimmten Anzahl von Kindern eine Schule gründen kann, die - bei Vorliegen bestimmter Voraussetzungen - vollständig (also Schulbau, Bezahlung der Lehrkräfte, Unterhaltung der Schule usw.) aus öffentlichen Mitteln finanziert wird, und zwar nach demselben Massstab, wie die im allgemeinen von den Gemeinden unterhaltenen öffentlichen Schulen. Die Gemeinde prüft lediglich, ob die gesetzlich festgelegten quantitativen Normen (Anzahl der Schülerinnen und Schüler) erfüllt sind oder nach Eröffnung der Schule voraussichtlich erfüllt sein werden.

Die "Freiheit der Richtung" bezieht sich auf die Möglichkeit des Schulvorstandes, den Unterricht auf die eigenen weltanschaulichen und religiösen Überzeugungen zu gründen.
Die "Freiheit der Einrichtung" ist dadurch gegeben, daß der Schulvorstand über die Wahl der Lehrmittel und die Anstellung der Lehrkräfte entscheidet, ferner kann er das Schulleben insgesamt im Rahmen der bestehenden Vorschriften inhaltlich, methodisch und organisatorisch ausgestalten.
Mit dem Prinzip der Unterrichts- bzw. Schulfreiheit hat sich der Staat indessen keineswegs aus der Schulaufsicht und der Bildungspolitik zurückgezogen. Der Verfassungsartikel 208 beginnt mit dem Absatz "1. Der Unterricht (gemeint ist

das Schulwesen insgesamt - E.S.) ist ein Gegenstand der permanenten Sorge der Regierung" und in den folgenden Absätzen wird der Inhalt dieser Sorge näher bestimmt. So nimmt die Schulaufsicht Kontrollrechte wahr bezüglich der "fachlichen und sittlichen Qualifikation der Lehrkräfte" (Art. 208,2). Ferner ist dafür Sorge zu tragen, daß die "Qualität des ganzen aus der öffentlichen Kasse finanzierten Unterrichts hinreichend gewährleistet wird" (208,6). Einzelheiten werden von gesetzlichen Vorschriften geregelt, die in der Tat eine erhebliche Einschränkung der "Freiheit der Einrichtung" bedeuten. So werden z.B. für jeden Schultyp die zu unterrichtenden Fächer und Lernbereiche vorgeschrieben und die zentral geregelten Abschlussexamina der weiterführenden Bildungsgänge bedeuten faktisch eine weitere Normierung des Unterrichts.

Damit ist ein Spannungsfeld angedeutet, das die politisch-pädagogische Diskussion in den Niederlanden nachhaltig bestimmt. Und manche Pädagoginnen und Pädagogen betrachten die "permanente Sorge der Regierung" für die Qualität der Schulen durchaus mit Sorge.
Trotz der faktisch bestehenden Beschränkungen der Schulfreiheit ist doch das Folgende festzuhalten: Der Schulkampf hat ein starkes öffentliches und individuelles Interesse an den Fragen der Bildung bewirkt und damit den Boden dafür bereitet, das Ergebnis des Schulfriedensschlusses konstruktiv zu nutzen und publizistisch-juristisch-politisch zu verteidigen. Der einzelnen Schule ist dadurch eine bemerkenswerte Eigenständigkeit bezüglich der Entwicklung und Gestaltung des schulischen Binnenraumes gegeben. Zwar bestehen einschränkende Bestimmungen für alle öffentlich finanzierten Schulen. Es gibt aber z.B. keine detailliert ausgearbeiteten allgemeinverbindlichen Lehrpläne, wie wir sie aus anderen Ländern kennen. Jede Schule ist daher gehalten, einen eigenen "Schularbeitsplan" zu erstellen, was die Möglichkeit enthält, eigene Akzente zu setzen und ein eigenes pädagogisches Profil zu erarbeiten. Dies wird auch begünstigt durch die Einstellungs- bzw. Zuteilungspraxis der Lehrkräfte im Sinne eines "Wahlkollegiums". Dadurch wird die pädagogische Konsensbildung innerhalb der Schule erleichtert. In der Schulqualitäts- und Schulentwicklungsforschung wird die Bildung eines Konsenses in den pädagogischen Ziel- und Mittelfragen und dessen explizite Formulierung inzwischen als eine entscheidende Bedingung für innovative Prozesse herausgestellt.

Auf diesem Hintergrund ist es nun auch verständlich, warum sich gerade in den Niederlanden die reformpädagogischen Richtungen nachhaltig etablieren konnten. Das war gleichsam ein Nebeneffekt der Schulfreiheit, die ja ursprünglich die Freiheit zu je religiös geprägter Erziehung auch in der Schule bedeutete.

Die reformpädagogischen Schulen waren nun für die Entwicklungsaufgaben der Schule, wie sie in der schulpädagogischen Diskussion allgemein artikuliert und schliesslich in bildungspolitische Initiativen auf nationaler Ebene umgesetzt wurden von entscheidender Bedeutung, insbesondere im Bereich der Primarstufe. Das will ich mit einem Blick auf innovative Prozesse im Bildungswesen verdeutlichen.

2.5.3 Die Reform des Bildungswesens - strukturelle und pädagogisch-konzeptionelle Aspekte

Im Juni 1975 wurde in den Niederlanden ein bedeutendes bildungspolitisches Dokument vorgelegt, das die Grundlinien der Bildungsplanung und Schulentwicklung für die nächsten 20 bis 25 Jahren festlegen sollte. Diese "Konturen eines zukünftigen Schulsystems" ("Contouren van een toekomstig onderwijsbestel"), zielten, ähnlich dem fünf Jahre vorher in der Bundesrepublik erschienenen "Strukturplan für das Bildungswesen", auf eine strukturelle und pädagogisch-konzeptionelle Neugestaltung des Primar- und Sekundarbereichs. Der bisherige Primarbereich, bestehend aus der zweijährigen "Kleuter-school" für die 4-5jährigen Kinder und die anschliessende sechsjährige "lagere school", "Grundschule", sollte zu einer achtjährigen "Basisschule" vereinigt werden. Im Bereich der Sekundarstufe I war die Schaffung der vierjährigen "Middenschool", in unserer Terminologie die "Integrierte Gesamtschule", vorgesehen. Man kann sich vorstellen, auf welch bedeutende Schwierigkeiten und Widerstände eine Initiative stossen musste, die sich die Integration des stark differenzierten Sekundarbereichs zum Ziel gesetzt hatte. Insbesondere die mit dem Gesamtschulkonzept verbundenen gesellschaftspolitischen Vorstellungen - die Gesamtschulinitiative wurde vor allem von der Arbeiterpartei getragen - fanden nicht die für makrostrukturelle Veränderungen notwendige breite Zustimmung. Nach anfänglichem Reformeifer, der von der politischen Gesamtlage beflügelt wurde und auch bemerkenswerte Ergebnisse bei einzelnen Schulversuchen brachte, wurden die ehrgeizigen Pläne bald zurückgenommen und durch bescheidenere Initiativen ersetzt.

Völlig anders verhielt es sich im Primarbereich. In der Zielsetzung noch radikaler gefasst als die vergleichbaren Vorschläge des deutschen Strukturplans, fand sich in den Niederlanden ein breiter Konsens hinsichtlich der zentralen pädagogischen Zielsetzungen wie Kontinuität des Bildungsganges und damit verbunden der Abbau von Selektionsschwellen, gezielte Förderung sozial benachteiligter Kinder, Entwicklung kindgerechter Lernformen, Schaffung eines anregungsreichen Lernmilieus ("pedagogisch klimaat"). Nach einem zehnjährigen Innovationsprozess wurde im Jahre 1985 die neue achtjährige Grundschule für die Vier- bis Zwölfjährigen landesweit verbindlich eingeführt.

In diesem Prozess nun war die Präsenz und die bildungspolitische Artikulation der in den Niederlanden so genannten "Traditionellen Reformschulen" für die pädagogische Konzeption der Basisschule von entscheidender Bedeutung. Bereits in dem eben erwähnten "Konturenplan" wurden sie als bedeutsam für den gesamten Innovationsprozess genannt. Von der Teilnahme dieser Schulen erwartete man Beiträge in zweierlei Hinsicht. Ich zitiere Verlautbarungen der "Innovationskommission für den Basisunterricht". Diese Kommission nahm initiierende und koordinierende Funktionen auf nationaler Ebene wahr. In ihrer Empfehlung vom Juni 1976 heisst es u.a.: "Erstens ist es wegen des Zustandekommens von Pluriformität bei der Gestaltung der neuen Basisschule an sich wichtig, dass Jenaplan-, Montessori- und Freie Schulen die Gelegenheit erhalten, ihr Konzept weiter auszuarbeiten und zu realisieren. ... Zweitens hält es die Kommission für wichtig, dass der übrige "kleuter-" und "lager onderwijs" von den Erfahrungen profitieren kann, die diese Schulen mit Veränderungsprozessen und -produkten gemacht haben." (S.9) In den nachfolgenden Jahren nahmen 14 Schulen der genannten reformpädagogischen Richtungen an entsprechenden Untersuchungen und Schulversuchen teil. Indem sie bei der konzeptionellen Gestaltung der Basisschule mitwirkten, konnten sie ihre Stellung in der niederländischen Bildungslandschaft weiter ausbauen. Das zeigt sich einmal in der Ausweitung von etwa 200 Schulen im Jahre 1975 auf etwa 600 heute. Zum anderen haben wichtige didaktisch-methodische Momente und - wie es in dem eben zitierten Text lakonisch heisst: "Produkte" - dieser Schulen in erheblichem Ausmaß Eingang in die Praxis der Basisschule überhaupt gefunden, wie das Kreisgespräch, Arbeitsmittel, Ateliercharakter des Schulraums ("Arbeitsecken"), Dokumentationszentrum für den Lernbereich "Weltorientierung", neue Formen der Leistungsbeurteilung, erweiterte Eltermitarbeit u.a.

Es zeigt sich, dass pädagogische Vielfalt im Schulwesen nicht ein blosses dekoratives Element bildet. Die Möglichkeit zur Entwicklung von Alternativen zum bisher Bestehenden schafft gleichzeitig ein innovatives Potential, das zur Lösung allgemeiner pädagogischer Probleme und zur Entwicklung der Schule auf nationaler Ebene genutzt werden kann. Schulvielfalt erweitert also gleichsam den Horizont des zukünftig Möglichen, weil in ihr schon jetzt entwicklungsfähige Momente bereitliegen können. Gleichwohl ist sie keine hinreichende Bedingung für innovative Prozesse in größerem Massstab. Denn innovative Perspektiven bedürfen der "Entdeckung", der Artikulation und der Vermittlung.

2.5.4 Zusammenfassung und Ausblick

Wenn wir zusammenfassend nach den Quellen der Schulvielfalt in den Niederlanden fragen, so müssen drei Momente hervorgehoben werden.

1. Das Recht, Schulen zu gründen und zu unterhalten, gibt allen gesellschaftlichen Gruppen, die ein eigenes Bildungsinteresse artikulieren können, im Rahmen der bestehenden strukturellen und administrativen Vorgaben die Möglichkeit, in Schulleben und Didaktik ihren je eigenen Werten Ausdruck zu verleihen. Die durch den Schulfriedensschluss erreichte Schulchancengleichheit zwischen privaten und öffentlichen Schulen
   bedeutet zugleich ein Stück sozialen Frieden. Denn über die Ermöglichung der aktiven Partizipation an den Fragen der Bildung wird die gesellschaftliche Integration verschiedener Gruppen befördert. Die Geschichte hat eine hohe politisch-ethische Kultur hervorgebracht, in der neben der sinnstiftenden Identifikation mit dem eigenen Kreis die für ein politisches Gemeinwesen als notwendig erkannte Toleranz nach aussen eine bedeutsame Komponente bildet. Vielleicht sind die Niederlande im europäischen Vergleich konstitutionell und ideell für die gegenwärtigen und künftigen Aufgaben einer multikulturellen und wertheterogenen Gesellschaft am besten gerüstet.

2. Als zweite Quelle der Schulvielfalt ist die in jeder Schule gegebene Möglichkeit zu nennen, über besondere organisatorische und methodisch-didaktische Arrangements sich im Ganzen ein eigenes pädagogisches Profil zu geben. Begünstigt wird diese Möglichkeit durch ein hohes Mass an schulischer Autonomie, die die Bildung eines Wahlkollegiums einschliesst sowie durch die Pflicht zur Vorlage eines "Schularbeitsplanes". Schulautonomie bedeutet auch Entwicklungsautonomie, freilich noch nicht Entwicklungskompetenz. In den Niederlanden haben insbesondere die regionalen "Schulbegleitungsdienste" die Aufgabe, Entwicklungen auf Schulebene zu unterstützen. Wie gezeigt, liegt gerade in der Vielfalt didaktisch-methodischer Richtungen reformpädagogischer Provenienz ein starkes innovatives Moment, insbesondere für die Entwicklung des Primarbereichs.

3. Eine dritte Quelle der Schulvielfalt, die allerdings nur für den Sekundarbereich gilt, liegt in der - wie auch immer legitimierten - externen Niveaudifferenzierung, die gleichzeitig eine didaktische Differenzierung in Richtung auf eher berufsvorbereitende und eher wissenschaftlich orientierte Bildungsgänge einschliesst (Stichwort: Selektion). Die Differenzierung im Sekundarbereich ist immer noch beträchtlich, wird aber zunehmend durch die Einführung gemeinsamer allgemeinbildender Komponenten in ihrer segregativen Wirkung zurückgenommen.

Was wäre aus der Perspektive allgemeiner pädagogischer Problemlagen in der modernen Gesellschaft zu lernen?

Zweifellos ist es sinnvoll, zur Relativierung und Vertiefung der eigenen Sicht schulpädagogische Entwicklungen im Ausland kennenzulernen. Trotz der erheblichen sozio-kulturellen Unterschiede, die wir zwischen den Niederlanden und der Bundesrepublik feststellen können, und deren Vorhandensein einfaches Übertragungsdenken von vornherein ausschliesst, sind die Problemlagen als solche durchaus vergleichbar. So finden wir in Deutschland wie in den Niederlanden ein breites Spektrum an innovativen Prozessen und schulpädagogischen Aufgabenfeldern, das im Wesentlichen mit den Leitbegriffen Kontinuität des Bildungsgangs, soziale Integration und Chancengerechtigkeit, erweiterter Lernbegriff, Partizipation sowie Kompensation defizitärer soziokultureller Erfahrungen knapp charakterisierar ist. Damit ist ein Problemfeld umrissen, das den 'Blick über die Grenze' und die Suche nach Austausch von Sichtweisen und Erfahrungen als wertvoll und notwendig erscheinen lässt. Manches von dem, was in der Bundesrepublik gegenwärtig im Sinne einer Lösung der angedeuteten Probleme diskutiert wird und partiell auch auf den Weg gebracht ist, hat in den Niederlanden eine lange Tradition. Ich erinnere nur an die Debatte zur Schulautonomie, zu Fragen der Entwicklung von Einzelschulen, zur Integration reformpädagogischer Momente in Lehrplänen, zuletzt etwa mit grosser Deutlichkeit im hessischen "Rahmenplan Grundschule", der im Jahre 1995 verbindlich eingeführt wurde. Freilich ist Schulvielfalt als solche in schulpädagogischer Sicht noch kein Wert, ebensowenig wie Buntheit schon ein gutes Gemälde ausmacht. Als pädagogischer Wert ist sie dann anzusehen, wenn in den verschiedenen Gestaltungen anregende und entwicklungsfähige Schulkonzeptionen und Lösungsansätze zur Anschauung und zu Bewusstsein gebracht werden können. - In den Niederlanden ist manches zu lernen.

Literatur

Badertscher, H., Grunder, H.-U. (Hrsg.), Wieviel Staat braucht die Schule, Bern 1995

Bergman, H., Meer, Q.v.d., (Hrsg.) (1977): Onderwijskundige van de twintigste eeuw, Groningen: Wolters-Noordhoff

Boeke, K., (1934), Kindergemeenschap, Utrecht

Boeke-Cadbury, B., (1971); Het leven van Kees Boeke, Purmerend

Brinkmann, G., (1975), Tradition und Fortschritt im niederländischen Bildungswesen, Frankfurt

Dodde, N.L., (1981), Geschiedenis van het Nederlandse Schoolwezen, Purmerend

Hansma, H.M. und Wilde, T.W. de (1975): Basisonderwijs: Kleuterschool en lagere school in een, Groningen

Huizinga, J., (1977), Holländische Kultur im siebzehnten Jahrhundert, Frankfurt (1. Ausgabe 1941)

Informatiepunt Experimenten Middenschool, (Hrsg.) (1984): Middenschool - Voortgezet Basisonderwijs, Hoevelaken

Innovatiecommissie Basisonderwijs (1976): Derde Advies aan de minister van onderwijs en wetenschappen - "traditionele vernieuwingsscholen" en het innovatieproces basisschool, Zeist

Kemenade, J.A. van, (1978), Invloed Jenaplan op het basisonderwijs, in: Pedomorfose, 37/1978, Utrecht

Klassen, Th. F., Skiera, E., (Hrsg.), (1993): Handbuch der reformpädagogischen und alternativen Schulen in Europa, Baltmannsweiler: Schneider Verlag Hohengehren
Liket, M.E., (1993), Freiheit und Verantwortung. Das niederländische Modell des Bildungswesens, Gütersloh
Ministerie van onderwijs en wetenschappen (1975): Contouren van een toekomstig onderwijsbestel, Den Haag
Skiera, E., (1982), Die Jena-Plan-Bewegung in den Niederlanden - Beispiel einer pädagogisch fundierten Schulreform, Weinheim und Basel: Beltz
Skiera, E., (1989), Auf dem Weg zu einer humanistisch-polytechnischen Grundbildung - zu neueren Entwicklungen im niederländischen Schulwesen, in: Gesamtschulinformationen 1/2/1989, Berlin: Pädagogisches Zentrum
Skiera, E., (1991), Das Bildungswesen der Niederlande - Geschichte Struktur und Reform, Giessen: Verlag der Ferber`schen Universitätsbuchhandlung (1. Aufl. 1986)
Skiera, E., (1995), Schulen besonderer pädagogischer Prägung in Frankreich, in den Niederlanden und in Italien - Bericht über eine Studienreise im Herbst 1994 (Ms. unveröffentlicht)
Skiera, E., (1996), Länderstudie Niederlande, in: Seyfarth-Stubenrauch, M. und Skiera, E., Hsg.: Reformpädagogik und Schulreform in Europa, Band 2, Baltmannsweiler: Schneider Verlag Hohengehren
Zahn, E., (1984), Das unbekannte Holland - Regenten, Rebellen und Reformatoren, Berlin

3. Schulpädagogik, Wissenschaftstheorie, Schulgeschichte und Didaktik

3.1 Die vorschnelle Disziplin: Schulpädagogik zwischen Praxisanleitung und Wissenschaft

Walter Herzog, Universität Bern

Wer nach der Zukunft der Schulpädagogik fragt[41], der tut gut daran, sich zunächst ihrer Vergangenheit und Gegenwart zu vergewissern. Dabei fällt auf, dass die Urteile über den Stand der Disziplin eher skeptisch ausfallen. Schon 1966 bemerkte Klink: "Was unter [Schulpädagogik] verstanden wird, ist nicht nur unterschiedlich, sondern zum Teil auch recht unklar" (KLINK 1966, S. 1). 1977 doppelte Benner nach: "Darunter, was unter Schulpädagogik zu verstehen ist, besteht heute ebensowenig wie in früheren Zeiten ein Konsens" (BENNER 1977, S. 88). Die Situation scheint sich auch heute nicht anders auszunehmen, moniert doch Apel 1995 "die schon traditionelle begriffliche Unordnung der Schulpädagogik" (APEL 1995, S. 242) und beklagt deren Gehalt als "Gemischtwarenangebot ... zur Lösung schulischer Probleme" (ebd., S. 239). Was Schulpädagogik meint, inwiefern sie eine Wissenschaft ist und worin ihr Gegenstand besteht, diese Fragen scheinen heute so wenig geklärt zu sein wie zur Zeit der Institutionalisierung der Disziplin.

Auf die Schulpädagogik scheint zuzutreffen, was Ebbinghaus von der Psychologie sagte, sie habe nämlich eine lange Vergangenheit, aber nur eine kurze Geschichte (EBBINGHAUS1908, S. 1). Folgen wir den Selbstdarstellungen der Fachvertreter, dann führt die Vergangenheit der Schulpädagogik bis auf Comenius zurück, während ihre Geschichte ansatzweise in den 20er, im wesentlichen aber erst in den 60er Jahren dieses Jahrhunderts beginnt (APEL 1990, S. 38ff.; APEL, GRUNDER 1995, S. 14ff.; EINSIEDLER 1975, S. 13, 1991, S. 649; RIEDEL 1989, S. 1342ff.; TYMISTER 1975).[42] Liegt es an der

41 "Die Zukunft der Schulpädagogik in der Schweiz" lautete der Titel des Kolloquiums, an dem die folgenden Ausführungen vorgetragen wurden. Der Text wurde für die Drucklegung leicht überarbeitet.

42 Wie sich im 18. und 19. Jahrhundert ein schulpädagogischer Diskurs etablierte, der sich aber *nicht* an den Erziehungswissenschaften orientierte, kann bei Oelkers (1989, S. 117ff.)

Kürze der Geschichte, dass es bisher nicht gelingen wollte, aus der Schulpädagogik eine anerkannte Wissenschaft zu machen?

Der Blick in die Vergangenheit mag dabei helfen, Probleme der Gegenwart besser zu verstehen. Er kann aber nie eine Entschuldigung sein. Die Geltung einer Disziplin ist unabhängig von ihrer Genese (ACHAM 1983, S. 105ff.). Die Legitimität der Schulpädagogik als Wissenschaft kann weder aus ihrer langen Vergangenheit noch aus ihrer kurzen Geschichte hergeleitet werden. Die Ungewissheiten des Faches mögen sich zwar der Kürze seiner Geschichte verdanken, eine Entlastung für die *systematischen Probleme* der Disziplin ergibt sich daraus aber nicht.

Ich gehe davon aus, dass der deplorable Zustand der Schulpädagogik im wesentlichen auf systematische Probleme zurückgeht, die zu lösen der Disziplin bisher nicht gelungen ist. Fünf dieser systematischen Probleme sollen im

nachgelesen werden. Mit dieser Schulpädagogik im Sinne einer "Praktischen Pädagogik" wollen deren heutige Vertreter aber nicht identifiziert werden (vgl. z.B. EINSIEDLER 1975, S. 14).

folgenden diskutiert werden: (1) die suggestive Bezeichnung des Faches, (2) die fehlende Gegenstandsbestimmung, (3) die fragwürdige Ambition auf Praxisanleitung, (4) der individualistische Begriff des Pädagogischen und (5) das defizitäre Verhältnis zu den Nachbarwissenschaften.

Die genannten Probleme sind an einem genau bestimmbaren Punkt miteinander verknüpft. Es besteht weitgehend Einigkeit darüber, dass die Schulpädagogik aus der *Praktischen Pädagogik* herausgewachsen ist, wie sie an Lehrerseminaren und Pädagogischen Akademien gepflegt worden ist (APEL 1990, S. 43ff., 1993, S. 391ff., EINSIEDLER 1995, S. 209, HEILAND 1974, S. 452, WITTENBRUCH 1995, S. 190). Wie sich Apel treffend ausdrückt, *musste* sich die Schulpädagogik mit der Akademisierung der Lehrerinnen- und Lehrerbildung von der alten Unterrichtslehre zu einer wissenschaftlichen Disziplin entwickeln (APEL 1993, S. 393).[43] Dieses Müssen kam von unten, d.h. von ausserhalb der Erziehungswissenschaft, und entsprach keiner inneren Notwendigkeit der disziplinären Entwicklung der akademischen Pädagogik. Entstanden aus praktischen Bedürfnissen der Lehrerinnen- und Lehrerbildung, ist die Schulpädagogik kein Differenzierungsprodukt der Allgemeinen Pädagogik, sondern ein Emporkömmling der berufsbildenden Praxis an den Pädagogischen Hochschulen in Deutschland und Österreich (REIMERS 1964, S. 254). Davon zeugen noch heute Ansprüche wie derjenige, die Schulpädagogik sei die "Berufswissenschaft der Lehrer" (APEL 1990, S. 15, EINSIEDLER 1975, S. 15f., 28, 108; RIEDEL 1989, S. 1346)[44], oder die Synonymisierung der Schulpädagogik mit der (Allgemeinen) Didaktik[45], von der gelegentlich ebenfalls behauptet wird, sie sei die Berufswissenschaft der Lehrerinnen und Lehrer.

Die Schulpädagogik verdankt ihre Existenz den praktischen Bedürfnissen der Berufsbildung von Lehrerinnen und Lehrern. Wenn dem so ist – ich werde im folgenden die Richtigkeit dieser These belegen –, dann spitzt sich der unsichere disziplinäre Status der Schulpädagogik auf die dreifach gegliederte Frage zu, ob sie ihre Entstehungsgeschichte überwinden kann, ob sie sich in einem systematischen (und nicht nur pragmatischen) Kontext behaupten kann und ob sie eine Geltung erlangen kann, die unabhängig ist von ihrer Genese. In der Terminologie Brezinkas (1978) gesprochen: Was fehlt der Schulpädagogik, um

43 Analog lautet die Formulierung bei Apel und Grunder 1995, S. 153. Die Aussage bezieht sich auf die Situation in Deutschland. Sie kann aber leicht als Prognose für die Situation in der Schweiz umformuliert werden.

44 Keck spricht von der Schulpädagogik als von der "Berufswissenschaft für Lehrer an allgemeinbildenden Schulen" (KECK 1994, S. 298).

45 So beispielsweise bei Kron 1988, S. 17, 19, 305f.

von einer "Praktischen Pädagogik" zu einer "Erziehungswissenschaft" zu werden?

3.1.1 Die Bezeichnung der Disziplin

Die systematischen Probleme der Schulpädagogik zeigen sich bereits bei der Namengebung. Auf den ersten Blick scheint der Begriff Schulpädagogik zwar eindeutig zu sein. Schliesslich weiss man in etwa, worum es im Falle von Schule und Pädagogik geht. Schulpädagogik wäre folglich als Pädagogik der Schule zu verstehen, analog zu anderen Bereichs- oder Bindestrichpädagogiken wie Familienpädagogik, Vorschulpädagogik, Sozialpädagogik, Freizeitpädagogik, Erwachsenenpädagogik etc. Tatsächlich wird der Begriff oft in genau dieser, anspruchslosen Bedeutung verwendet. Es ist nicht zu übersehen, dass ein Gutteil der unter dem Titel "Schulpädagogik" publizierten Arbeiten lediglich dadurch zusammengehalten wird, dass es dabei irgendwie um Schule und Unterricht in pädagogischer Hinsicht geht.[46]
Einige Beispiele mögen zur Illustration genügen. Unter dem Titel "Schule im Kreuzfeuer" hat Kunert (1993) die Ergebnisse einer "Ringvorlesung zu Grundfragen der Schulpädagogik an der Universität Tübingen" veröffentlicht. An keiner Stelle, auch nicht in der Einleitung des Herausgebers, wird ersichtlich, weshalb die Beiträge unter dem Titel "Schulpädagogik" vereinigt worden sind. Vergleichbares gilt für das "Neue schulpädagogische Wörterbuch" (HINTZ, POEPPEL, REKUS 1993). Von den 71 abgehandelten Begriffen – ein Eintrag "Schulpädagogik" fehlt bezeichnenderweise – liessen sich die meisten genauso vorteilhaft in einem Wörterbuch zur Didaktik, zur Pädagogischen Psychologie oder zur Allgemeinen Pädagogik plazieren. Auch die Beiträge der Festschrift zum 65. Geburtstag von Gerhard Steindorf (MARTIAL, LUDWIG, PUEHSE 1994) werden durch kaum mehr als die Worthülse "Schulpädagogik" zusammengehalten. Zur "Schulpädagogik heute" – dies der Titel des Buches – gehören so heterogene Themen wie Pädagogik als Bildungstheorie, Bildungspolitik der EG, Gewalt in der Schule, Jugendschutz, Umgang des Erziehers mit dem Kind, Wandel der Familienerziehung, Freinet-Pädagogik, Training des Lehrer-

[46] Bei Steindorf ist davon die Rede, nur soviel sei allen Auslegungen des Begriffs Schulpädagogik gemeinsam, "... dass in dem einen wie in dem anderen Fall pädagogisches Denken sich auf das Phänomen *,Schule'* konzentriert" (STEINDORF 1976, S. 17). In diesem begrifflich unverbindlichen Sinn ist die Pädagogik seit ihren Anfängen im 17. und 18. Jahrhundert "Schulpädagogik", denn ein anderes Thema als Schule und Unterricht kannte sie anfänglich kaum.

verhaltens u.a. Erstaunlich ist der von Nyssen und Schön (1995) herausgegebene Band ”Perspektiven für pädagogisches Handeln”, der im Untertitel eine ”Einführung in Erziehungswissenschaft und Schulpädagogik” verspricht. Während von Erziehungswissenschaft, Erziehung, Integrationspädagogik, Schule und Didaktik ausführlich die Rede ist, handelt von den insgesamt sieben Beiträgen kein einziger explizit von der Schulpädagogik.

Solange die Bezeichnung ‘Schulpädagogik’ als Omnibusbegriff verwendet wird, der irgendwelche pädagogischen Beiträge zu Themen der Schule transportiert, kann nicht von einer *Disziplin* gesprochen werden. Das ist meist auch dann nicht der Fall, wenn von Grundschulpädagogik, Gymnasialpädagogik, Hochschulpädagogik und dergleichen die Rede ist. Gemeint ist kaum mehr als die Bearbeitung pädagogischer Fragen in bezug auf ”Erziehung und Unterricht in der Schule” (EINSIEDLER 1975, S. 14, 19). *Wie* diese Fragen bearbeitet werden, *in welcher Hinsicht* Schule und Unterricht befragt werden und *inwiefern* sich die Schulpädagogik von Disziplinen unterscheidet, die sich ebenfalls auf Schule und Unterricht bezogen wissen, kommt nicht zur Sprache. Die bloss terminologische Verwendung des Begriffs Schulpädagogik ist unverfänglich und unverbindlich zugleich. Eine Auskunft über die Schulpädagogik als wissenschaftliche Disziplin wird nicht erteilt.

3.1.2 Was ist der Gegenstand der Schulpädagogik?

Wo die Schulpädagogik mit dem Anspruch auftritt, eine Wissenschaft und nicht nur eine handliche Bezeichnung für schulbezogene Reflexionen zu sein, da bedarf es einer wissenschaftstheoretischen Bestimmung des Faches. Dabei rücken Fragen hinsichtlich Objektbereich und Gegenstand der Disziplin in den Vordergrund.

Bei der Bestimmung des Gegenstands der Schulpädagogik geht es einerseits um innerpädagogische Abgrenzungen. Ist Schulpädagogik dasselbe wie Allgemeine Didaktik? Ist sie etwas anderes als Theorie der Schule? Ist sie Teil der Allgemeinen Pädagogik oder eine eigenständige Disziplin? Wie ist das Verhältnis der schulpädagogischen Theorie zur Unterrichtstheorie, Lehrplantheorie und Bildungstheorie? Andererseits geht es um die Aussengrenzen des Faches, d.h. um dessen Verhältnis zu anderen Disziplinen, die sich ebenfalls der Schule und des Unterrichts annehmen. Wie steht die Schulpädagogik zur Psychologie, insbe-

sondere zur Pädagogischen Psychologie? Wie ist ihr Verhältnis zur Bildungssoziologie und Bildungsökonomie?
Weder nach innen noch nach aussen werden die Grenzen der Schulpädagogik deutlich, wenn ihr Gegenstand lediglich mit Schule und Unterricht umschrieben wird. Festlegungen des Faches "auf die Erziehung in Hinsicht auf die Schule und den Unterricht" (ZOEPFL, TSCHAMLER, SEITZ 1971, S. 19) oder Definitionen, wonach die Schulpädagogik die Erziehungswirklichkeit der Institution Schule erfasse, ihr Objekt der "Wirklichkeitsbereich Schule" (STEINDORF 1976, S. 24) sei[47], sind zu unspezifisch, da sie offen lassen, *inwiefern* das Fach den Gegenstand Schule und Unterricht erfasst. Auch wenn Apel und Grunder als Gegenstandsfeld der Schulpädagogik "Unterricht und Erziehung unter schulischen Bedingungen" (APEL, GRUNDER 1995, S. 33) nennen[48], bleibt offen, *inwiefern* die Schulpädagogik dieses Gegenstandsfeld zu bearbeiten gedenkt.
Offensichtlich ist der Begriff Schulpädagogik weder so eingeführt worden noch so angelegt, dass die Disziplin als eine Betrachtung von Schule *neben anderen* ausgewiesen wäre. Der emphatische Bezug auf Wirklichkeit ("Wirklichkeitsbereich Schule") verrät ein positivistisches Wissenschaftsverständnis.[49] Wenn Apel meint, die der Schulpädagogik eigene Perspektive liege im "Blick auf die *Schulwirklichkeit*, auf den Bereich des schulischen Erziehens, Unterrichtens und Lehrens" (APEL 1990, S. 28f.), dann scheint er anzunehmen, den Wissenschaften seien ihre Gegenstände irgendwie *gegeben* oder sie würden sie irgendwie *finden*. Es bestätigt sich die Vermutung, dass nicht die Wissenschaftssystematik Ausgangspunkt der Konstituierung der Schulpäda-gogik ist, sondern eine schlichte Bezugnahme auf *Phänomene*. Als solche schulpädagogisch relevanten Phänomene zählt Apel auf: Klassenführung, Erziehung, Unterricht, Beratung, Beurteilung, Innovation (APEL 1995, S. 250), Schulleben, Schulqualität, Integration, Koedukation (ebd., S. 244, Anm. 20) und – etwas spezifischer – Hausaufgaben, Disziplinfrage, Motivieren und Interessieren im Unterricht (ebd.).[50]

---

47 Ähnlich heisst es bei Schaffer, die Schulpädagogik konzentriere sich "vor allem auf den komplexen Wirklichkeitsbereich Schule und Unterricht" (SCHAFFER 1990, S. 9).

48 Noch enger ist Glöckel, wenn er den Gegenstand der Schulpädagogik auf "Erziehung unter den Bedingungen von Schule" (GLOECKEL 1990, S. 322) festlegt.

49 Egal ob es sich dabei um den kruden Positivismus einer empiristischen Forschungspraxis oder den "Positivismus höherer Ordnung" der Phänomenologie handelt (zum letzteren vgl. PLESSNER 1979, insbes. S. 64).

50 Vergleichbare Aufzählungen finden sich bei Grunder 1995, S. 261, 269, 271 und Schaffer 1990, S. 12f.

Bei allen Positionen dieser Liste haben wir es mit Themen zu tun, die auch von anderen pädagogischen Disziplinen bearbeitet werden, z.B. von der Allgemeinen Pädagogik, der Pädagogischen Psychologie oder der Didaktik. In *keinem* Fall ist allein aufgrund der Nennung des Themas ersichtlich, worin sich die Schulpädagogik beispielsweise von der Pädagogischen Psychologie unterscheidet. Dies umso weniger, als sich die Schulpädagogik in *methodischer* Hinsicht durch wenig Originalität auszeichnet. Wenn überhaupt von Forschungsmethoden die Rede ist, dann zumeist im Sinne eines pauschalen und wenig verbindlichen Hinweises auf die gängigen Techniken empirischer Sozialforschung oder die Verfahren der Psychologie.[51]

Die blosse Enumeration von Gegenständen oder Themen genügt nicht, um eine Disziplin zu begründen. Wissenschaften *finden* ihre Gegenstände nicht, sie *konstituieren* sie (HUEBNER 1986). Mit einer älteren Unterscheidung kann man das Formalobjekt einer Wissenschaft von ihrem Materialobjekt abgrenzen. Während das Materialobjekt in vereinfachender Redeweise die Gegebenheit ist, auf die eine Wissenschaft bezogen ist, entsteht das Formalobjekt aus der besonderen Betrachtungsweise der Gegebenheit durch eine Disziplin (WILLIMCZIK 1968, S. 33ff.). So gibt es vom Materialobjekt Mensch eine Vielzahl von Formalobjekten, je nachdem welche Disziplin sich des Menschen annimmt: Medizin, Biologie, Humanethologie, Soziologie, Psychologie, Ethnologie, Linguistik, Jurisprudenz oder Religionswissenschaft. Vergleichbar kann das alltäglich gegebene Phänomen Sport in verschiedener Hinsicht erschlossen werden: durch die Sportmedizin, die Sportsoziologie, die Sportpsychologie, die Sportpädagogik oder die Sportphilosophie.

Im Lichte dieser Unterscheidung von Material- und Formalobjekt kann die Schulpädagogik nicht einfach auf Schule und Unterricht bezogen werden. Diese mögen zwar deren Materialobjekt darstellen, sind aber nicht ihr Formalobjekt. Die Schulpädagogik ist bestenfalls eine Wissenschaft *unter anderen*, die sich mit Schule und Unterricht befassen.

An dieser Stelle wird ein Problem sichtbar, das uns nochmals auf die terminologischen Ausführungen zurückblenden lässt (vgl. Abschnitt 1). Anders als im Falle der Human- und Sportwissenschaften, bei denen sich aus dem Wortstamm durch Bindestrich mühelos ein ganzer Fächer von Spezialdisziplinen mit *eindeutiger* Bezeichnung bilden lässt, ist dies im Falle der Schule nicht möglich. Denn einige der so entstehenden Namen sind bereits anderweitig besetzt. Im Falle von *Schulmedizin* und *Schulpsychologie* stossen wir auf

---

51 So beispielsweise bei Steindorf 1976, S. 27f.

Disziplinen, die ein anderes Materialobjekt haben als die Schulpädagogik. Trotzdem gibt es auch in der Psychologie Disziplinen, die sich mit Schule und Unterricht befassen, doch heissen sie anders, nämlich Pädagogische Psychologie, Unterrichtspsychologie, Instruktionspsychologie und Sozialpsychologie der Schule. Als akademischer Spätankömmling ist die Schulpädagogik in der unglücklichen Lage, in ein Terrain einzudringen, auf dem Positionen bereits bezogen sind. Sie ist schon rein terminologisch zu Rücksichtnahmen gezwungen, sofern sie Missverständnisse vermeiden will. Der Begriff Schulpädagogik erklärt sich in keiner Weise von selbst, auch wenn er den Eindruck leichter Verständlichkeit erweckt.

Kann uns weder über den *Namen* noch über den Verweis auf *Phänomene* deutlich werden, was Schulpädagogik ist, so sind damit noch nicht alle Irrwege der Gegenstandsbestimmung bezeichnet. Akzeptiert man die Unterscheidung von Material- und Formalobjekt, so könnte man der Idee verfallen, die Schulpädagogik als *Integration* aller Disziplinen zu begründen, die sich der Schule als Formalobjekt annehmen. Genau dieser Weg wird von einigen Vertretern des Faches empfohlen. Twellmann ist sich zwar der Tatsache bewusst, dass der Terminus "Schulpädagogik" rein begrifflich lediglich *einen* Aspekt der Betrachtung von Schule bezeichnet, nämlich den pädagogischen. Trotzdem reklamiert er genau diese Bezeichnung (Schulpädagogik) als "Kurzform für *die* Wissenschaft von Schule und Unterricht" (TWELLMANN 1981, S. 10 – Hervorhebung W.H.). Schulpädagogik soll "die Gesamtheit aller Aspekte, mit deren Hilfe Schule und Unterricht wissenschaftlich analysiert werden kann und sollte" (ebd.), bezeichnen.[52] Dementsprechend nennt Twellmann die Schulpädagogik eine *Integrationswissenschaft* (ebd., S. 15).

Auch Kemper ist der Ansicht, eine pädagogische Theorie der Schule habe sich als "Integrationswissenschaft" zu verstehen (KEMPER 1983, S. 121ff.). Sie müsse die Vielfalt und Heterogenität der Forschungsansätze zum Gegenstandsbereich Schule in ein Ordnungsverhältnis überführen und den "Gegensatz zwischen der Tradition pädagogischer Sinnreflexion und der Aktualität empirischer und ideologiekritischer Erkenntnisverfahren" (ebd., S. 122) überwinden. Schulze spricht ohne Ironie von einer "Supertheorie, ... die alle vorhandenen theoretischen Ansätze in sich aufnimmt und miteinander verbindet oder ver-

52 Man halte diesem Ansinnen die Aussage Willimcziks entgegen, wonach "sich keine Wissenschaft ,mit allen Aspekten eines Gegenstandes, den der gesunde Menschenverstand als ein einziges Phänomen ansieht', beschäftigen kann" (WILLIMCZIK 1968, S. 33).

mittelt" (SCHULZE 1980, S. 110).[53] Steindorf bezeichnet die Schulpädagogik als jene Disziplin, "... die sich die Erforschung *sämtlicher* mit dem *Gesamtphänomen* Schule zusammenhängenden Fakten, Strukturen, Probleme und Zusammenhänge zur Aufgabe nimmt" (STEINDORF 1976, S. 36 – Hervorhebungen W.H.).[54]

Dass dieser Totalitätsanspruch nicht einzulösen ist, müsste mittlerweilen auch in Kreisen der Schulpädagogik deutlich geworden sein. Die Diskussion um die Pädagogische Anthropologie von Heinrich Roth hat gezeigt, dass die Idee einer "datenverarbeitenden Integrationswissenschaft" (ROTH 1965, S. 209) eine Fehlkonstruktion ist (BOLLNOW 1980; KOENIG, RAMSENTHALER 1980). Daneben zeigt die wissenschaftstheoretische Literatur mit aller Deutlichkeit, dass die Programmatik des Induktivismus gescheitert ist (HUEBNER 1986; POPPER 1974). Weder kann eine Wissenschaft über die schlichte Bezugnahme auf emphatisch bezeichnete Phänomene begründet werden, noch sind die Ergebnisse von einzelnen Wissenschaften durch blosse Summation integrierbar.

Die Ambition der Schulpädagogik auf das Ganze von Schule und Unterricht dürfte sich einerseits der in pädagogischen Praxisfeldern weit verbreiteten Ganzheitsmythologie verdanken.[55] Andererseits haben wir es mit Versatzstücken aus der Genese der Disziplin zu tun. Die Schulpädagogik soll verhindern, dass die zukünftige Lehrkraft durch widersprüchliche Erkenntnisse verwirrt wird. Wo sich verschiedene Wissenschaften mit Schule und Unterricht befassen, da scheint der Praktiker eines Totalblickes zu bedürfen, in den die Partialerkenntnisse der verschiedenen Bereichsdisziplinen in *bereinigter* Form eingehen. So schreibt Potthoff im Einleitungsbeitrag zu dem von ihm herausgegebenen "Studienführer Schulpädagogik", die am Handeln orientierte Erziehungswissenschaft könne sich "wegen deren Einseitigkeit an keiner der partiellen Theorien [der Erziehungswirklichkeit, W.H.] auf Dauer ausreichend ausrichten. Erst ‚Bündelungen' [solcher Partialtheorien, W.H.] können den theoretischen Hintergrund für verantwortliches erzieherisches Handeln abgeben"

---

53 Das von Schulze vorgestellte "Orientierungsschema" soll zwar (noch) "keine fertige Supertheorie" sein, doch wird es als "ein vorläufiger Entwurf" zu einer solchen verstanden (SCHULZE 1980, S. 114).

54 Ähnliches hat Ernst im Sinn, wenn er von einer "ganzheitlichen Schulpädagogik" (ERNST 1993, S. 240) spricht. Für Geissler gibt "das Ganze der Schule eine genügend breite Basis für eine relativ selbständige wissenschaftliche Behandlung ab" (GEISSLER 1964, S. 6).

55 Auch Duncker, der den Kulturbegriff für die Schulpädagogik fruchtbar machen will, operiert mit Ganzheitsintentionen. Konkretisiert als Schulkultur, erscheint die Kultur als "ein *Gegenbegriff* gegen die Aufspaltungen und Spezialisierungen innerhalb der schulpädagogischen Diskussion" und erlaubt damit, "eine notwendige *integrative Perspektive* anzubahnen" (DUNCKER 1992, S. 31).

(POTTHOFF 1975, S. 12). Deshalb also, *um die Praxis anleiten zu können*, bedarf es einer integrierenden Totalwissenschaft, als welche sich die Schulpädagogik versteht.[56] Das Argument ist nicht auf die Begründung einer *Wissenschaft* bezogen, sondern auf die Verwirklichung eines *Bildungsprogramms*.

3.1.3 Schulpädagogik als "praktische Wissenschaft"

Mit der Schlussfolgerung des vorausgehenden Abschnitts stossen wir auf ein weiteres Hindernis, das der Schulpädagogik den Weg zum Olymp der Wissenschaften versperrt. Wie bereits einleitend bemerkt, verdankt die Schulpädagogik ihre Entstehung den berufsfeldbezogenen Aufgaben der Lehrerinnen- und Lehrerbildung. Dementsprechend scheint sich die Disziplin weniger von theoretischen und empirischen als von *praktischen* Fragestellungen her zu verstehen. Es dürfte kein Zufall sein, wenn Apel in seiner Grundlegung der Schulpädagogik den Topos der geisteswissenschaftlichen Pädagogik ins Zentrum stellt, wonach die Pädagogik "Theorie einer Praxis" ist. Die Schulpädagogik wird als Theorie der schulischen Praxis bestimmt (APEL 1990, S. 30ff.). Sie ist "die Theorie des pädagogisch orientierten Handelns im Feld schulischer Sozialisation" (APEL, GRUNDER 1995, S. 10).
Das letzte Zitat ist auf den ersten Blick unverdächtig. Es kann als genauere Bestimmung des Gegenstandes der Schulpädagogik gelesen werden. Verdächtig wird die Formulierung dann, wenn man sie mit der quasi-definitorischen Äusserung Apels in Verbindung bringt, wonach die Schulpädagogik als pädagogische Bereichsdisziplin "ein fester Bestandteil der theoretischen Lehrerbildung in der Bundesrepublik Deutschland (ist)" (APEL 1995, S. 239).[57] Damit wird explizit eingeräumt, dass die Schulpädagogik Teil eines *Bildungsprogramms* ist. Auch Grunder situiert die Schulpädagogik im Kontext der "Ausbildung von Lehrkräften" (GRUNDER 1995, S. 271). Sie sei nicht einfach eine wissen-

---

56 Tatsächlich ist für Potthoff die Schulpädagogik "eine solche ‚Bündelung' von Theorieansätzen" (POTTHOFF 1975, S. 12). In vergleichbarer Weise spricht Einsiedler davon, die Schulpädagogik müsse "im Sinne der Kritischen Theorie das Ganze denken" (EINSIEDLER 1975, S. 26). Das Ganze lässt sich aber nicht denken (Luhmann 1993, 1994). Es ist kein Begriff, der in einer wissenschaftlichen Theorie Platz haben könnte. Wissenschaftliche Gegenstände beruhen auf Sichtweisen, und es kann sinnvollerweise nur die Frage gestellt werden, ob die Sichtweise einer Theorie mit der Sichtweise übereinstimmt, in der einem Praktiker Wirklichkeit zugegen ist.

57 Anderswo verweist Apel auf die Verbundenheit des Faches mit der "Ausbildung zu einem Handeln" (APEL 1990, S. 31).

schaftliche Disziplin, sondern eine "wissenschaftliche Disziplin innerhalb der Ausbildung angehender Lehrkräfte" (ebd., S. 272). Die Schulpädagogik ist nicht Teil der Erziehungswissenschaft, sondern Kern der beruflichen Ausbildung von Lehrerinnen und Lehrern. Was kann unter diesen Umständen mit einer "Theorie pädagogischen Handelns unter schulischen Voraussetzungen" (APEL 1990, S. 37) gemeint sein?

Apel nennt die pädagogische Bildung den einen von zwei Zwecken der Schulpädagogik. Der andere ist die Gestaltung der Schule nach pädagogischen Prinzipien. Mit pädagogischer Bildung ist eine berufsbezogene Einführung gemeint. "Pädagogische Bildung zeigt sich als eine berufsorientierte Entwicklung des Denkens und Fühlens zu Urteils- und Handlungsfähigkeit in Situationen des Unterrichtens und Erziehens" (APEL 1995, S. 256). Nochmals wird deutlich, dass es der Schulpädagogik in erster Linie um Ausbildung und nicht um Wissenschaft geht. Schulpädagogik versteht sich – zwar nicht ausschliesslich, aber doch – als *Lehre*, d.h. als "Vermittlung eines praxisorientierten Könnens" (GRUNDER 1995, S. 261).[58]

Der Einwand mag naheliegend sein, dass es eben um *beides* geht: um Bildung *und* Wissenschaft. Doch kann Wissenschaft im modernen Sinn bildend sein? Auch wenn die Idee der neuhumanistischen Bildung nach wie vor ihre Anhänger hat, so ist nicht zu übersehen, dass das Wissen neuzeitlicher Wissenschaft nicht auf das Subjekt bezogen ist, sondern die Veränderung einer gegenständlich begriffenen Wirklichkeit zum Ziel hat.[59] Will sich die Schulpädagogik als Wissenschaft *im modernen Sinn* verstehen, ist nicht zu sehen, wie ihr Wissen bildend sein kann. Weiss sie sich demgegenüber einem prämodernen, aristotelischen oder platonischen Wissenschaftsverständnis verpflichtet, stellt sich die Frage nach ihrem Verhältnis zur (modernen) *Gesellschaft*.[60]

---

58 Bei Apel ist gar von der "Übermittlung eines praxisorientierten Könnens" (APEL 1990, S. 37) die Rede.

59 Es war die Intention der antiken Wissenschaft, genauso wie es die Intention aller Weisheitslehren ist, das Subjekt über die Aneignung von Wissen in seiner Gesinnung zu formen. Moderne Wissenschaften sind demgegenüber einem instrumentellen Verständnis von Wissen verpflichtet (vgl. z.B. BENNER 1993).

60 Es genügt nicht, wenn man wie Grunder verschiedene Wissenschaftsauffassungen einfach additiv zusammenfügt und die Schulpädagogik als eine reflexive, empirische, historische und systematische Disziplin bezeichnet (Grunder 1995, S. 271). Mehr als eine (weitere) Beschwörungsformel für den Ganzheitsmythos ist damit nicht gewonnen. Ähnliches gilt für frühere Positionen, die die Schulpädagogik als ein Konglomerat von empirischer, hermeneutischer und ideologiekritischer Wissenschaftlichkeit verstehen wollten (so z.B. EINSIEDLER 1975, S. 24).

Bevor wir nach dem Verhältnis der Schulpädagogik zur Gesellschaft fragen, wollen wir klären, was Schulpädagogen unter einer Theorie der schulischen Praxis genau verstehen. Wie wir bereits gesehen haben, nennt Apel als Gegenstand der Schulpädagogik das pädagogische Handeln in schulischen Situationen (APEL 1990, S. 50). In einer formalen Definition ausgedrückt: "Die Schulpädagogik ist eine pädagogische Bereichsdisziplin, in deren Zentrum die Deskription und Analyse pädagogisch orientierten Handelns in Schule und Unterricht stehen" (ebd., S. 255).[61] Es stellt sich die Frage, weshalb in die Definition der Schulpädagogik als wissenschaftlicher Disziplin eine Entscheidung für eine bestimmte Art von Theorie eingehen soll. Zwar ist es nicht ungewöhnlich, die Pädagogik insgesamt eine *Handlungswissenschaft* zu nennen oder den Kern der Disziplin in einer Handlungstheorie zu sehen (BENNER 1978, insbes. S. 341ff., KORING 1996), doch gibt es genügend Argumente, die *gegen* eine solche Verengung der theoretischen Perspektive sprechen (LUHMANN, SCHORR 1988, SCHEUERL 1983). Für die *Definition* eines Faches ist die Festlegung auf einen *bestimmten* Theorietypus jedenfalls unnötig. Dass im Falle der Schulpädagogik eine solche Festlegung trotzdem erfolgt, wirft die Frage auf, was Schulpädagogen unter einer Handlungstheorie überhaupt verstehen.

Geht man dieser Frage nach, so zeigt sich bald, dass es der Schulpädagogik gerade mit ihren Ambitionen auf eine "Theorie pädagogisch orientierten Handelns" nicht in erster Linie um Erkenntnisse, sondern um praxisanleitende Vorgaben geht. Dafür spricht die Tatsache, dass der Handlungsbegriff ausschliesslich an die Person des Lehrers gebunden wird. Die Rede ist von der "Theorie eines Handelns in erzieherischer und bildender Absicht" (APEL 1995, S. 246 – im Original hervorgehoben), womit nicht das Handeln der Schülerinnen und Schüler, sondern nur dasjenige der Lehrerinnen und Lehrer gemeint sein kann. Wiederum stehen wir vor einer *definitorischen* Festlegung. Der erste Satz des "Schulpädagogischen Repetitoriums" von Kessler und Krätzschmar lautet: "Die Schulpädagogik widmet sich speziell den Fragen, Problemen, Prozessen und Aufgaben, *denen der Lehrer in der Schule begegnet*" (KESSLER, KRAETZSCHMAR 1993, S. 1 – Hervorhebung W.H.). Diese ansonsten völlig unspezifische Definition lässt bezüglich der Sichtweise der Schulpädagogik an

---

61 Auch Grunder nennt die Schulpädagogik eine "Theorie pädagogischen Handelns unter schulischen [unterrichtlichen] Voraussetzungen" (GRUNDER 1995, S. 267, 268, 269), erweitert diese Definition aber um den Aspekt der "ausserschulisch wirksamen Prämissen für die schulische Arbeit" (ebd., S. 269, 270, 272). Die im folgenden formulierte Kritik trifft auch dieses erweiterte Verständnis von Schulpädagogik.

Deutlichkeit nichts zu wünschen übrig. Es geht nicht um eine Theorie der Schule und des Unterrichts, auch nicht um eine Handlungstheorie von Schule und Unterricht[62], sondern um eine *Theorie, die das Handeln der Lehrkraft praktisch anleitet.* Was dem Lehrer als Problem oder Aufgabe begegnet, *definiert* den Gegenstand und die Themen der Schulpädagogik. Es geht um das "Bedürfnis des Praktikers nach Hilfen für den Unterricht" (REIMERS 1964, S. 255).

Auch Einsiedler stellt fest, Schulpädagogik sei "mit praktischen Problemen des Unterrichtens und Erziehens in der Schule befasst" (EINSIEDLER 1991, S. 650, 1995, S. 211). Folglich geht es der Schulpädagogik nicht um eine Theorie *der* Praxis[63]; es geht ihr vielmehr um eine Theorie *für* die Praxis. In diesem, der geisteswissenschaftlichen Pädagogik entlehnten Sinn bestimmt Apel denn auch seinen Begriff von Schulpädagogik. Diese ist "Theorie einer Praxis für eine Praxis" (APEL 1990, S. 17); sie ist "eine Theorie zur *Gestaltung* von Schule und Unterricht" (APEL, GRUNDER 1995, S. 11 – Hervorhebung W.H.), d.h. "eine das Handeln *anleitende* Theorie" (APEL 1993, S. 406 – Hervorhebung W.H.).

Ist dies nun die bisher vergeblich gesuchte Bestimmung des Formalgegenstandes der Schulpädagogik? Wie aber kann die Schulpädagogik unter diesen Vorgaben noch eine Integrationswissenschaft und Supertheorie genannt werden, die die Schule und den Unterricht aus *allen* Perspektiven wahrnimmt? Ihr Gegenstand schrumpft auf das klägliche Segment von Unterrichtswirklichkeit zusammen, wie es aus dem Blickwinkel der Lehrkraft wahrgenommen wird. Als Anleitungspädagogik bekommt die Schulpädagogik nur zu Gesicht, was dem Handeln unmittelbar dienlich ist. Dieses gilt ihr als praktisch, während alles andere der blossen Theorie verdächtigt wird. Indem sich die Schulpädagogik im Blickfeld der Handlungsprobleme der Lehrerinnen und Lehrer installiert, darf sie sich im Glauben wähnen, immer auf seiten der Praxis zu stehen. So kolportiert die Schulpädagogik das scheinbar unausrottbare Schema, mit dem in pädagogischen Kreisen schier jedes Problem bearbeitet wird: Theorie versus Praxis.[64, 65]

---

62 Denn in einer allgemeinen, auf Unterricht bezogenen Handlungstheorie müsste die Perspektive der Schülerinnen und Schüler mitenthalten sein.

63 Etwa im Sinne von Bourdieu (1993) oder Schön (1983).

64 Wie sehr das Theorie-Praxis-Schema dazu dienen muss, den Diskurs zu strukturieren, zeigen auch Befürchtungen, die dahin gehen, die Verselbständigung der Schulpädagogik könnte zu einer Abkoppelung von der Allgemeinen Pädagogik führen, so "... dass es beim alten Zustand bliebe: hier Bemühung um die Praxis, ohne dass die theoretische Ebene gewonnen würde, dort Theorie ohne Empirie" (REIMERS 1964, S. 255). Mit diesem

Apel ist zugute zu halten, dass er dem schulpädagogischen Handlungsbegriff erlaubt, sich in seiner analytisch-normativen Zweideutigkeit zu offenbaren. Wenn – so schreibt Apel in seiner Grundlegung der Schulpädagogik – die Disziplin als "Theorie einer Praxis" verstanden wird, "... dann dient sie *sowohl* der Erforschung dieser Praxis *als auch* der Anleitung zum Handeln in dieser Praxis" (APEL 1990, S. 8 – Hervorhebung W.H.). Als Theorie habe die Schulpädagogik erstens die Schulpraxis zum Gegenstand ihrer Forschung, und sie sei "zweitens Prinzipienlehre, also eine das Handeln anleitende Theorie" (ebd., S. 18). Insofern wird deutlich, dass die Schulpädagogik *in doppelter Weise* auf Praxis bezogen ist, was Apel zu eigenartigen Wortkreationen treibt. So unterscheidet er zwei Formen von Theorie, nämlich eine "(theoretische) Theorie der Erkenntnis dessen, was geschieht", und eine "(praktische) Theorie der Erkenntnis dessen, was sein soll" (ebd., S. 18). Später wird die Verdoppelung des Theoriebegriffs wieder zurückgenommen, und aus der "praktischen Theorie" wird eine "Kunstlehre". Die Kunstlehre ist dann nicht mehr Teil der Wissenschaft, sondern – entsprechend dem Begriff der "Praktischen Pädagogik" (Brezinka 1978) – eine mit Erfahrungen durchsetzte Praxisanleitung.
Wo aber bleibt damit die Schulpädagogik als Wissenschaft? Diese ist als eigenständige Disziplin mit einem erkennbaren Formalgegenstand erst sichtbar geworden, nachdem der Anleitungsgedanke in den Vordergrund rückte. Wird der Anleitungsgedanke nun plötzlich wieder zurückgenommen und einer pädagogischen Kunstlehre zugeordnet, so fällt die Schulpädagogik als "Theorie dessen, was geschieht" zurück auf jenes Terrain, das bereits von anderen Disziplinen, die sich um die Erforschung von Schule und Unterricht bemühen, besetzt gehalten wird. Damit setzt sich die Schulpädagogik erneut der Kritik aus, nicht sagen zu können, wovon sie eigentlich handelt (vgl. Abschnitt 2).
Während bei Apel die Problematik der ambiguen Verwendung des Handlungsbegriffs – einerseits analytisch, andererseits normativ – immerhin aufscheint, wird sie bei anderen Vertretern der Schulpädagogik durch die eigenartige Vorstellung verdeckt, die Festlegung auf Handlungstheorie garantiere *als solche* praktische Relevanz. Handeln wird unbesehen mit Praxis gleichgesetzt,

---

Argument hatte sich Reimers gegen den Versuch gewandt, die Schulpädagogik als gesonderte Disziplin zu etablieren.

65 Dass der Ganzheitsmythos trotz dieser Wendung des schulpädagogischen Gegenstandsverständnisses ins Praktische unangetastet bleibt, zeigt die Forderung, Theorie und Praxis hätten eine *Einheit* zu bilden. So spricht beispielsweise Einsiedler im Zusammenhang seiner Diskussion des Verhältnisses von Theorie und Praxis vom "Sinn für das Ganze" (Einsiedler 1975, S. 109). Theorie und Praxis werden in eine "magische Einheit" (Oelkers) gezwungen, die es faktisch nicht geben kann (OELKERS 1989, S. 117).

Handlungstheorie unvermittelt als ”praktische Theorie” gedeutet. Das ist etwa so überzeugend, wie wenn wir annehmen wollten, die Kenntnis der Gesetze der Newtonschen Mechanik würden per se die Fähigkeit erhöhen, ein Fahrrad im Gleichgewicht zu halten. Theorie ist Theorie. Keine Theorie kann als solche praktisch sein. Auch eine ”Theorie schulpädagogischen Handelns” ist nichts anderes als eine (schulpädagogische) Theorie. Wird menschliches Handeln zum Gegenstand der wissenschaftlichen Analyse, so entspringen dieser Analyse nicht Handlungen, sondern *Erkenntnisse.* Diese genügen den Kriterien von Theorie und nicht den Kriterien von Praxis. Aus einer handlungstheoretischen Analyse folgen unmittelbar keine Kriterien, wie im konkreten Fall zu handeln ist. Der Begriff einer praktischen Theorie ist ein Unding. Wie Klink zu Recht betont, ist auch die sogenannte praktische Pädagogik eine theoretische (KLINK 1966, S. 2). Versteht sie sich als Wissenschaft, kann auch der Schulpädagogik die Praxis nur als Theorie gegenwärtig sein. Eine ”wissenschaftliche Dignität der Schulpädagogik als praktische Pädagogik” (APEL 1993, S. 393) kann es nicht geben.

Es ist verkehrt, eine Disziplin mit dem Ansinnen auf Erkenntnisse zu versehen, denen *per se* praktischer Nutzen zukommt. Wissenschaften sind keine Kunstlehren, Erziehungswissenschaften keine Praktischen Pädagogiken. Die Kunst des Unterrichtens kann von keiner Wissenschaft, heisse sie nun Pädagogische Psychologie, Allgemeine Didaktik oder Schulpädagogik, *erzeugt* werden. Wie William James vor nunmehr gut hundert Jahren bemerkte, wäre es ein grosser Irrtum zu glauben, aus einer Wissenschaft liessen sich unmittelbar praktische Konsequenzen ableiten. Aus den ”Gesetzen des geistigen Lebens” ergeben sich keine bestimmten Programme, Stundenpläne oder Unterrichtsmethoden für den unmittelbaren Gebrauch in der Schule. ”Die Psychologie ist eine Wissenschaft und das Lehren eine Kunst, und die Wissenschaften erzeugen unmittelbar aus sich selbst niemals Künste. Es bedarf hierzu vielmehr eines dazwischentretenden erfindungsreichen Geistes, der durch seine Originalität die Ergebnisse der Wissenschaft zur Anwendung bringt” (JAMES 1900, S. 4f.). Auch eine Theorie schulpädagogischen Handelns ist *per se* nicht praktischer als eine andere auf Schule oder Unterricht bezogene Theorie.

3.1.4 Definition des Pädagogischen

Als Wissenschaft kann die Schulpädagogik weder über terminologische Festlegungen noch über den emphatischen Bezug auf die Wirklichkeit der

Schule noch über die Ambition auf Praxisanleitung konstituiert werden. Doch damit sind noch nicht alle Stolpersteine benannt, die den Weg der Schulpädagogik zu einer akademischen Disziplin so beschwerlich machen. Während bisher formale Fragen der Wissenschaftslogik im Vordergrund standen, wollen wir uns im folgenden inhaltlichen Fragen zuwenden.

Eine dieser inhaltlichen Fragen betrifft den Begriff des Pädagogischen. Was macht das Pädagogische der Schulpädagogik aus? Die Frage kann hier nicht erschöpfend beantwortet werden. Um aber wenigstens die Umrisse einer Antwort zu skizzieren, gehe ich auf einen Text ein, der in der schulpädagogischen Literatur häufig zitiert wird und von zentraler Bedeutung für das Selbstverständnis des Faches zu sein scheint. Es handelt sich um einen Aufsatz von Benner mit dem programmatischen Titel "Was ist Schulpädagogik?"[66]

Benner bezieht sich in diesem Text im wesentlichen auf Hegel und Herbart. Keiner der beiden scheint den Begriff "Schulpädagogik" jemals verwendet zu haben, trotzdem glaubt Benner, in deren Werk wesentliche Beiträge zur Schulpädagogik finden zu können.[67] Was Benner anhand einer von Hegels Gymnasialreden herausarbeitet, nämlich die Idee von Schule als vermittelndem Glied zwischen Familie und Gesellschaft (Staat), ist allerdings in keiner Weise originell und liesse sich in gehaltvollerer Form in modernen soziologischen Theorien (z.B. bei Parsons, Dreeben oder Luhmann) finden. Schule wird im Hinblick auf die Komplexität moderner Gesellschaft als Institution gedacht, die den Partikularismus der Familie überwinden lässt und die Kompetenzen vermittelt, die der Mensch benötigt, um sich als Individuum in einer funktional differenzierten Gesellschaft bewähren zu können. Schule ist ein Ort der Einführung in das Leben unter Bedingungen der gesellschaftlichen Ordnung von sozialen Beziehungen. Als genuin pädagogisch oder gar schulpädagogisch kann dieser Begriff von Schule nicht bezeichnet werden.

Offenbar geht es Benner aber nicht um Hegel. Irritierend an seinem Text ist daher auch nicht die Tatsache, dass Hegel als Schultheoretiker abgehandelt wird. Irritierend ist vielmehr, dass Herbarts Ausführungen zur Schule ernst ge-

---

66 Explizit schreibt Apel, Benners Erörterung der Frage "Was ist Schulpädagogik?" komme "(b)esondere Bedeutung für die Gegenstandsbestimmung der Schulpädagogik ... zu" (APEL 1993, S. 395). Bei dem Text handle es sich um "einen besonders interessanten Vorschlag zur Bestimmung der Schulpädagogik" (APEL 1990, S. 26), dem "erhebliche Bedeutung zu(kommt)" (ebd., S. 27).

67 Nur nebenbei bemerkt erscheinen die Texte aller drei Autoren – Hegel, Herbart und Benner – in dem Schulpädagogik-Reader von Apel und Grunder (1995) unter der Überschrift "Thematische Grundlegung", was erneut darauf hinweist, dass es sich hier offensichtlich um zentrale Auseinandersetzungen mit der disziplinären Struktur der Schulpädagogik handelt.

nommen werden, und zwar so ernst, dass Benner glaubt, aus der Auseinandersetzung mit Herbart eine Antwort auf die Titelfrage seines Aufsatzes gewinnen zu können. Herbart zwingt Benner, sich auf die Seite jener zu schlagen, die das Pädagogische im Individuum verankern. Schule scheint nur als voll individualisierte legitim zu sein. Herbart wird mit den Sätzen zitiert: "... jedes Individuum bedarf der Erziehung für sich, und darum kann die Erziehung nicht wie in einer Fabrik arbeiten, sie muss jeden Einzelnen vornehmen" (zit. nach BENNER 1977, S. 103). Die Schule versage die "Anschliessung an Individuen" (Herbart, zit. nach ebd., S. 104), worin das genuin pädagogische Kriterium zu liegen scheint.

In Auseinandersetzung mit Hegel und Herbart konstruiert Benner einen fundamentalen Widerspruch zwischen einer gesellschaftstheoretischen und einer pädagogischen Begründung von Schule. Die Schulpädagogik erscheint geradezu als hölzernes Eisen. Geht es der Pädagogik um das Individuum, so kann es sich bei Schulen, d.h. unter Bedingungen einer massenweisen Unter-richtung, nicht um pädagogische Veranstaltungen handeln. Tatsächlich lässt Benner seine Ausführungen in eine Aporie münden. Schulpädagogik sei zugleich "Theorie für pädagogisches Handeln in der Schule" und "Kritik der Schule als Institution" (BENNER 1977, S. 88). Eine in Institutionen organisierte Erziehung wird a priori des Unpädagogischen verdächtigt. Die gesellschaftliche Notwen-digkeit von Schule steht im Widerspruch zu ihrer pädagogischen Legitimität. Mühelos kann Benner von "der gesellschaftlichen Notwendigkeit des modernen Schulwesens und seiner *gleichzeitigen* pädagogischen Nicht-Legitimierbarkeit" (ebd., S. 111 – Hervorhebung W.H.) sprechen.

Einmal mehr werden auf der Ebene der Definition der Schulpädagogik als Wissenschaft Grenzlinien gezogen, die eine unvoreingenommene Theorie- und Forschungsarbeit verhindern. Zwar scheint es heute Mode zu sein, überall Aporien und Paradoxien zu sehen, doch die definitorische Festlegung der Schulpädagogik auf eine Contradictio in adjecto ist eher die Folge mangelnder analytischer Schärfe als eine begriffliche Notwendigkeit. Definitorisch wird festgeschrieben, dass Schulpädagogik niemals Schulorganisation meinen kann. Verräterisch ist die Sprache, mit der diese Einsicht kommuniziert wird. Emphatisch wird vom "Eigentlichen" von Erziehung und Unterricht gesprochen.[68] Als würden die Leistungen der Schule in einen gesellschaftlich notwendigen, aber pädagogisch uneigentlichen und einen pädagogisch eigen-

---

68 Ein Stilmittel, das sich besonders häufig in den Arbeiten von Giesecke findet (z.B. GIESECKE 1996).

tlichen, aber gesellschaftlich unbestimmbaren Teil zerfallen. Die pädagogische Denkform verhindert eine (schulpädagogische) Theorie, in der Gesellschaft und Individuum aufeinander bezogen und im Rahmen *derselben* Begriffe gedacht werden können.[69] Die pädagogische Utopie liegt jenseits der Gesellschaft, wo die Stärkung des Individuums als Subversion von System und Organisation verstanden werden kann.[70] Wie Einsiedler formuliert, betreibt die Schule "mit der Anbahnung *individueller* Bildung ... ein eigenständigpädagogisches Ziel, *unabhängig* von gesellschaftlichen Erfordernissen" (EINSIEDLER 1991, S. 651, 1995, S. 213 – Hervorhebungen W.H.).[71] Die Schulpädagogik, die mit ihrem Fokus auf Unterricht eine soziale Situation zum Materialobjekt hätte, begründet sich individualpädagogisch, was sie unvermeidlich in theoretische Kalamitätenbringt.

Noch Ende der 80er Jahre schreibt Riedel, die "Aufgabenbestimmung der Schulpädagogik" sei im Bewusstsein der "pädagogischem Denken entgegenstehenden Organisations- und Kontrollinteressen des Staates vorzunehmen" (RIEDEL 1989, S. 1345). Im Klartext heisst dies, dass die Schulpädagogik jene Segmente aus dem Gesamtkomplex Schule herauslöst, die bestimmten normativen Ambitionen der pädagogischen Tradition entsprechen, und alle anderen als unerwünscht und unpädagogisch diffamiert. Das gilt auch für Dunckers Bemühen, "den Kulturbegriff als schulpädagogische Kategorie zurück[zu]gewinnen" (DUNCKER 1992, S. 27). Die Kultur wird (erstaunlicherweise) auf der Seite des Individuums plaziert. Konkretisiert als Schulkultur setzt sie "den Akzent auf Enkulturation und Individuierung, nicht auf Vergesellschaftung und damit verbundener (partieller) Entfremdung" (ebd., S. 32). Die Schulpädagogik ver-

---

69 Zu Recht wendet Apel gegen die aporetische Zuspitzung der Schulpädagogik durch Benner ein, es bedürfe "einer Theorie, die das in Schule geschehende pädagogische und unpädagogische Handeln in seinen verschiedenen Formen und unter den Bedingungen einer organisierten Institution thematisiert" (APEL 1993, S. 396). Genau dazu, diese Theorie zu entwickeln, sei die Schulpädagogik gedacht. Andererseits spricht auch Apel im "Jargon der Eigentlichkeit" (Adorno), wenn er feststellt: "Die Schule organisationssoziologisch zu betrachten, ist keine ursprünglich schulpädagogische Perspektive" (APEL 1990, S. 76 – im Original hervorgehoben).

70 Dieses Rousseausche Motiv verwechselt nicht nur Pädagogik mit Politik, es macht aus der Schulpädagogik ein Trojanisches Pferd konservativer Gesellschaftslehre, die in der Moderne nur Zerfall und Unordnung sehen kann.

71 Bei dieser Formulierung könnte man leicht ironisch werden und darauf hinweisen, wie sehr die Individualität gerade eine Konsequenz gesellschaftlicher Differenzierung und keineswegs eine Erfindung der Pädagogik ist. Von Emile Durkheim über Max Weber, Georg Simmel und Norbert Elias bis zu Ulrich Beck und Niklas Luhmann wird Gesellschaft als *moderne* Gesellschaft gerade dadurch definiert, dass sie das Individuelle und das Strukturelle in ein besonderes, labiles, aber *notwendiges* Verhältnis bringt. Zu glauben, Individualität gebe es nur solange, wie sie von der (Schul-)Pädagogik verteidigt werde, ist naiv.

schreibt sich einem Theorietypus, der sie nicht nur daran hindert, ihren Gegenstand angemessen zu konturieren, sondern aufgrund von prämodernen Implantaten auch unempfindlich gegenüber den Sozialwissenschaften macht.[72] Die Folge sind Ausblendungen im Denken, die nicht zuletzt im Hinblick auf die erklärte Praxisrelevanz der Disziplin fatal sind.

3.1.5 Defizit an Interdisziplinarität

Die Skepsis gegenüber den Sozialwissenschaften wird im schulpädagogischen Diskurs gerne mit einem geflügelten Wort aus Herbarts "Allgemeiner Pädagogik" bestärkt. Dort findet sich der Satz, es dürfte "besser sein, wenn die Pädagogik sich so genau als möglich auf ihre *einheimischen Begriffe* besinnen und ein *selbständiges* Denken ... kultivieren möchte, wodurch sie zum Mittelpunkt eines Forschungskreises würde und nicht mehr Gefahr liefe, als entfernte, eroberte Provinz von einem Fremden aus regiert zu werden" (HERBART 1964, S. 8 – Hervorhebungen W.H.). Nur wenn sich jede Wissenschaft auf ihre Weise zu orientieren suche, "und zwar mit gleicher Kraft wie ihre Nachbarinnen", könne ein "wohltätiger Verkehr" unter allen entstehen (ebd.).
So richtig diese Feststellung im grundsätzlichen sein mag, so fragwürdig ist deren rhetorische Verwertung in der Pädagogik im allgemeinen und in der Schulpädagogik im besonderen. Wenn in der schulpädagogischen Literatur immer wieder vermerkt wird, das Fach sei auf die Nachbardisziplinen und Bezugswissenschaften angewiesen, wenn sogar von der notwendigen *Interdisziplinarität* der Schulpädagogik die Rede ist[73], dann stellt sich die Frage, wie einheimisch die Begriffe der Schulpädagogik sein dürfen. Die vorhin aufgezeigte Tendenz, den Begriff des Pädagogischen so festzulegen, dass er zur Ab-

72 Zur Illustration der schulpädagogischen Skepsis gegenüber den Sozialwissenschaften möge das folgende Zitat von Holstein dienen, der feststellt, dort, "wo ‚ein Begriff der Schule' aus der ‚Forschungsabsicht' der Sozialwissenschaften hervorgehe", werde dieser "zunehmend ‚schulpädagogisch und schulpraktisch unergiebig'" (Holstein, zit. nach Twellmann 1981, S. 6). Andererseits nennt Einsiedler die Schulpädagogik ausdrücklich eine Sozialwissenschaft (EINSIEDLER 1975, S. 13, 111).

73 So ist beispielsweise bei Wittenbruch davon die Rede, die Faktorenvielfalt von Schule und Unterricht verweise darauf, "dass sie nur interdisziplinär erforscht werden können" (WITTENBRUCH 1995, S. 197). Für Zöpfl, Tschamler und Seitz steht fest, "... dass die Schulpädagogik in ganz besonderem Masse auf ein interdisziplinäres Gespräch angewiesen ist ..." (ZOEPFL, TSCHAMLER, SEITZ 1972, S. 20). Auch Einsiedler spricht davon, die Schulpädagogik müsse "die interdisziplinäre Zusammenarbeit pflegen" (EINSIEDLER 1975, S. 19).

schottung von anderen Disziplinen, insbesondere den Sozialwissenschaften, instrumentalisiert werden kann, zeugt von einer fragwürdigen Nutzung des Herbart-Zitats. Im Extremfall dient die pathetische Rückbesinnung auf die "einheimischen Begriffe" dazu, sich vom Austausch mit den Nachbardisziplinen freizukaufen und *Ersatzdisziplinen* zu kreieren, mit denen dann leicht ein "interdisziplinärer" Austausch gepflegt werden kann.

Die hier angezielte Kritik beschränkt sich nicht auf die Schulpädagogik, sondern betrifft die Pädagogik generell.[74] Ich illustriere deshalb meine Position zunächst mit Beispielen aus der Allgemeinen Pädagogik, um mich dann der Schulpädagogik zuzuwenden.[75]

Ende der 20er Jahre forderte Nohl eine "pädagogische Menschenkunde", die dem Erzieher Kinderkenntnisse zu vermitteln habe. Dabei distanzierte er sich von den Abstraktionen der Wissenschaft. "Pädagogische Menschenkunde erwächst wahrhaft nur im persönlichen Verkehr mit dem einzelnen Kinde" (NOHL 1929, S. 52). Allerdings räumte Nohl ein, dass eine "bloss persönliche Empirie" nicht genüge; "... man muss in einer pädagogischen Gemeinschaft leben, die dauernd über Kindernaturen spricht, wie in einer guten Ehe Vater und Mutter ein unerschöpfliches Thema in dem Gespräch über ihre Kinder haben und sie niemals auslernen" (ebd.). Darüber hinaus bedürfe die Menschen-kenntnis der "systematischen Besinnung" (ebd.). Die Psychologie möge dabei behilflich sein, doch ohne Grundlage im "gelebten Leben" könne sie dem Päda-gogen nicht helfen.

Ausdrücklich stellte Nohl die "Kunde" *(historia)* in Gegensatz zur "Theorie". Es sei für alle Gebiete des Lebens von der grössten Bedeutung, dass wir die Sphäre der Kunde "... wieder in ihrer vollen Breite und Ordnung zur Anschauung bringen, ehe wir mit den Abstraktionen der fachwissenschaftlichen Theorien einsetzen. ... Wo die fachwissenschaftlichen Termini zu schnell benutzt werden, erscheint sofort die Gefahr der Verfälschung des konkreten Tatbestandes" (NOHL 1929, S. 53). Allein der Zusammenhang des Lebens schaffe die Bedingungen des Verstehens.

Was Nohl im konkreten zur pädagogischen Menschenkunde ausführt, ist mehr als enttäuschend. Deutlich wird, dass die Menschenkenntnis, die er fordert,

---

74 Natürlich wird nicht behauptet, es gebe in der Pädagogik bzw. Schulpädagogik überhaupt keinen interdisziplinären Austausch. Die Pädagogik scheint jedoch – aus Gründen, die hier nicht zur Diskussion stehen – dazu zu neigen, sich den Nachbardisziplinen zu verweigern, wenn deren Erkenntnisse den eigenen Überzeugungen nicht entsprechen.

75 Dabei bediene ich mich einiger Ausführungen, die ich bereits anderswo vorgelegt habe (HERZOG 1994).

insgeheim als Abwehr des Anspruchs der experimentellen Psychologie auf Wissenschaftlichkeit gemeint ist. Die Menschenkunde ist *Ersatz* für eine pädagogisch als nicht brauchbar empfundene Psychologie. Ausdrücklich warnt Nohl "... vor dem Glauben an die unmittelbare pädagogische Anwendungsmöglichkeit jeder Einsicht, die auf isolierender Abstraktion beruht, also insbesondere vor der Psychologie, *wobei es ganz gleich ist, welche Psychologie man dabei im Auge hat ...*" (NOHL 1928, S. 137 – Hervorhebung geändert, W.H.).[76]

Auf ähnliche Weise wie Nohl hat Petersen (1928) die Notwendigkeit einer "pädagogischen Charakterologie" begründet, nämlich mit der geringen Brauchbarkeit der diagnostischen Methoden der (damaligen) Persönlichkeitspsychologie für den Lehrer. Die Tatsache, dass die pädagogische Charakterologie im wesentlichen als eine von Intuition geleitete, d.h. methodisch subjektiv verfahrende Typenlehre angelegt wird, zeigt dann erneut, wie wenig innovativ die Pädagogik bei der Entwicklung einer "einheimischen" Psychologie ist. Unbedingte Voraussetzung für erfolgreiche charakterologische Deutungen sei es, "... dass der Pädagoge ... niemals vergesse, was seit alter Zeit besonders dem Pädagogen geraten ward, sich dem Studium der Dichter zuzuwenden, um an ihren Werken Psychologie zu studieren, [und nicht] den Handbüchern der Fachwissenschaft Psychologie" (PETERSEN 1928, S. 16).[77] In der Pose des praktischen Pädagogen bringt Petersen der Psychologie eine fundamentale Skepsis entgegen, die ihn dazu führt, eine "neue Wissenschaft" (Petersen) zu fordern, der er gleich selbst Gestalt gibt. Wie Nohl die pädagogische Menschenkunde, entwickelt Petersen die pädagogische Charakterologie im *Gegenzug* zur wissenschaftlichen Psychologie seiner Zeit. Indem sich die Pädagogik eine eigene Ersatzpsychologie zurechtlegt, kann sie auf Interdisziplinarität verzichten. Wer sich selber besser zu verschaffen weiss, was er vom anderen benötigt, der braucht sich mit diesem nicht mehr auseinanderzusetzen.

Dass es sich dabei keineswegs um eine historisch obsolete Konstellation handelt, zeigt Bittner, der 1983 die Kritik Nohls mit aller Schärfe erneuert. Bittner

76 Die Position Nohls scheint sich von derjenigen von William James kaum zu unterscheiden. Allerdings biegt James die Differenz von Wissenschaft und Beruf nicht zu einer Kritik an der Wissenschaft um. James fordert auch nicht, weil es die Differenz gebe, müsse eine andere Form von Wissen ("Kunde") geschaffen werden. Vgl. auch die bereits dargelegte Unterscheidung einer "theoretischen Theorie" und einer "praktischen Theorie" bei Apel (1990), die dieser später in die Differenz von Erziehungswissenschaft und Praktische Pädagogik ummünzt (Abschnitt 3).

77 Das Zitat ist im Original entstellt. Die hier gewählte Korrektur (in eckigen Klammern) genügt den Kriterien der sachlichen Plausibilität und des minimalen Eingriffs in den Text.

beklagt die "Belanglosigkeit" der Erziehungswissenschaft und meint, deren "Inhaltsleere" beruhe "... auf der zunehmenden Ausdünnung der einstmals zentralen ‚Pädagogischen Menschenkunde' und der Delegation ihrer Themen und Inhalte an eine pädagogische Psychologie, unter deren Händen aus den ehemals pädagogischen Inhalten etwas ganz anderes, nun pädagogisch nicht mehr so recht Brauchbares wurde. Die Weichen zu dieser Entwicklung wurden in den Zwanziger Jahren gestellt" (BITTNER 1983, S. 612 – Hervorhebung weggelassen). Bittner lamentiert, es seien nicht mehr die Pädagogen, die "die psychologischen Gesetzmässigkeiten von Erziehung erforschen" (ebd., S. 616). Mit der Delegation der Menschenkunde an die Pädagogische Psychologie sei der Pädagogik ein Bärendienst erwiesen worden: "... die konkreten menschenkundlichen Forschungsaufgaben wurden nun von dieser Pädagogischen Psychologie immer mehr more psychologico und nicht more paedagogico behandelt ..." (ebd.). Dezidiert fordert Bittner die Reintegration der Pädagogischen Psychologie in die Erziehungswissenschaft, d.h. eine "Pädagogik ..., *die ihre eigene Psychologie in sich enthält*" (ebd., S. 614 – Hervorhebung W.H.).[78]
Nohl, Petersen und Bittner stehen für die Allgemeine Pädagogik. Beispiele für die Abschottung gegenüber den Nachbardisziplinen finden sich aber auch in der Schulpädagogik. Unklar ist, ob man Gieseckes Buch "Wozu ist die Schule da?" zur schulpädagogischen Literatur zählen darf oder nicht. Da es von Schule handelt und von einem Pädagogen geschrieben wurde, und da wir bisher keine Kriterien gefunden haben, die uns eindeutig und verbindlich sagen, was unter Schulpädagogik zu verstehen ist, spricht zumindest nichts dagegen, das Buch als ein schulpädagogisches zu behandeln.[79] An die Terminologie Herbarts

78 Was ich am Beispiel des Verhältnisses der Pädagogik zur Psychologie illustriert habe, liesse sich genauso und zum Teil noch eindrücklicher am Beispiel des Verhältnisses der Pädagogik zur Biologie darlegen. Wenn etwa Ballauff sagen kann, biologische Anthropologie sei "wie ein hölzernes Eisen" (BALLAUF 1963, S. 31), denn die menschliche Lebensform könne "nicht bestimmt werden von irgendeinem anderen Existierenden her" (ebd., S. 30), oder wenn Benner der Ansicht Ausdruck gibt, es würden "nicht nur alle Vergleiche zwischen Mensch und Tier, sondern ebenso alle zwischen Gott und Mensch (versagen)" (BENNER 1983, S. 285), dann bilden diese Äusserungen nur die Synopse einer langen Tradition der Abschottung der Pädagogik von einer Nachbardisziplin (Biologie), die wesentliches über den Menschen auszusagen hätte. Herbarts Forderung nach den einheimischen Begriffen wird nicht dazu verwendet, diese zu entwickeln, sondern dazu, Nachbardisziplinen, die verständlicherweise eine andere Sprache sprechen, auf Distanz zu halten.

79 Die Tatsache, dass Giesecke einen Lehrstuhl für Sozialpädagogik innehat, dürfte schwerlich als Kriterium hinreichen, um seine Äusserungen über Schule, Unterricht und Erziehung als sachlich nicht einschlägig abzuweisen. Allenfalls mag man zugestehen, dass es sich bei Gieseckes Schriften nicht um wissenschaftliche Literatur, sondern um pädagogischen Journalismus handelt. Aber auch wenn man diesen Einwand zulassen wollte, würde sich die grundsätzliche Frage stellen, wie Texte als schulpädagogische identifiziert

erinnernd, spricht Giesecke unverblümt von der "Okkupation" der Pädagogik "durch die modernen, auf *empirischen* Forschungsmethoden fundierten Sozialwissenschaften" (GIESECKE 1996, S. 12).[80] Dabei ist auch Giesecke davon überzeugt, dass der Kern dessen, was pädagogisches Handeln ausmacht, "auf diese Weise *grundsätzlich* nicht auf den Begriff zu bringen (ist)" (ebd., S. 13 – Hervorhebung W.H.). Es sei zwar nicht gesagt, "... dass solche Untersuchungen und ihre Ergebnisse überhaupt bedeutungslos für das pädagogische Bewusstsein seien, aber für das pädagogische Handeln sind sie unmittelbar jedenfalls nicht von Belang" (ebd., S. 14).

Wenig Interesse am aktuellen sozialwissenschaftlichen Umfeld der Schulpädagogik zeigt auch Ernst (1993). In seiner "Humanistischen Schulpädagogik" stossen wir nochmals auf den Mythos der Ganzheit, dieses Mal nicht auf die Disziplin, sondern auf ihren Gegenstand bezogen. Die Schulpädagogik hat es gemäss Ernst "mit dem ganzen Menschen zu tun" (ebd., S. 190). Sie sei in Analogie zur Medizin konturiert und teile das Anliegen vieler Religionen, nämlich den Menschen ganz (heil) zu machen (ebd., S. 22). Indem er der Schulpädagogik zur Aufgabe macht, den Menschen "ganzheitlich in den Blick zu nehmen" (ebd., S. 30), wendet sich der Autor der Leipziger Ganzheitspsychologie um Felix Krueger zu, von der er "Hinweise auf den Zugang zur Ganzheit" (ebd., S. 30) erwartet. Das gefundene Material wird unter Beizug von Theoremen der Humanistischen Psychologie zu einer "Theorie ganzheitlichen Lernens" (ebd., S. 171ff.) verarbeitet, die dem Ziel "ganzheitlichen Wissens" (ebd., S. 184) genügen soll.

Ich will nicht das Unterfangen kritisieren, in der Auseinandersetzung mit einer Geschichte gewordenen Schule psychologischen Denkens schulpädagogische Theorie zu entwickeln. Die historische Vergewisserung ist zweifellos ein legitimes Verfahren, um aktuelle Probleme der Theoriebildung zu bewältigen. Fragwürdig ist jedoch die völlige Abstinenz, die Ernst von jeder Bezugnahme auf zeitgenössische psychologische Theorie und Forschung übt. Es mutet eigenartig an, wie in einer Monographie über zentrale theoretische Fragen der Schul-

---

werden. Man erinnere sich, dass Benner Hegel und Herbart als schulpädagogische Autoren behandelt (vgl. Abschnitt 4). Beispiele für weitere "Vereinnahmungen" pädagogischer Klassiker liessen sich leicht finden. Wenn aber der Autor nicht Kriterium sein kann, was macht dann einen Text zu einem schulpädagogischen?

80 Bezüglich der Schulpädagogik der 60er Jahre moniert auch Apel eine "Abhängigkeit von anderen Sozialwissenschaften" (APEL 1990, S. 7). Auf die Pädagogik im allgemeinen bezieht sich der geradezu phobische Satz Meinbergs, die "Bildentwürfe der modernen Erziehungswissenschaft" stünden "unter der ‚Fremdherrschaft' der Sozialwissenschaften" (MEINBERG 1988, S. 11).

pädagogik[81] auf dubiose Konzepte psychologischen Ganzheitsdenkens zurückgegriffen und die aktuelle Diskussion, in der mit den Mitteln der Systemtheorie durchaus ähnliche Anliegen verfolgt werden, völlig übergangen wird. Unter dem Anspruch auf "einheimische Begriffe" blockiert die Schulpädagogik den interdisziplinären Austausch, entwickelt ihre eigenen Nachbardisziplinen und verliert dadurch den Anschluss an die aktuelle wissenschaftliche Auseinandersetzung.[82]

Die Kritik, die ich in diesem Abschnitt meiner Ausführungen formuliert habe, ist wohlverstanden nicht so zu denken, als würde die Schulpädagogik Theorien und Erkenntnisse anderer Disziplinen nicht *rezipieren*. Das tut sie sehr wohl und durchaus ausgiebig. Die Kritik zielt auf die Tatsache, dass die geforderte Interdisziplinarität *selbst produziert* wird und nicht das Ergebnis einer effektiven Zusammenarbeit mit den benachbarten Disziplinen darstellt. Insofern geht es um eine Vertiefung der Kritik an dem bereits zurückgewiesenen Ansinnen, die Schulpädagogik als Integrationswissenschaft und Supertheorie zu begründen (vgl. Abschnitt 2). Was Lehrkräfte brauchen könnten, wäre ein echtes interdisziplinäres Bemühen um Schule und Unterricht, aber nicht eine Einzeldisziplin, die sich anmasst, *alles* über den "Wirklichkeitsbereich Schule" (Steindorf) zu wissen. Interdisziplinarität bestünde im reziproken Austausch gleichwertiger Partner auf der Ebene von Forschung und Theorie. Dass es mit dieser Reziprozität im Falle der Schulpädagogik nicht allzu weit her sein kann, war aufgrund der Ausführungen zur wissenschaftstheoretischen Problematik des Faches zu erwarten. Denn Interdisziplinarität setzt Disziplinarität voraus. Wo diese nicht erreicht ist, kann jene schwerlich zustande kommen.

3.1.6 Schlussbemerkungen

Ausgehend von der Feststellung, die Frage nach der Zukunft der Schulpädagogik setze die Klärung ihrer Vergangenheit und Gegenwart voraus, haben wir uns mit einer Reihe von systematischen Problemen des Faches beschäftigt. Leitstern unserer Ausführungen war die Frage, inwiefern die Schulpädagogik eine wissenschaftliche Disziplin darstelle, die gleichberechtigt neben anderen

---

81 Es handelt sich bei der Arbeit um die Habilitationsschrift des Autors.

82 Bereits in bezug auf den schulpädagogischen Diskurs des 19. Jahrhunderts ist von der "splendid isolation" der Disziplin die Rede (OELKERS 1989, S. 136).

Disziplinen steht, die sich mit Schule und Unterricht befassen. Bei der Beantwortung dieser Frage sind wir auf fünf Hindernisse gestossen, die wir dafür verantwortlich machen, dass es der Schulpädagogik bisher nicht gelungen ist, sich als Wissenschaft unbestrittene Anerkennung zu verschaffen: die suggestive und doch unscharfe Bezeichnung des Faches, die fehlende Bestimmung eines eigenen Gegenstandes, die dubiose Idee einer praktischen Wissenschaft, der individualistische Begriff des Pädagogischen und der Mangel an reziprokem Austausch mit den Nachbardisziplinen.

Die Schulpädagogik hat sich vorschnell zur Wissenschaft erklärt. Noch erweckt sie nicht den Eindruck, eine "pädagogische Bereichsdisziplin" (APEL) zu sein. Eher imponiert sie als eine *besondere Art* von Pädagogik. Als "Pädagogik der Praktiker" unterscheidet sie sich – auch in ihrem Selbstverständnis – von der "Pädagogik der Theoretiker". Tatsächlich stellt die deklarierte Anbindung der Schulpädagogik an die praktischen Belange des Berufsfeldes Schule das grösste Hindernis dar, das wir diskutiert haben. Keine Wissenschaft kann unvermittelt der Praxis zudienen. Die Vorstellung Kunerts, die Schulpädagogik habe "unmittelbar praktische Bedeutung" (KUNERT 1980, S. 11), ist daher bestenfalls zur Illusionierung der Praktiker geeignet, aber nicht zur Grundlegung einer wissenschaftlichen Disziplin.

Insofern ist die Inflationierung des Wissenschafts- und Forschungsbegriffs, wie sie in schulpädagogischen Kreisen betrieben wird, eher ein Zeichen übereilter Profilierungsbemühungen denn Ausdruck von serener Wissenschaftlichkeit. Schon die Apelsche Unterscheidung einer "theoretischen Theorie" von einer "praktischen Theorie" ist ein Unding. Ähnliches gilt für das Ansinnen Benners, eine "praktische Handlungswissenschaft" von einer "theoretischen Erkenntniswissenschaft" abzugrenzen (BENNER 1977, S. 101). Auch der Begriff einer Berufswissenschaft weckt ungute Gefühle, wenn damit eine Sonderform von Wissenschaft gemeint ist.[83] Euphorische Etikettierungen der Schulpädagogik als Kooperations-, Integrations- und Innovationswissenschaft (TWELLMANN 1981, S. 15, 21) verwirren mehr als sie klären. Hastig hingeworfene Inklusionsvokabeln wie "empirisch-historisch-systematische Schulpädagogik" (GRUNDER 1995, S. 271) lassen offen, was gemeint ist. Vergleichbares gilt für

83 Apel schreibt, die Schulpädagogik sei "dabei, sich als eine Berufswissenschaft zu etablieren" (APEL 1990, S. 48). Keck und Sandfuchs sprechen davon, ihrem "Wörterbuch Schulpädagogik" liege "ein Verständnis zugrunde, das Schulpädagogik als Berufswissenschaft von Lehrer/innen auffasst" (KECK, SANDFUCHS 1994, S. 7). Gemäss Einsiedler versteht sich die Schulpädagogik als "Berufswissenschaft der praktizierenden Lehrer" (EINSIEDLER 1975, S. 16). Vgl. auch die Einleitung zu diesem Text und Anm 4.

die Forschungsmethoden. Der forcierte Wille, sich disziplinär zu profilieren, schottet die Schulpädagogik nicht nur theoretisch, sondern auch methodisch von ihren Nachbardisziplinen ab. Statt auf die gängigen Methoden der empirischen Sozialforschung setzt man auf scheinbar gegenstandsangemessenere Verfahren wie Aktions- und Praxisforschung.

Die Zukunft der Schulpädagogik liegt in der Überwindung der fünf Hindernisse, die wir diskutiert haben. Anerkennung als wissenschaftliche Disziplin wird sie dann finden, wenn sie darauf verzichtet, sich als akademischen Sonderfall zu stilisieren.

Literatur

Acham, K., Philosophie der Sozialwissenschaften. München: Alber 1983.

Apel, H.J., Schulpädagogik. Eine Grundlegung. Köln: Böhlau 1990.

Apel, H. J., Was ist Schulpädagogik? Vorüberlegungen zum Selbstverständnis einer pädagogischen Bereichsdisziplin, in: Pädagogische Rundschau 1993 (47), S. 389-411.

Apel, H.J., Schulpädagogik und pädagogische Bildung, in: ders. und Hans-Ulrich Grunder (Hrsg.), Texte zur Schulpädagogik. Selbstständnis, Entstehung und Schwerpunkte schulpädagogischen Denkens. Weinheim: Juventa 1995, S. 239-258.

Apel, H.J., Grunder, H.U., Die Schulpädagogik – Selbstverständnis, Entstehung, Schwerpunkte schulpädagogischen Denkens, in: dies. (Hrsg.), Texte zur Schulpädagogik. Selbstverständnis, Entstehung und Schwerpunkte schulpädagogischen Denkens. Weinheim: Juventa 1995, S. 7-34.

Ballauff, T., Biologie, in: Andreas Flitner (Hrsg.), Wege zur pädagogischen Anthropologie. Heidelberg: Quelle & Meyer 1963, S. 21-53

Benner, D., Was ist Schulpädagogik? in: Josef Derbolav (Hrsg.), Grundlagen und Probleme der Bildungspolitik. Ein Theorieentwurf. München: Piper 1977, S. 88-111.

Benner, D., Hauptströmungen der Erziehungswissenschaft. Eine Systematik traditioneller und moderner Theorien. München: List 1978 (2. Aufl.).

Benner, D., Grundstrukturen pädagogischen Denkens und Handelns, in: Dieter Lenzen und Klaus Mollenhauer (Hrsg.), Enzyklopädie Erziehungswissenschaft, Bd. 1: Theorien und Grundbegriffe der Erziehung und Bildung. Stuttgart: Klett-Cotta 1983, S. 283-300.

Benner, D., Vom Bildungssinn der Wissenschaften angesichts der Tatsache, dass die Aneignung von und der Umgang mit Wissenschaft nicht mehr ohne weiteres bilden, in: Philipp Gonon und Jürgen Oelkers (Hrsg.), Die Zukunft der öffentlichen Bildung. Bern: Lang 1993, S. 23-41.

Bittner, G., Die Weimarer Epoche – Geburtsstunde der "Überflüssigen Pädagogik", in: Neue Sammlung 1983 (23), S. 612-618.

Bollnow, O. F. Die anthropologische Betrachtungsweise in der Pädagogik, in: Eckard König und Horst Ramsenthaler (Hrsg.), Diskussion Pädagogische Anthropologie. München: Fink 1980, S. 288-298.

Bourdieu, P., Sozialer Sinn. Kritik der theoretischen Vernunft. Frankfurt: Suhrkamp 1993.

Brezinka, W., Metatheorie der Erziehung. Eine Einführung in die Grundlagen der Erziehungswissenschaft, der Philosophie der Erziehung und der Praktischen Pädagogik. München: Reinhardt 1978 (4. Aufl.).

Ebbinghaus, H., Abriss der Psychologie. Leipzig: Veit 1908.

Einsiedler, W., Schulpädagogischer Grundkurs. Donauwörth: Auer 1975 (2. Aufl.).

Einsiedler, W., Schulpädagogik – Unterricht und Erziehung in der Schule, in: Leo Roth (Hrsg.), Pädagogik. Handbuch für Studium und Praxis. München: Ehrenwirth 1991, S. 649-657.

Einsiedler, W., Schulpädagogik – Unterricht und Erziehung in der Schule, in: Hans Jürgen Apel und Hans-Ulrich Grunder (Hrsg.), Texte zur Schulpädagogik. Selbstverständnis, Entstehung und Schwerpunkte schulpädagogischen Denkens. Weinheim: Juventa 1995, S. 209-220.

Ernst, H., Humanistische Schulpädagogik. Problemgeschichte – Menschenbild – Lerntheorie. Bad Heilbrunn: Klinkhardt 1993.

Duncker, L., Kulturfragen der Schulpädagogik. Anstösse zur Überwindung des schultheoretischen Funktionalismus, in: Neue Sammlung 1992 (32), S. 17-33.

Geissler, G., Die Differenzierung der Erziehungswissenschaft in der Universität und das Problem einer Pädagogischen Fakultät, in: Zeitschrift für Pädagogik 1964 (10), S. 1-23.

Giesecke, H., Wozu ist die Schule da? Die neue Rolle von Eltern und Lehrern. Stuttgart: Klett-Cotta 1996.

Glöckel, H., Vom Unterricht. Lehrbuch der Allgemeinen Didaktik. Bad Heilbrunn: Klinkhardt 1990.

Grunder, H. U., Schule als Überbürdung – überbürdete Schule: und die Schulpädagogik? in: Hans Jürgen Apel und Hans-Ulrich Grunder (Hrsg.), Texte zur Schulpädagogik. Selbstverständnis, Entstehung und Schwerpunkte schulpädagogischen Denkens. Weinheim: Juventa 1995, S. 259-273.

Heiland, H., Zum Selbstverständnis der Schulpädagogik, in: Pädagogische Rundschau 1974 (28), S. 451-471.

Herbart, J. F., AllgemeinePädagogik aus dem Zweck der Erziehung abgeleitet, in: ders.: Sämtliche Werke, Bd. 2. Hrsgg. von Karl Kehrbach und Otto Flügel. Aalen: Scientia 1964, S. 1-139.

Herzog, W., Pädagogik und Psychologie. Nachdenken über ein schwieriges Verhältnis, in: Zeitschrift für Pädagogik 1994 (40), S. 425-445.

Hintz, D., Pöppel, K.G., Rekus, J., Neues schulpädagogisches Wörterbuch. Weinheim: Juventa 1993.

Hübner, K., Kritik der wissenschaftlichen Vernunft. Freiburg: Alber 1986 (3. Aufl.).

James, W., Psychologie und Erziehung. Ansprachen an Lehrer. Leipzig: Engelmann 1900.

Keck, R. W., Schulpädagogik, in: ders. und Uwe Sandfuchs (Hrsg.), Wörterbuch Schulpädagogik. Ein Nachschlagewerk für Studium und Schulpraxis. Bad Heilbrunn: Klinkhardt 1994, S. 298-299.

Keck, R. W., Sandfuchs, U., Einleitung, in: dies. (Hrsg.), Wörterbuch Schulpädagogik. Ein Nachschlagewerk für Studium und Schulpraxis. Bad Heilbrunn: Klinkhardt 1994, S. 7-8.

Kemper, H., Schultheorie als Schul- und Reformkritik. Frankfurt: Lang 1983.

Kessler, E., Krätzschmar, Chr., Schulpädagaogisches Repetitorium. Eine systematische Darstellung von Grundbegriffen und Basistheorien. Neuwied: Luchterhand 1993.

Klink, J.G., Ort und Inhalt der Schulpädagogik, in: Lebendige Schule 1966 (1), S. 1-8.

König, E., Ramsenthaler, H., Was kann die Pädagogische Anthropologie leisten? in: dies. (Hrsg.), Diskussion Pädagogische Anthropologie. München: Fink 1980, S. 36-54.

Koring, B., Zur Professionalisierung der pädagogischen Tätigkeit. Beiträge aus erziehungs- und sozialwissenschaftlicher Sicht, in: Arno Combe und Werner Helsper (Hrsg.): Pädagogische Professionalität. Untersuchungen zum Typus pädagogischen Handelns. Frankfurt: Suhrkamp 1996, S. 303-339.

Kron, F. W., Grundwissen Pädagogik. München: Reinhardt 1988.

Kunert, K., Einleitung des Herausgebers, in: Theodor Schulze: Schule im Widerspruch. Erfahrungen, Theorien, Perspektiven. München: Kösel 1980, S. 7-16.

Kunert, K. (Hrsg.), Schule im Kreuzfeuer. Auftrag, Aufgaben, Probleme. Ringvorlesung zu Grundfragen der Schulpädagogik an der Universität Tübingen. Baltmannsweiler: Schneider-Verlag Hohengehren 1993.

Luhmann, N., Soziologische Aufklärung 5. Konstruktivistische Perspektiven. Opladen: Westdeutscher Verlag 1993 (2. Aufl.).

Luhmann, N., Die Wissenschaft der Gesellschaft. Frankfurt: Suhrkamp 1994 (2. Aufl.).

Luhmann, N., Schorr, K.E., Reflexionsprobleme im Erziehungssystem. Frankfurt: Suhrkamp 1988.
Martial, I., v., Ludwig, H., Pühse, U. (Hrsg.), Schulpädagogik heute. Probleme und Perspektiven. Festschrift für Gerhard Steindorf zum 65. Geburtstag. Frankfurt: Lang 1994.
Meinberg, E., Das Menschenbild der modernen Erziehungswissenschaft. Darmstadt: Wissenschaftliche Buchgesellschaft 1988.
Nohl, H., Pädagogische Menschenkunde, in: Die Erziehung – Monatsschrift für den Zusammenhang von Kultur und Erziehung in Wissenschaft und Leben 1928 (4), S. 139-147.
Nohl, H., Pädagogische Menschenkunde, in: ders. und Ludwig Pallat (Hrsg.), Handbuch der Pädagogik, Bd. 2. Langensalza: Beltz 1929, S. 51-75.
Nyssen, E., Schön, B., Einleitung, in: dies. (Hrsg.), Perspektiven für pädagogisches Handeln. Eine Einführung in Erziehungswissenschaft und Schulpädagogik. Weinheim: Juventa 1995, S. 7-15.
Oelkers, J., Die grosse Aspiration. Zur Herausbildung der Erziehungswissenschaft im 19. Jahrhundert. Darmstadt: Wissenschaftliche Buchgesellschaft 1989.
Petersen, P., Grundfragen einer Pädagogischen Charakterologie. Nummer 10 der Veröffentlichungen der Akademie gemeinnütziger Wissenschaften zu Erfurt, Abteilung für Erziehungswissenschaft und Jugendkunde. Erfurt: Stenger 1928.
Plessner, H., Phänomenologie. Das Werk Edmuns Husserls (1859-1938), in: ders.: Zwischen Philosophie und Gesellschaft. Ausgewählte Abhandlungen und Vorträge. Frankfurt: Suhrkamp 1979, S. 43-66.
Popper, K. R., Objektive Erkenntnis. Ein evolutionärer Entwurf. Hamburg: Hoffmann & Campe 1974 (2. Aufl.).
Potthoff, W., Die Schulpädagogik im Ganzen der Erziehungswissenschaft, in: ders. (Hrsg.), Schulpädagogik. Freiburg: Herder 1975, S. 11-16.
Reimers, E., Schule, in: Hans-Hermann Groothoff (Hrsg.), Pädagogik. Fischer Lexikon. Frankfurt: Fischer 1964, S. 254-268.
Riedel, K., Schulpädagogik, in: Dieter Lenzen (Hrsg.), Pädagogische Grundbegriffe, Bd. 2. Reinbek: Rowohlt 1989, S. 1342-1356.
Roth, H., Empirische Pädagogische Anthropologie. Konzeption und Schwierigkeiten, in: Zeitschrift für Pädagogik 1965 (11), S. 207-221.
Schaffer, G., Bereiche der Schulpädagogik, in: Norbert Seibert, Helmut J. Serve und Helmut Zöpfl (Hrsg.), Schulpädagogik. Eine Einführung in die Themenbereiche Erziehung und Unterricht in der Schule. München: PimS-Verlag 1990, S. 7-18.
Scheuerl, H., Lässt sich Erziehungswissenschaft als Handlungstheorie zureichend konstruieren? in: Rainer Dieterich (Hrsg.), Pädagogische

Handlungskompetenz. Zum Theorie-Praxis-Problem in den Erziehungswissenschaften. Paderborn: Schöningh 1983, S. 249-257.
Schön, D. A., The Reflective Practitioner. How Professionals Think in Action. New York: Basic Books 1983.
Schulze, T., Schule im Widerspruch. Erfahrungen, Theorien, Perspektiven. München: Kösel 1980.
Steindorf, G., Einführung in die Schulpädagogik. Bad Heilbrunn: Klinkhardt 1976 (3. Aufl.).
Twellmann, W., Die Schulpädagogik als Wissenschaft von Schule und Unterricht, in: ders. (Hrsg.), Handbuch Schule und Unterricht, Bd. 1: Pädagogisch-personelle Aspekte der Schule und des Unterrichts. Düsseldorf: Schwann 1981, S. 3-23.
Tymister, J., Abriss der Geschichte der Schulpädagogik, in: Willy Potthoff (Hrsg.), Schulpädagogik. Freiburg: Herder 1975, S. 34-38.
Willimczik, K., Wissenschaftstheoretische Aspekte einer Sportwissenschaft. Frankfurt: Limpert 1968.
Wittenbruch, W., Schulpädagogik. Konstitutionsprobleme und die Vielfalt der Reflexionsansätze: in: Hans Jürgen Apel und Hans-Ulrich Grunder (Hrsg.), Texte zur Schulpädagogik. Selbstverständnis, Entstehung und Schwerpunkte schulpädagogischen Denkens. Weinheim: Juventa 1995, S. 190-208.
Zöpfl, H., Tschamler, H., Seitz, R., Schulpädagogik: Probleme der Gegenstands- und Aufgabenbestimmung, in: Helmut Zöpfl und Rudolf Seitz (Hrsg.), Schulpädagogik. Grundlagen – Probleme – Tendenzen. München: Ehrenwirth 1971, S. 15-22.

Herzog nennt das „wohltätiger Verkehr"...
möchtest Du mit mir die Interdisziplinarität pflegen?
Geyer
9.9.97

3.2 Seminarpädagogik. Zur Geschichte der Schulpädagogik in der Schweiz

Hans-Ulrich Grunder, Universität Tübingen

Probleme, die wir gegenwärtig als schulpädagogische Fragen diskutieren, wurden in der Schweiz seit dem Beginn der seminaristischen Lehrerinnen- und Lehrerbildung in den dreissiger Jahren des 19. Jahrhunderts weitgehend im Kontext der Lehrerinnen- und Lehrerseminare erörtert. Die nachmaturitären, universitären Lehrerausbildungen für Primar-, Gymnasial- (und später für Sekundarlehrkräfte) fügen diesem Diskurs kaum Nennenswertes hinzu. Mit ihren ‚Seminarpädagogiken' haben die Direktoren der Lehrerinnen- und Lehrerseminare die Verberuflichung angehender Lehrkräfte vorangetrieben. Wer in der schweizerischen Lehrerbildung an schulpädagogischen Belangen interessiert ist, sollte Ziele, Inhalte und Verfahrensweisen der ‚Seminarpädagogiken' mit dem zwischenzeitlich vorliegenden schulpädagogischen Wissen zu einem schulpädagogischen Curriculum für die tertialisierten Lehrerbildungen in der Schweiz zusammenfügen.

3.2.1 Schulpädagogik und Lehrerbildung: ein Nicht-Verhältnis

Bis heute sind die seminaristischen Lehrerausbildungsstätten in der Schweiz mit Ausnahme Genfs (Institut Jean-Jacques Rousseau, gegr. 1912) nicht abgeschafft worden. Zwar wurden in Zeiten der Akademisierungsdebatte einige *Oberseminare* gegründet. Damit wurde Lehrerbildung - und mit ihr schulpädagogisches Denken - quasi-universitär, ohne in der Folge jedoch einen universitären Anspruch gestellt oder ausgeprägt zu haben. Zu Beginn des 20. Jahrhunderts sticht diesbezüglich die Stadt Genf heraus: Die dortigen Exponenten von Pädagogik und Pädagogischer Psychologie (Claparède, Bovet, Ferrière, Malche, Dottrens, Piaget) tragen einen schulpädagogischen Reformimpetus von einmaliger Kraft in die Genfer Lehrerbildung. Sie tertialisieren sie und gliedern sie einem pädagogisch-psychologischen, schulpädagogischen sowie didaktisch-methodischen Experimentierfeld ein. Im Rahmen der Kontroverse um die école active, die éducation nouvelle oder die école moderne wurden in diesem Jahrhundert schulpädagogische Fragen in umfassender Manier ausschliesslich in Genf erörtert. Der Elan der Genfer Pädagogik hat die Sprachgrenze zu den deutschsprachigen Gebieten der Schweiz jedoch nicht überwinden können. Andererseits sind weder in der französischsprachigen noch in der deutschsprachigen Schweiz Lehrstühle für Schulpädagogik als eigenständige pädagogische Bereichsdisziplin eingerichtet worden. In die Ausbildung von Lehrkräften für die Sekundarstufe II sowie jener für Lehrkräfte der Sekundarstufe I, weiterreichende Ansprüche, fanden schulpädagogische Fragestellungen im geläufigen Sinn keinen Eingang. Das bedeutet jedoch nicht, dass nicht innerhalb der Ausbildung angehender Lehrkräfte inhaltlich-schulpädagogische Probleme bearbeitet worden wären.

Auf diese Differenz will ich hinaus. Dem eben Gesagten entnehme ich die Prämisse, welche meine Ausführungen leiten soll:

Die Geschichte der erziehungswissenschaftlich-berufspraktischen Fächer an den schweizerischen Lehrerbildungsstätten, insbesondere den Lehrerseminaren, entspricht der Geschichte der Schulpädagogik in der Schweiz. Dieses Konglomerat, das bis heute nie mit dem Begriff ‚Schulpädagogik' belegt worden ist, nenne ich ‚Seminarpädagogik' oder ‚Seminardirektorenpädagogik'.

Ich versuche drei Anläufe und füge eine Zusammenfassung an: Zunächst leuchte ich anhand eines Beispiels kurz das Gegenstandsfeld aus, wenn es um die im 19. Jahrhundert herbartianistisch geprägte Ecole Normale in Lausanne geht (2.). Darauf fokussiere ich die pädagogisch-theoretische und berufspraktische Ausbildung der schweizerischen Lehrerbildungsstätten (3.) und exponiere den Begriff der Seminardirektorenpädagogik (4.), den ich anhand des Bernischen Staatsseminars beleuchte. Schliesslich geht es um das integrierende Ziel der Lehramtsausbildung, der ‚guten Lehrerin', dem ‚guten Lehrer' (5.), bevor ich das Fazit ziehe (6.)

Welche uns heute als ‚schulpädagogische' Inhalte geläufigen Motive damals bedacht worden sind, zeigt ein Blick auf ein herausgegriffenes Lehrerseminar.

3.2.2 Die seminaristische Ausbildung in den pädagogischen Fächern: das Beispiel der Ecole Normale in Lausanne

In den ersten Jahrzehnten des 19. Jahrhunderts hatten die Waadtländer Behörden dem Wunsch nach einem ‚institut des régents' entsprochen. Die geplante Schule wird jedoch erst 1833 eröffnet: Für den ersten zweijährigen

Kurs melden sich einundvierzig Kandidaten an[84]. In einer von Direktoren und Lehrerschaft gelegentlich ‚als zu knapp bemessen' erachteten Zeitspanne sollen die intellektuellen und moralischen Fähigkeiten der Seminaristen ausgebildet und gefördert werden. Praxisnah zum Unterrichten angeleitet, sollen die Seminaristen danach ‚dem Volk dienen'. Zuviel der intellektuellenSchulung sei dagegen schädlich, wird einschränkend vermerkt. Im Fächerkanon des Seminars, der Ecoles Normales, bekleidet der vom Direktor verantwortete Pädagogikunterricht über Jahrzehnte hinweg einen herausgehobenen Status. Gleich anderen Fächern soll er unmittelbar praxisleitend sein: "La pédagogie doit être que le bon sens appliqué à l'éducation"[85]. Fünfzig Jahre nach Gautheys Aussage ergänzt die Kontroverse um seminaristische Ziele, Inhalte und Methoden ein neuer Aspekt ein - die Argumentation für oder gegen die ‚herbartianistische Doktrin', wie Lausanner Pädagogen den Ansatz der Herbart-Nachfolger bezeichnen. Guex wird ihn - vergleichbar nur mit den Herbartianern in Graubünden - radikalisieren. Jenseits aller Programme soll das Seminar laut Guex im jungen Menschen "den lebendigen Wunsch, Wissen zu wecken"[86] fördern, "indem es ihn lernt zu lernen"[87]. Ein echtes ‚établissement de culture générale' müsse das Seminar sein. Guex verankert den ‚erziehenden Unterricht' konform zu den Herbart-Zillerschen Vorschlägen[88]. Die "pédagogie scientifique représentée par les Herbart, les Ziller et les autres"[89] sei die einzige Pädagogik, die dem Schulehalten, so Guex, eine wissenschaftliche Basis verleihe: Danach fusst aller Unterricht auf einem moralischen Fundament. Und weiter: "En disciples convaincus de Pestalozzi, nous devons suivre la nature"[90]. Intuitiv sei das Kind vom ‚sensiblen Merken' zu ‚abstrakteren Konzepten' zu führen. Nie solle man Formeln oder Regeln vermitteln, die die Tatsachen nicht beachteten. So lauten die ‚offensichtlichen Prinzipien'[91]. Trotzdem sei jeder Fall neu daraufhin zu bedenken, inwieweit die Herbartsche oder herbartianistische Konzeption zur Lösung des Problems beitrage.

---

84 Für amtierende Lehrer sind ferner zweimonatige Sommer-Fortbildungskurse vorgesehen.
85 Direktor Gauthey, zit. von Chevallaz 1933, S. 15.
86 Mayor, Jayet, Guex 1896, S. 4
87 ebd., S. 6
88 ebd., S. 255
89 ebd., S. 255
90 ebd., S. 256/257
91 ebd., S. 256/257

1868 wird die ‚Ecole d'application', die Musterschule, wieder eröffnet. Nun verbringen die ‚normaliens' "einige Tage"[92] in der ‚Ecole d'application', um dort die praktischen Belange ihres Berufs zu erlernen.[93] 1868 wird Deutsch obligatorisch, was den Unterrichtsplan von 1872[94] nachhaltig belastet: Es sind über vierzig Stunden für die Jünglinge, erteilt zwischen Montag und Samstag, je von 7 Uhr früh bis 18 Uhr abends[95]. Auch die angehenden Lehrerinnen folgen dem Unterricht während wöchentlich annähernd vierzig Stunden. Direktor Delorme, ein streitbarer Verfechter der praktischen Seite der Lehrerausbildung, kämpft für die Verbindung von Theorie und Praxis. Über das Praktikum in der ‚Musterschule' hinaus möchte er jeden Kandidaten bei einem Lehrer einen ‚stage' absolvieren lassen.[96] Worin besteht die pädagogisch-theoretische Ausbildung?

Die angehenden Lehrer frequentieren einen Kurs in Historischer Pädagogik, darauf je einen in ‚méthodologie' und ‚éxercices pédagogiques'. In der zweiten Klasse wird ‚éducation morale' erteilt. In der dritten ‚éducation intellectuelle' und in der abschliessenden ‚éducation physique'[97].

Ab 1880 ersetzt der neue Leiter, François Guex, die ‚akademischen Kurse' durch ‚freie Diskussionen' und die traditionellen ‚Übungslektionen' durch längeres Hospitieren. Nach den Schulbesuchen bereiten die Kandidaten schriftlich eigene Lektionen vor. Vom Übungslehrer durchgesehen und ‚korrigiert', werden sie dann auch gehalten und eingehend besprochen. Ab 1895 veranstaltet Guex an der Übungsschule ‚Modellektionen', die mit der gesamten Klasse inszeniert und dann beurteilt und kritisiert werden[98,99] Mit Guex' Professionalisierungstrategie werden die älteren Schülerinnen und Schüler verpflichtet, die Pädagogikvorlesungen des Seminardirektors an der Universität zu besuchen. Dieser bevorzugt nachdrücklich ein "système herbartien corrigé"[100], eine revi-

92 Junod 1983, S. 101

93 Zur Musterschule, die 1888 wieder eröffnet worden ist, vgl. Mayor, Jayet, Guex 1896, S. 216 ff.

94 ACV, K XIII 118

95 Ausgenommen ist der Samstag, wo der Unterricht nur bis Mittag dauert

96 Vgl. ACV, K XIII 120, Vorschlag Delormes vom 11. Oktober 1876.

97 Vgl. ACV, K XIII 123/1, Jahresbericht von 1888, im Manuskript: S. 230.

98 Dieses in der Schweiz in entsprechender Intensität nirgendwo gepflegte und deshalb einzigartige Instrument zur praktischen Qualifikation angehender Lehrkräfte, geeignet für eine "union entre la théorie et la pratique" (GUEX, ACV, K XIII 123/2, Jahresbericht von 1894, im Manuskript: S. 16) ist v erloren gegangen.

99 Vgl. ACV, K XIII 123/1-3, Jahresberichte von 1890-1914.

100 Junod 1983, S. 110

dierte herbartianische Lehre. Er vertritt zwar den ‚erziehenden Unterricht' weiterhin[101], lehnt aber eine Kulturstufentheorie ab[102]. Auf Herbarts fünf formale Stufen des Unterrichts indessen wird insistiert[103]. Guex ist bezüglich Zielen Pestalozzianer, was die Methoden angeht Herbartianer und, was die Einstellung zu den Lernenden betrifft, früher Reformpädagoge.
Guex' Nachfolger Savary reformiert neben dem Mädchenseminar auch die Haushaltungslehrerinnenausbildung und etabliert 1915 in den unteren Klassen der Übungsschule die rhythmische Gymnastik nach Jaques-Dalcroze[104]. Georges Chevallaz, seit 1919 am Seminar tätig und schliesslich bis 1953 dessen Direktor, wird die pädagogischen Studien koordinieren und die Stundenzahl reduzieren
Soweit das Beispiel, das nun in den Kontext der anderen Lehrerausbildungsstätten zu stellen ist.

3.2.3 Versuch einer Übersicht: Die pädagogisch-theoretische und berufspraktische Ausbildung in den schweizerischen Lehrerseminaren

Neben einigen aktiven Lehrern sind es hundertsechzig Jahre lang die Direktoren, die sich öffentlich für die Belange ihres Instituts engagieren. Sie kämpfen für bessere Lebens- und Lernbedingungen, für mehr Freiheit, weniger Stoff, für eine ‚offenere' Schule und die Chance der Zöglinge, sich ihren eigenen Massgaben gemäss entwickeln zu können. Die wichtigsten Fragen kreisen um die Verberuflichung der Seminaristen, also um die Kompetenz der angehenden Lehrer, was wissenschaftliches und theoretisch-pädagogisches Wissen anbelangt oder um das nachdrücklich als Idealzustand postulierte ‚Verschmelzen' von theoretischer und praktischer Ausbildung. Was bedeutet dies für die pädagogisch-theoretischen und berufspraktischen Fächer?
Am Luzerner Seminar in *Hitzkirch* geht es um die Inhalte des Pädagogik- und des Methodikunterrichts sowie um eine Liberalisierung des Unterrichts und des Seminardaseins. 1869 gestattet der luzernische Erziehungsrat dem Seminar-

---

101 Vgl. den Brief Guex' an den Lehrer A. Hillebrand aus Neuchâtel vom 18. September 1899; ACV, K XIII 122/71.

102 da sie in nationaler Optik nicht anwendbar sei

103 Chevallaz 1933, S. 27/28

104 ACV, K XIII 123/3, Jahresbericht von 1915, im Manuskript: S. 49; vgl. dazu den Brief Chevallaz' an Dalcroze: ACV, K XIII 122/78, 13. November 1926.

direktor, in Pädagogik das Dittessche Lehrbuch, den ,Grundriss der Erziehungs- und Unterrichtslehre', zu verwenden[105]. Der Unterricht[106] behandelt demgemäss die Themen ,Körperliche Erziehung', ,Elemente der Psychologie und Erziehung, des Verstandes, Gemüthes und Willens, nach Dittes'. Der Methodikunterricht entwickelt sich damit allmählich zu einer ,allgemeinen Unterrichtslehre', zu einem durchaus systematisch aufgebauten Lehrgebäude. Unterrichtet wird gemäss Sterners ,Methodik der Volksschule'[107]. Im übrigen ist der Anteil der Praktika der Seminaristen als Hospitanten und ,Hilfslehrer' an der Übungsschule verstärkt worden, eine Aktivität, die man ab 1907 ,Lehrerpraxis' nennt[108].

Das kantonale Prüfungsreglement[109] von 1900 verlangt ,Kenntnisse in den Grundzügen der Seelenlehre', der ,körperlichen und geistigen Erziehung' sowie der ,wichtigsten Erziehungstheorien und Erziehungsmittel'. Ferner wird, wie im Seminar Solothurn, nach ,pädagogischen Lebensbildern aus älterer und neuerer Zeit' gefragt. Der dreistündige Pädagogikunterricht wird ausschliesslich in der obersten Klasse erteilt[110]. Als Pädagogiklehrer wirken, wie in allen anderen schweizerischen Seminaren, durchwegs die Seminardirektoren. Direktor Rogger ist der erste Hitzkirchner Dozent, der mit den Abschlussklassenschülern Quellentexte liest: Er nimmt sich die ,Klassiker' der Pädagogik vor, darunter Comenius, Rousseau und Pestalozzi.[111]

In *Solothurn* lässt Direktor Gunzinger die Inhalte selbständig erarbeiten[112]. Jeder Schüler muss dann zwei Persönlichkeiten oder Epochen aus der Geschichte der Pädagogik präsentieren. Ab 1901/1902 werden die Referate um einen wöchentlichen ,Pädagogischen Aufsatz' ergänzt.

Direktor Wettstein verwandelt kurz vor der Jahrhundertwende das *Zürcher* Seminar in eine naturwissenschaftlich ausgerichtete, professionalisierende Leh-

---

105 ASH, Reg. 1. 0. 2., Brief vom 21. Oktober 1869 an K. J. Stutz

106 ASH, Reg. 1. 1. 6., Jahresbericht 1870/1871, S. 8

107 ASH, Reg. 1. 1. 6., Jahresbericht 1904/1905, S. 8/9

108 ASH, Reg. 1. 1. 6., Jahresbericht 1906/1907, S. 13

109 ASH, Reg. 1. 0. 7

110 Als Lehrmittel werden dort, mitunter jahrzehntelang, eingesetzt (vgl. ACHERMANN 1969, S. 147): Wiederum Dittes' ,Grundriss der Pädagogik' (1868-1878), Allekers ,Pädagogik der Volksschule' (1878-1905), Kunz' ,Grundriss der allgemeinen Erziehungslehre' (1905-1939), Roggers ,Pädagogik als Erziehungslehre', Kellners ,Kurze Geschichte der Erziehung und des Unterrichts' (1878-1906), Baumgartners ,Geschichte der Pädagogik' (1906-1963) und Achermanns ,Geschichte der abendländischen Erziehung'. Um die Jahrhundertwende benützt der Direktor ein neues Lehrbuch: Stössels ,Psychologie' (ASH, Reg. 1. 1. 6., Jahresbericht 1903/1904, S. 10).

111 Rogger 1945, Rogger 1950

112 Vgl. Jahresbericht 1895/1896, S. 16

rerausbildungsstätte. Das beinhaltete: "Vermittlung einer genügenden und gründlichen Allgemeinbildung;(...) (und) bessere Vorbereitung auf die Unterrichtsführung in der Volksschule."[113] Der Lehrplan in Pädagogik der zweiten und dritten Klasse sieht zwei Stunden Geschichte der Pädagogik vor, während in der vierten drei Stunden Allgemeine Pädagogik gelehrt werden.
Bevor ich anhand der Direktoren des Bernischen Lehrerseminars den Begriff der ,Seminardirektorenpädagogik' illustriere, hier die Synopse der pädagogischen, didaktischen, methodischen und berufspraktischen Ausbildung an den Lehrerseminaren in der Schweiz (1939; vgl. BRENNER).

Umfang der Lehrerausbildung der Kantone in zehn Jahren im Verhältnis zu ihrer Primarschülerzahl.

	Lehrer und Lehrerinnen	Schüler	Lehrkräfte in Promille der Schüler	Überschuß bezw. Mangel	in Promille der Schüler
Zürich	835	55 000	15	— 44	— 1
Bern	1211	86 000	14	+ 237	+ 3
Luzern	303	24 000	12,6	+ 101	+ 4
Schwyz	210	8 700	24	+ 130	+ 15
Nidwalden	15	2 200	7	+ 10	+ 4,5
Zug	325	2 000	162	+ 315	+ 158
Freiburg	458	25 000	18	+ 164	+ 6,6
Solothurn	193	19 000	10	+ 73	+ 4
Baselstadt	74	7 300	10	—	—
Schaffhausen	124	5 300	23	+ 77	+ 14
St. Gallen	286	33 000	8,7	+ 57	+ 2
Graubünden	419	16 000	26	+ 156	+ 10
Aargau	447	31 000	14	+ 79	+ 2,5
Thurgau	235	16 000	15	+ 93	+ 6
Tessin	324	16 000	20	+ 154	+ 9,6
Waadt	488	33 000	15	— 4	—
Wallis	424	24 000	18	+ 229	+ 9,5
Neuenburg	366	10 000	36	+ 262	+ 26
Genf	100	10 000	10	— 3	—
Uri, Schwyz, Unterwalden, Zug u. App. I. Rh. zus.	550	22 700	23	+ 407	+ 18

Abb. (S.156-158): Die pädagogische, didaktische methodische und berufspraktische Ausbildung an den Lehrerseminaren in der Schweiz (Brenner 1939, S. 55, 57, 65)

113 Schälchlin 1942, S. 11.

1. Vorbildung und Ausbildungszeit der Primarlehrer in den Schweizer Seminarien

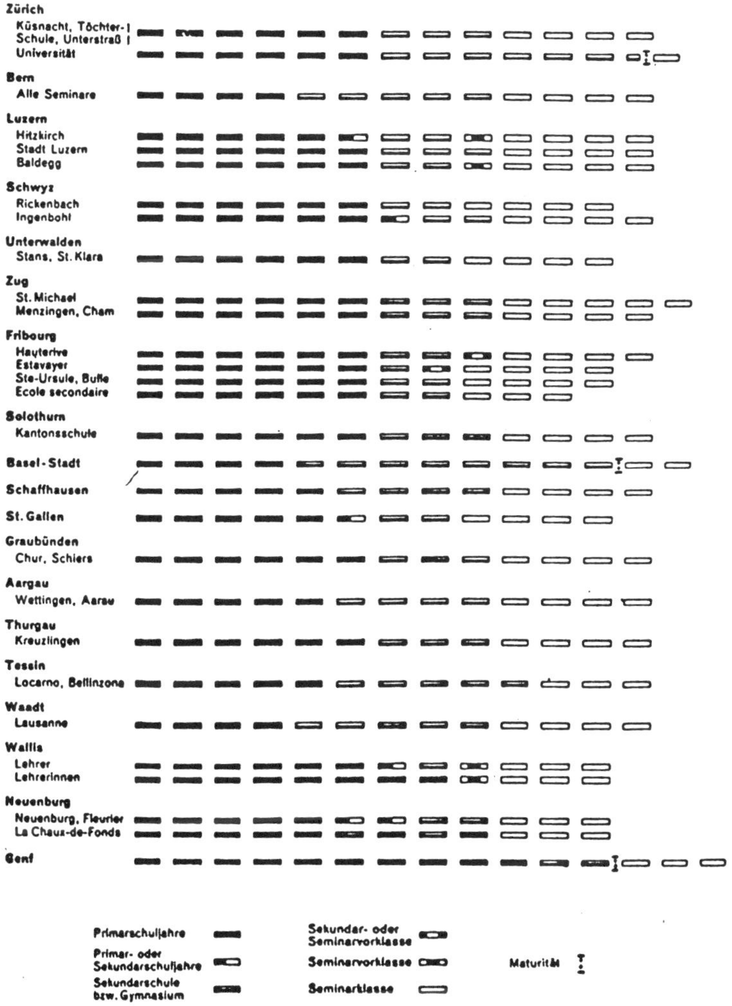

Lehrplan der Schweizer Seminare

1. Pädagogische Ausbildung

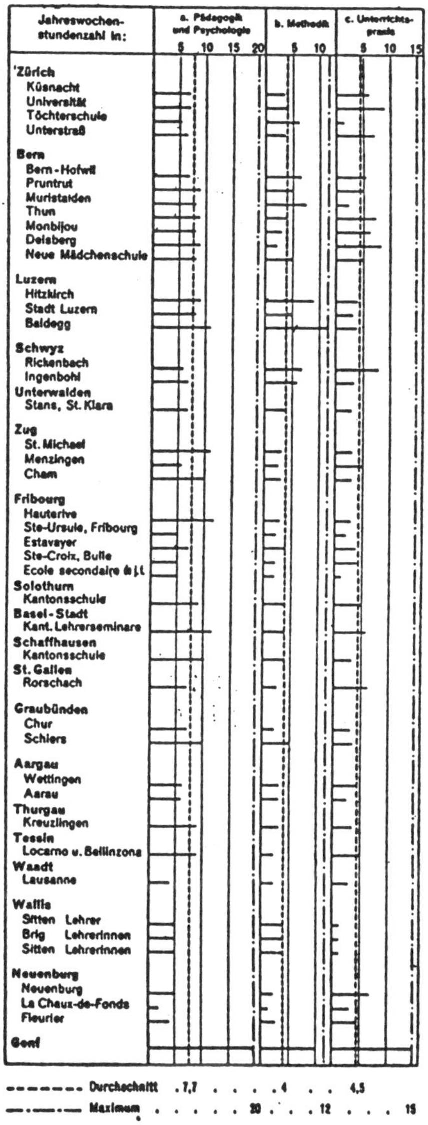

Aargau	1.	Das kantonale Schullehrerseminar in Wettingen
Bern	2.	Das staatl. Lehrerseminar für den deutschen Kantonstheil in Münchenbuchsee
	3.	Das staatl. Lehrerinnenseminar für den deutschen Kantonstheil in Hindelbank
	4.	Die kantonale Normalschule des bern. Jura in Pruntrut, Lehrerseminar für den französischen Kantonstheil
	5.	Die kantonale Normalschule des bern. Jura in Delsberg, Lehrerinnenseminar für den französischen Kantonstheil
	6.	Die Fortbildungsklassen der Einwohner-Mädchenschule in Bern, Anstalt zur Bildung von Lehrerinnen
	7.	Die Fortbildungsklassen der „Neuen Mädchenschule in Bern“, Privatanstalt zur Bildung von Lehrerinnen
	8.	Evangel. Privat-Lehrerseminar auf dem Muristalden in Bern
	9.	Das schweiz. Armenerzieher-Seminar in der Bächtelen bei Bern, Privatanstalt
Freiburg	10.	Die kantonale Normalschule zu Altenryf, Lehrerseminar (Ecole normale et d'agriculture à Hauterive)
Graubünden	11.	Das kantonale Lehrerseminar in Chur
	12.	Privaterziehungsanstalt und Seminar in Schiers
Luzern	13.	Das kantonale Lehrerseminar in Hitzkirch
Neuenburg	14.	Die pädagogische Section der Akademie in Neuchâtel (Section de pédagogie)
	15.	Das Privat-Lehrerseminar in Grandchamp bei Boudry
	16.	Die obere Klasse der Töchtersekundarschule (des Terreaux) in Neuchâtel
Schwyz	17.	Das kantonale Lehrerseminar in Rickenbach bei Schwyz
	18.	Das Mutterhaus der Lehrschwestern in Ingenbohl, Privatinstitut der barmherz. Schwestern vom heiligen Kreuz
Solothurn	19.	Das kantonale Lehrerseminar in Solothurn
St. Gallen	20.	Das kantonale gemeinsame Lehrerseminar bei Mariaberg, Rorschach
Tessin	21.	Der pädag. u. method. Kurs für angehende u. angestellte Lehrer (Scuola metoda)
	22.	Method. Kurs für Lehrerinnen, abwechs. an den 3 Hauptorten (Corso di metodica)
Thurgau	23.	Das kantonale Lehrerseminar in Kreuzlingen
Waadt	24.	Die kantonale Normalschule (Ecole normale) in Lausanne, Lehrerseminar
	25.	Die kantonale Normalschule (Ecole normale) in Lausanne, Lehrerinnenseminar
Wallis	26.	Die 4 Normalschulen für Lehrerbildung (Ecoles normales), Normalschule für angehende und angestellte deutsche Lehrer, in Sitten
	27.	Normalschule für französische Lehrer in Sitten (früher in St. Moritz)
	28.	Normalschule für deutsche Lehrerinnen in Brig
	29.	Normalschule für französische Lehrerinnen in Sitten
Zug	30.	Lehrerinnenseminar und Pensionat des Instituts in Menzingen, Ordenshaus der Lehrschwestern vom heiligen Kreuz
Zürich	31.	Das kantonale Lehrerseminar in Küsnacht
	32.	Das evangel. Privat-Lehrerseminar in Unterstrass bei Zürich

	Jahr der Gründung.	Bildungszeit.	1868/69 Zahl der Zöglinge.	Eintrittsalter.	Selbständig oder verbunden.	Internat oder Externat?
1.	1822	4 Jahre	78	mindestens das erfüllte 15. Jahr	selbständig	Konvikt mit Zimmersystem
2.	1833	3 Kurse	122	16 „	ditto	Konvikt
3.	1838	2 Kurse	28	17 „	ditto	ditto
4.	1837	3 Kurse	32	17 „	ditto	ditto
5.	1848	2 Kurse	29	16 „	ditto	ditto
6.	1841	3 Kurse	30	16 „	verb. m. Töchterschule	Externat
7.	1851	2 Klassen	56	16 „	ditto	Pens., Eintritt frei
8.	1856	3 Jahre	59	16—17 „	selbständig	Internat
9.	1862	4 Jahre	36 Lehrerzögl.	16 „	verb. mit d. Rettgsanst.	Konvikt
10.	1858	2 Jahre	33 Lehrerzögl.	14—16 „	verb. mit landw. Schule	ditto
11.	1852	$3^{1}/_{2}$ Jahre	71	14 „	verb. m. Kantonsschule	ditto
12.	1837	3 Jahre	36 Seminaristen	15 „	verb. m. Privatrealsch.	ditto
13.	1799	4 Klassen	Obere Klasse 17	14 „	verb. m. e. Bezirkssch.	Ext., Kost u. Logis in Privathäusern
14.	1867	2 Kurse	58 (19 regelm. Schüler)	15 „	verb. m. der Akademie	Externat
15.	1866	2 Kurse	30	15 „	selbständig	Internat
16.	1860	2 Kurse	24 Theilnehmerinnen am päd. U.	16—17 „	verb. m. Töchterschule	Externat
17.	1856	3 Kurse	29	16 „	selbständig	Konvikt
18.	1855	2 Jahre	14 Lehrerinnen-[zögl.	15—24 „	verb. mit Pensionat	ditto
19.	1834	3 Jahre	32	16 „	unabhängig	ditto
20.	1857	3 Jahre	31	15 „	selbständig	ditto
21.	1837	2 Monat (aber 2 Kurse)	30	?	ditto	?
22.	1837	ditto	80	?	ditto	?
23.	1833	3 Jahre	74	16 „	ditto	Konvikt
24.	1833	4 Jahre	75	16 „	ditto	Kosthaussystem
25.	1837	2 Jahre	45	16 „	ditto	ditto
26.	1846	2—3 Monat (3 Kurse)	14	?	ditto	ditto
27.	1846	ditto	31	?	ditto	ditto
28.	1848	ditto	13	?	ditto	ditto
29.	1848	ditto	25	?	ditto	ditto
30.	1844	2 Jahre	?	?	verb. mit Pensionat	Konvikt
31.	1832	4 Jahre	134	15 „	selbständig	Konv. für 72, E. frei
32.	1868	4 Jahre	21	15 „	ditto	Internat

Abb.: Anstalten zur Heranbildung von Primarlehrern (Schlegel 1874, S. 87)

3.2.4 ‚Seminardirektorenpädagogik' am Beispiel Berns

1860 wird Hans Rudolf Rüegg als Nachfolger von Heinrich Morf (1852-1860) zum Direktor des Seminars gewählt. Die Schule wird in Münchenbuchsee mit Konvikt geführt. Zwei Jahrzehnte später sollte sie in das ‚grosse Haus' ehemals von Fellenbergs in Hofwil umziehen. In den ersten Jahren seiner Amtszeit unterstreicht Rüegg die allgemeine Bildung des Primarlehrers, die "allseitige, gediegene und gründliche Bildung"[114], wie er sagt. Rüegg sucht den einzelnen in der "Erhebung zur Selbständigkeit des Charakters zu unterstützen"[115]. Psychologie und Pädagogik, von ihm erteilt, erhalten "jetzt eine hervorragende Stellung"[116]. Sie erschliessen "auf streng logischem und systematischem Wege ein wohlgefügtes Ganzes"[117]. Die Pädagogik war zur Leitdisziplin ge-worden: "Die Grundlage dieses Unterrichts bildete die Kenntnis des mensch-lichen Körpers und seiner Funktionen und die Kenntnis der Seelentätigkeiten, die Anthropologie, Psychologie und ihre Beziehungen zu einander. Auf dieser Basis baute sich in streng logischer Deduktion die eigentliche Erziehungslehre auf, aus welcher hinwiederum die erzieherischen Vorschriften und methodischen Gesetze sich ergaben. Die letzteren wurden in der speziellen Methodik den einzelnen Schulfächern angepasst und durch Musterlektionen befestigt."[118] Mit dem Ziel, "die wesentlichen Lehren der Pädagogik übersichtlich"[119] zu referieren, erscheint 1866 Rüeggs ‚Pädagogik in übersichtlicher Darstellung'. Die Zeitspanne von 1860 bis 1880 deute ich als ‚Zeit der sanften Seminarreformen'. Das Tempo der Reform am Seminar Münchenbuchsee-Hofwil verlangsamt sich während der folgenden zähflüssigen Periode bis 1905. So entspricht der Regierungsrat bis 1904 aus finanziellen Gründen dem Wunsch nach einer vierjährigen Ausbildung nicht. Dass Direktor Martigs Wunsch nach einheitlich vorgebildeten Seminarkandidaten durchaus berechtigt ist, belegen die Probleme der Prüfenden bei den Aufnahmeexamen. Notengebung und die bissigen Notizen im aktuellen ‚Verzeichnis der Seminaraspiranten für 1881' sprechen eine deutliche Sprache[120]. Ausgesprochen schlechte Zensuren von Schülern, deren intellektuelle und moralische Eigenschaften beträchtliche Spannweiten

114 Zit. von Martig 1883, S. 147

115 ebd., S. 147

116 ebd., S. 156

117 Martig 1883, S. 156, vgl. Rüegg 1866, Rüegg 1876, Rüegg 1886

118 Martig 1883, S. 157

119 Rüegg 1866, S. III

120 SEB, Akten 1871-1881

abdecken, lassen die examinierenden Lehrer verzweifeln - als amüsante Reminiszenz: "langsam", "Begabung eher mittelmässig", "stösst sich am r", "befriedigende Begabung, sagt gar nichts", "verrückt", "recht guter Eindruck", "treffliche Begabung", "ziemliche Fassungskraft", "Lesen: recht verständnisvoll". Angaben zur Gesundheit illustrieren, dass viele Aspiranten den Mindestanforderungen nicht zu genügen vermögen: Kandidaten mit "Blutarmut", "nicht ganz normaler Sehschärfe", "Gelenkrheumatismus, aber ohne Folgen", "Anämie, als Kind Scharlach", "grossen Mandeln", können nicht ins Seminar aufgenommen werden. In einem Brief schreibt Martig am 5. Januar 1884, um seiner Aufgabe zu genügen, müsse der angehende Lehrer "in der äusserst zahlreichen Fachliteratur und in den verschiedenen Schulfragen fortwährend wohl orientiert sein, also auch sehr viel studieren"[121].

Bemerkenswert ist die Liste von Martig Examensthemen. 1886 schreiben die Seminaristen im Fach Pädagogik über ‚die Schulstrafen, Arten, Anwendung und Beurteilung derselben' und erörtern darüberhinaus das Problem ‚Pestalozzi und seine Verdienste um die Volksschule'. Eine andere Gruppe verfasst einen Text zur ‚fragenden Lehrform und ihrer richtigen Anwendung in der Schule' und erwägt ‚die Philanthropine, Vorzüge und Mängel ihrer Erziehung'. Martig kritisiert den *klassenorientierten Frontalunterricht*, während er sich für den *individualisierend-fragend-entwickelnden Frontalunterricht*[122] einsetzt. Martigs Lehrplan in Pädagogik spezifiziert die Themen: Allgemeine Erziehungslehre, Aufgabe und Umfang der Erziehung, Zögling und Erzieher, Pflege, Schulgesundheitspflege, Zucht und Unterricht.[123] Im Gebiet der Schulkunde spricht man über Schulwesen, Schulordnungen, Behörden, Stundenplan, Schulführung und Lehrerpersönlichkeit. In Geschichte der Erziehung diskutiert man ‚Hauptmomente in der Geschichte mit Berücksichtigung der Volksschule' sowie ‚hervorragende Pädagogen' und das bernische Volksschulwesen. Am 3. Oktober 1905 wird das ‚Oberseminar', in der Berner Länggasse kurz zuvor fertiggestellt, endlich eröffnet. Martig hat einige Monate vorher[124] demissioniert, um eine ‚junge Kraft', wie er sagt, beginnen zu lassen. Die Epoche der programmatischen, aber überstürzten Reformen setzt ein.

---

[121] Brief vom 5. Januar 1884, SEB, Akten 1884-1890

[122] Vgl. dazu andere Schriften Martigs: Martig 1888, 1901.

[123] In schriftlichen Arbeiten haben die Seminaristen die nachstehenden Probleme erwogen: Der erziehende Unterricht, Lienhard und Gertrud, Luthers pädagogische Grundsätze, Rousseaus Erziehungslehre, Licht- und Schattenseiten pietistischer Erziehung, die Herbart-Zillersche Didaktik.

[124] Brief Martigs an die Direktion des Unterrichtswesens vom 18. Januar 1905, SBE, Akten folgende.

Nebst drei anderen Kandidaten hatte Dr. Ernst Schneider, geboren 1878, die Stelle des Seminardirektors interessiert. Der junge, eben berufene Direktor beschwört 1905 die nach ‚Neugestaltung ringende, pädagogisch fruchtbare Zeit' und das ‚frohe, jugendfrische Schaffen, das vorwärts strebende Geistesleben', das ins Seminargebäude einziehen soll. Darauf fragt er, welche Aufgabe der Lehrerbildung gegenwärtig harre: Es sei, so meint er, deren gutes Recht, "den Lehrer dem Künstler an die Seite zu stellen"[125]. Diesem Ansatz folgend ruft er aus: "Nicht wiederkäuen! Geistige Durchbildung !"[126] Zum einen ist der Lehrer in philosophische Fragestellungen einzuweihen. Zum anderen hat Schneider zufolge die zeitgenössische kunstpädagogische Strömung gelehrt, dass Gemütsleben, Heiterkeit, Fröhlichkeit, Leben und Liebe in die Schule gehören. Das hiesse freilich nicht, Schule sei grundsätzlich neu zu gestalten. Immerhin - so Schneider vorsichtig andeutend - wolle er einige ‚moderne' Aspekte beachten: "Denn jedes Wissen ist erst dann echtes Wissen, wenn Gefühlsmomente damit verbunden sind."[127] Hierin liege der Schlüssel. Damit sei die Überbürdungsfrage endlich lösbar. Nicht quantitative Reduktion, sondern qualitatives Vertiefen sei das Ziel, meint Schneider - neben psychologisch richtigem Anordnen des Stoffs. Hatte nicht Martig Jahrzehnte zuvor mit beinahe denselben Worten Gleiches und mit entsprechenden Begriffen Vergleichbares ausgedrückt? Die Epoche der administrativen Reformen nach Schneiders Weggang von Bern steht bezüglich der erziehungswissenschaftlichen Ausbil-dung in einem kaum krass genug auftretenden Gegensatz zum Wirken Schneiders. Wenngleich sich mit dem neuen Direktor, Johann Zürcher, zunächst wenig zu verändern scheint[128], fällt ein Faktum unmittelbar auf: Pädagogik, Methodik und Didaktik sind nach 1915 keine Diskussionsthemen mehr. Ist die Pädagogik, derentwegen Schneider demissionieren musste, tatsächlich, wie die Quellen suggerieren, wie vom Tisch gewischt?

Ich fasse zusammen:
In der Kontroverse um die pädagogischen, gelegentlich ‚berufskundlich' genannten Fächer, besetzen, wie das Beispiel zeigt, die Direktoren und die Methodik- und Übungslehrer entscheidende Positionen. Sie erteilen Lektionen, die am Seminar traditionell hoch bewertet werden. Jahrzehntelang, bis sich der

---

125 Reden 1905, S. 16

126 ebd., S. 16

127 ebd.,S. 19

128 So bleibt etwa die Stundentafel dieselbe.

‚Lehrer für Pädagogik' allmählich herausgebildet hat - nach 1915 in Bern, nach 1928 in Kreuzlingen -, unterrichten die Seminarleiter Pädagogik inklusive die Historische Pädagogik, sowie Psychologie und damit die Pädagogische Psychologie, die Methodik und ebenso Schulkunde und Lehrübungen. Heute würden wir dieses Konglomerat unter dem Begriff der ‚Schulpädagogik' fassen. Für die damalige Zeit habe ich es ‚Seminardirektorenpädagogik' genannt. Weil sie ihrem Unterricht selbstverfasste, staatlich anerkannte Lehrmittel unterlegen oder auf der Basis eigener Manuskripte unterrichten[129], profiliert der jeweilige pädagogische Ansatz eines Seminardirektors seine Institution, obwohl die Differenzen zwischen den ‚Seminardirektorenpädagogiken' lediglich in konfessioneller Hinsicht erheblich sind.

Das Ziel aller Semindardirektoren liegt darin, mittels einer qualitativ hochstehenden, theoretisch-berufspraktischen Ausbildung ‚gute Lehrkräfte' heranzubilden.

---

129 Die 1888 publizierte und 1911 neuaufgelegte ‚Anschauungs-Psychologie mit Anwendung auf die Erziehung. Für Lehrer- und Lehrerinnen-Seminarien' setzt mit den Abschnitten ‚Die Aufgabe der Psychologie', ‚Die Quellen der Psychologie' und ‚Die Einteilung der Psychologie'. Sie ist dann in fünf Kapitel gegliedert. Martig verspricht, von Beispielen, Beobachtungen, Erfahrungen und Fakten auszugehen, weil die Psychologie dergestalt dem Seminaristen vermittelt erst verständlich werde. Da das Buch "die Veranschaulichung der Gedanken durch Beispiele" durchwegs anstrebe, trage es den entsprechenden Titel. Jeder Absatz weist folgerichtig drei Teile auf: ‚Beispiele und Besprechung', ‚Zusammenfassung' und ‚Anwendung auf die Erziehung'. Die auf dreihundert Seiten hergeleiteten und begründeten Aussagen belegen, wie Martig die Herbartsche Pädagogik versteht und nun versucht, sie mit seinem Verständnis von Pestalozzis Gedanken zu verbinden. Dies geschieht etwa in folgender Manier: "Ihrer hohen Bedeutung gemäss verlangt die Aufmerksamkeit auch eine sorgfältige Pflege, namentlich im Unterricht. Hiezu dienen I. ein guter Unterricht und II. eine gute Ordnung und Zucht (Disciplin). I. Die hauptsächlichen Mittel, welche im Unterricht die Aufmerksamkeit fördern, sind: 1. Angemessene Stärke der Sinneseindrücke und Reiz des Neuen. 2. Förderung des Interesses und der Apperzeption. 3. Anregung der Kinder zur Selbsttätigkeit. 4. Isolierung des Gegenstandes und Konzentration auf einen Punkt. 5. Zweckmässige Beschäftigung. 6. Richtige Abwechslung und Vermeidung von ÜBERANSTRENGUNG."

Abb.: Die Direktoren des Lehrerseminars Bern-Hofwil/Bern: Hans Rudolf Rüegg (1824-1893; Direktor in Hofwil 1860-1880; links), Emanuel Martig (1833-1906; Direktor in Hofwil 1880-1905; rechts oben), Ernst Schneider (1878-1956); Direktor in Bern 1905-1915; rechts unten)

3.2.5 Das integrierende Ziel der pädagogisch-theoretischen und berufspraktischen Ausbildung der Lehrkräfte: Die ‚gute Lehrerin', der ‚gute Lehrer'

Die Lehrerbildungsstätten in der Schweiz bemühen sich seit ihrer Gründung, ‚gute Lehrkräfte' auszubilden. Was aber hat eine ‚gute Lehrkraft' an Kenntnissen, Fertigkeiten und Fähigkeiten mitzubringen? Einer der Höhepunkte des langandauernden Streits, der die berufsqualifizierenden Fächer im Brennpunkt sieht, stellt die Epoche der Reformpädagogik zu Beginn des 20. Jahrhunderts dar. Dazu vier Aspekte:

-Die Lehrerausbildner streichen seit der Gründung der Lehrerausbildungsstätten in der Schweiz heraus: Zunächst einmal müssen Lehrkräfte ihr *Handwerk* verstehen. Fachlich und pädagogisch kompetent, werden sie nur so die Basis für mehr Akzeptanz des gesamten Berufsstandes verbreitern. Dieses Ziel gilt bis heute, obwohl sich im Lauf der Jahrzehnte die Modelle der Professionalisierung verändert haben.[130]

-Geht es um Methodik, um Lehrübungen, also Praktika, oder um gezielte Hinweise zum Unterricht der angehenden Lehrer, so stellen pädagogische Fächer die Angelpunkte der pädagogisch-methodischen Linie eines Seminars dar. Mit ihnen wird gegenüber der Öffentlichkeit der pädagogische Kurs definiert. Die Seminaristen sollen in einem didaktisch-methodisch hochstehenden Unterricht lernen, wie man unterrichtet.

-Konzentrierte Einführungen in zeitgenössische Konzepte des Lehrens gehören zu dem, was den Seminaristen zusätzlich zu ihren Hospitationen in der Musterschule mitgegeben wird. Mit den wissenschaftlichen Inhalten liefern die Lehrerbildner zugleich die fachdidaktischen Belange. Diese bezeichnete man damals als *spezielle Methodik*[131]. (Regeln wie Kinder Schulhefte zu führen, Texte zu lesen, Zeichnungen anzufertigen, von der Wandtafel abzuschreiben, auswendig zu rezitieren haben.)

---

130 Vor dem Hintergrund ihrer jahrzehntealten Tradition, unter der Prämisse, *wie bisher auch weiterhin gute Lehrkräfte ausbilden zu wollen*, wiesen etliche schweizerische Lehrerbildner die reformpädagogische Programmatik zu Beginn des 20. Jahrhunderts scharf zurück. Seien diese Forderungen nicht bereits vollumfänglich realisiert, stünden sie unmittelbar vor der Verwirklichung. Im übrigen beharrten die Lehrerseminare auf ihrem eigenen bedächtigen Weg einer stetigen Reform. Diese sollte, gemächlich voranschreitend, öffentlich beinahe resonanzlos, vergleichbare Vorhaben wie die der Reformpädagogen realisieren.

131 Der Begriff *Didaktik* wird damals in der Schweiz nicht auf das Vermitteln von Inhalten bezogen

-Die Seminaristen lernen, die inhaltlich-sachlichen Aspekte eines Stoffgebiets auf die Anforderungen einer Lektion in der Primarschule zu beziehen. Sie üben, den Lektionsablauf in abgegrenzte Stufen aufzuteilen. Sie erwerben Kenntnisse darüber, wie Unterrichtsformen (dozierender Frontalunterricht, erklärend-entwickelndes Verfahren, durchführen von Experimenten und Exkursionen, ja selbst die Arbeit in Gruppen) initiiert werden. Sie setzen sich bereits Jahrzehnte vor dem Jahrhundertwechsel mit den Vorstellungen zum selbständigen Lernen und selbsttätigen Erarbeiten auseinander. Anlässlich des praktischen Schlussexamens haben sie in einer Unterrichtsstunde, der Lehrprobe, ihre Meisterschaft des Erlernten nachzuweisen.

3.2.6. Fazit

Das Ziel, ‚gute Lehrkräfte' ausbilden zu wollen, zwingt die schweizerischen Lehrerbildungsinstitutionen zu einem *Reformdiskurs in Permanenz*. Über Jahrzehnte hinweg thematisiert diese Debatte das prekäre Verhältnis von Tradition und Veränderung. Die Konstanten des geschilderten Prozesses sind vorwiegend pädagogisch umstrittene Sachverhalte, die wir heute als schulpädagogisch relevante Themen apostrophieren würden.

Es geht um die Position der Schule in der Gesellschaft, selbsttätiges Lernen, schülergerechten Unterricht, dessen Planung und Beurteilung, Lernqualität, didaktische und methodische Fertigkeiten und ein lerngünstiges Lehrerverhalten. Das damit verbundene Konzept einer Professionalisierung von Lehrkräften als Expertinnen und Experten für das Arrangieren von Lehr- und Lernprozessen kristallisiert in der starken Gewichtung der pädagogisch-theoretischen und berufspraktischen Fächer, in der Etablierung von ‚Seminarpädagogiken', die ‚Seminardirektorenpädagogiken' sind.
Ihrer konsequenten schulreformerischen Argumentations- und Handlungsweise wegen, welche eben diese professionalisierenden Instrumente hervorgehoben hatten, sind zwei Seminardirektoren (Schneider, Wartenweiler) schweizerischer Lehrerbildungsanstalten in der zweiten Dekade des 20. Jahrhunderts ihrer Posten enthoben worden. Die damit verbundenen erregten Debatten verweisen auf den Stellenwert, den die öffentliche Meinung den berufsqualifizierenden Ausbildungsteilen zugesprochen hat.

Meiner Prämisse gemäss sind heute genau diese Sachverhalte unter dem Etikett ‚Schulpädagogik' zu vereinen. Andererseits enthält ein universitärer Lehrkanon im Bereich Schulpädagogik neben einer Einführung in die Schulpädagogik, wo deren Ansätze, Aufgaben und ihre Disziplinengeschichte besprochen werden, einer Einführung in die Allgemeine Didaktik, die Fachdidaktik, die Bereichsdidaktik und einer Theorie der Schule ebenfalls eine Theorie des Unterrichts sowie eine Pädagogik der einzelnen Schultypen und -stufen, eine Theorie des Schullebens und letztlich Aussagen über Schulpolitik, Schuladministration, Schulrecht, Schulbau und Schulorganisation. Man erkennt, dass die bislang unter der Rubrik ‚Seminarpädagogik' vermittelten Inhalte ergänzungsbedürftig sind. Trotzdem lässt sich aus dem - im Rückblick schulpädagogisch akzentuierten - Kampf der Seminardirektoren um eine adäquatere pädagogische Ausbildung der angehenden Lehrkräfte und aus ihrem gelungenen Versuch, eine ‚Seminardirektorenpädagogik' zu etablieren, für die heutige Situierung von schulpädagogischen Ausbildungsteilen in den erziehungswissenschaftlichen Studiengängen einiges lernen.

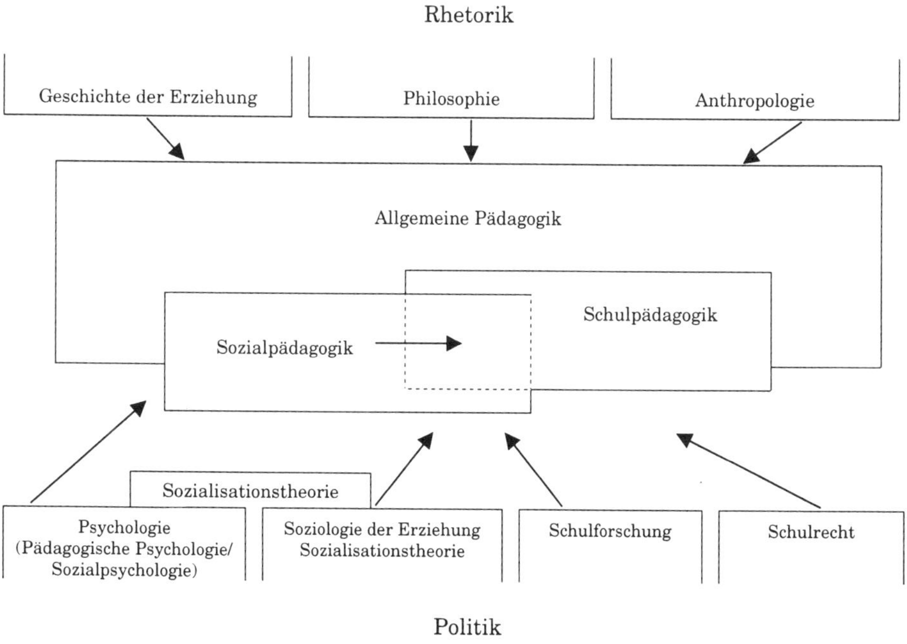

Abb.: Schulpädagogik als pädagogische Bereichsdisziplin

Literatur

a) Archivalien

Archives Cantonales Vaudoises (zit. Als ACV), Lausanne (VD)

ACV, K XIII 118, ACV, K XIII 120, ACV, K XIII 122/71, ACV, K XIII 122/78, ACV, K XIII 123/1, ACV, K XIII 123/1-3, ACV, K XIII 123/2, ACV, K XIII 123/3

Archiv des Seminars Hitzkirch (zit. als ASH), Hitzkirch (LU)

ASH, Reg. 1. 0. 2., ASH, Reg. 1. 0. 7, ASH, Reg. 1. 1. 6.

Staatsarchiv des Kantons Bern (zit. als SBE), Bern (BE)

SEB, Akten 1871-1881, SEB, Akten 1884-1890, SBE, Akten folgende

b) Gedruckte Quellen

Jahresbericht 1895/1896, Jahresberichte über die deutschen Seminarien des Kantons Bern, Bern 1883 ff.

c) Texte

Achermann, E., 100 Jahre Lehrerseminar Hitzkirch 1868-1968, Luzern 1969
Brenner, W., Die Lehrerseminare in der Schweiz, Frauenfeld und Leipzig 1941
Chevallaz, G., L'Ecole normale de Lausanne, Lausanne 1933
Grunder, H., U., Seminarreform und Reformpädagogik, Bern, u.a. 1993
Junod, R. (Hrsg.), Une école pour une école. 150 ans d'Ecole normale dans le Canton de Vaud, Lausanne 1983
Martig, E., Geschichte des Lehrerseminars in Münchenbuchsee, Bern 1883
Martig, E., Anschauungspsychologie mit Anwendung auf die Erziehung, Bern 1888, (8. Aufl., Bern 1911)
Martig, E., Geschichte der Erziehung in ihren Grundzügen, Bern 1901
Mayor, H., Jayet, L., Guex, F., Notice historique sur les écoles normales du Canton de Vaud des origines à 1895, Lausanne 1896
Rogger, L., Grundriss der Pädagogik, Hochdorf 1926 (4. Auflage 1945)
Rogger, L., Geschichte der Pädagogik, Hochdorf 1950
Reden, Reden, gehalten an der Eröffnungsfeier, Bern 1905
Rüegg, H.R., Die Pädagogik in übersichtlicher Darstellung, Bern 1866
Rüegg, H.R., Lehrbuch der Psychologie, Bern 18763
Rüegg, H.R., Pädagogische Bausteine, Bern 1886
Schälchlin, H., Ein Rückblick auf die zürcherische Lehrerbildung in den Jahren 1832-1942, Küsnacht 1942

Welchem Orden gehörst Du an?
Ich bin Aeblianerin...
Gsegw
8.9.97

3.3 Fachdidaktik und Allgemeine Didaktik – ein spannungsvolles Verhältnis

Armin Hollenstein, Universität Bern

Im ersten Teil werden zwei sich widerstreitende Positionen ausgeführt: (1) Die Allgemeine Didaktik gewinne allgemeine, d.h. vom Lerngegenstand unabhängige Erkenntnisse. Fach- und Bereichsdidaktiken würden diese grundsätzlichen allgemeindidaktischen Aussagen im jeweiligen schulfachlichen Kontext anwenden. (2) Die Eigenschaften von Lernprozessen seien so stark mit inhaltlich-strukturellen Aspekten der Lernumgebung verwoben, dass didaktische Erkenntnisse immer fach- bzw. bereichsdidaktischen Charakter aufwiesen. Eine Allgemeine Didaktik bündle somit fach- und bereichsdidaktische Elemente unter nichtstofflichen Gesichtspunkten. In diesem Beitrag wird die letztere Sicht argumentativ gestützt. Im zweiten Teil soll gezeigt werden, dass die Allgemeine Didaktik dennoch wichtige, pragmatisch begründete Funktionen in einer Lehrerinnen- und Lehrerbildung erfüllt. Inhaltliche Schwerpunkte und Aktivitätsfelder werden skizziert.

Bemerkung: Unter Bezugswissenschaften verstehe ich akademische Disziplinen, die fachlich einem Unterrichtsbereich nahe stehen; z.B: dem Fach Muttersprache Germanistik und Linguistik, dem Mathematikunterricht die Mathematik, dem Unterrichtsbereich Naturkunde Biologie, Chemie und Physik.

3.3.1 Das Verhältnis von Allgemeiner Didaktik und Fachdidaktik – zwei Positionen

Erste Auffassung: *Die Allgemeine Didaktik gewinnt generelle Theorien des Lernens und Lehrens, die von den Fach- und Bereichsdidaktiken im Fach-bezug angewendet werden.*

Bemerkenswert ist die Tradition, Didaktik als Erkenntnisfeld ganzheitlich zu definieren. So aufgefasst sind Allgemeine Didaktik, Fach- und Bereichsdidaktiken eng verwandte Disziplinen[132] mit unterschiedlichen Konkretisierungsgraden. Im

[132] Der Bereich Didaktik ist aus dem Fach "Methodik" hervorgegangen, das sich mit allen didaktisch-methodischen Fragen auseinanderzusetzen hatte.

Folgenden referiere ich Strömungen, die Allgemeine Didaktik als "essen-zielles Kondensat" didaktischer Erkenntnisse auffassen: Allgemeine Didaktik (a) als bildungstheoretische Wissenschaft, (b) als lerntheoretische Wissenschaft und (c) als Praxisanleitung.

(a) Allgemeine Didaktik als bildungstheoretische Wissenschaft

Klafki 1995, S. 92 ff) definiert Didaktik als "übergreifende Bezeichnung für erziehungswissenschaftliche Forschung, Theorie- und Konzeptbildung im Hinblick auf alle Formen intentioneller (zielgerichteter), in irgendeinem Grade reflektierten Lehre (im Sinne von intentionaler, reflektierter Lernhilfe) und auf das im Zusammenhang mit solcher Lehre sich vollziehende Lernen zu verwenden".
Weiter spezifiziert er Allgemeine Didaktik und Fach- bzw. Bereichsdikaktik als Teilaspekte: *"Allgemeine Didaktik*: Allgemeine Theorie des Lehrens und Lernens. [...] Sofern man diesen Begriff auf das Lehren und Lernen im Schulunterricht bezieht, meint *Allgemeine Didaktik* die Generelle Theorie des Lehrens und Lernens im Unterricht. *Fachdidaktik(en)*: Theorie des Lehrens und Lernens in bestimmten Unterrichtsfächern. *Bereichsdidaktik(en)*: Forschung und Theoriebildung hinsichtlich dreier Dimensionen von Unterricht:
(1) Gemeinsame didaktische Merkmale und Probleme mehrerer verwandter Unterrichtsfächer [...] (2) Didaktik integrierter Unterrichtsbereiche (3) [...] unterrichtswissenschaftliche Forschungs- und Theoriezusammenhänge [...], die sich auf Unterrichtsbereiche beziehen, die noch vor der Ausdifferenzierung in Einzelfächer liegen, also auf der vorfachlichen Unterricht."
Zwei didaktische Ebenen lassen sich unterscheiden: (a) Ebene der Richtlinien oder Lehrpläne bzw. Curricula. Die Allgemeine Didaktik befasst sich hier mit curricularen Entscheidungen, deren Begründungen, und mit Prozessen, durch die jene Entscheidungen und Begründungen zustande kommen. (b) "Ebene der Planung, der Durchführung, der angestrebten, aber auch nicht gewollten Ergebnisse und Prozesse konkreten Unterrichts. [...] Unter diesem Teilaspekt beschäftigt sich Didaktik mit den konkreten Handlungen der Lehrenden und Lernenden sowie mit den sozialen Beziehungen zwischen Lehrenden und Lernenden untereinander im Unterricht." (KLAFKI 1995; S. 94 f)
Das "Hamburger-Modell" entwickelt das oben formulierte Top-Down-Prinzip der Didaktik weiter. Lernende partizipieren auch in der ersten, der curricularen Ebene; sie beteiligen sich an der Auswahl von Lernzielen (PLOEGER 1992 und (BOENSCH 1991)

(b) Allgemeine Didaktik als lerntheoretische Wissenschaft – Theorien des Lernens und Lehrens

Hier bündelt die Allgemeine Didaktik allgemein gültige, von bezugswissenschaftlichen 'Schlacken' befreite Eigenschaften von Lehr- und Lernprozessen. Ihre Aussagen sind oft auch als mittelbare Ableitungen von Ergebnissen der Pädagogischen Psychologie zu verstehen (vgl. z.B. AEBLI 1980, 1981a, 1981b).

Eine spezielle Tradition fasst Allgemeine Didaktik als kybernetisch-informationstheoretische Didaktik auf und versteht sie als kritisch-rationale Wissenschaft, die der Wertfreiheit verpflichtet ist. Sie beschäftigt sich bewusst nicht mit normativen Aussagen. Lehren wird gesehen als eine Abfolge von Steuerungsvorgängen. Diese Didaktik hat zum Ziel, Lehrstrategien zu entwickeln und zu optimieren (PLOEGER 1992; S. 348f.)

Der kybernetisch-informationstheoretischen Didaktik geht es um die empirische Überprüfung deskriptiver Sätze. Auswahl und Diskussion von Lehr- und Lernzielen sind nicht deren Gegenstand. Ihre Grundfragen sind: Welche Methoden und Medien können zur Erreichung von spezifischen, d.h. schulfachlich gebundenen Lehr- bzw. Lernzielen eingesetzt werden? Welche Lehr- und Lernstrategien eignen sich zur Erreichung vorgegebener, fachspezifischer Ziele[133]?

(c) Allgemeine Didaktik als Praxisanleitung

Sie gibt praktische Hilfen für Planung und Durchführung von Unterricht (z.B. GRELL, GRELL 1993). Damit übernimmt sie Funktionen, die – historisch gesehen – das zentrale Anliegen des Methodikunterrichts waren.

Die drei referierten Positionen bestimmen eine in der Schweiz weit verbreitete Sichtweise: Allgemeine Didaktik und Fach- bzw. Bereichsdidaktiken gehen von denselben Grundlagen aus, arbeiten mit eng verwandten Paradigmen für Forschung, Entwicklung und Lehre, und sie decken sich weitgehend in ihren Zielen. Gemäss dieser Auffassung liegen die bestimmenden Unterschiede in einer Akzentsetzung: die Allgemeine Didaktik ordnet ihre Gegenstände in 'generellen Theorien des Lehrens und Lernens'. Fach- und Bereichsdidaktiken setzen diese Lehr- und Lerntheorien mit (schul-)fachlichen Strukturen in Be-

---

133 Allgemeine Didaktik, verstanden als kybernetisch-informationstheoretische Wissenschaft, weist sich damit sehr deutlich aus als Bündel fachdidaktischer Befunde und Aussagen.

ziehung. Damit werden sie zur "angewandten Allgemeinen Didaktik", die Erkenntnisse einer 'generellen Theorie des Lehrens und Lernens' schulfachlich spezifizieren. Fach- und Bereichsdidaktiken sind hier einerseits Felder für den allgemeindidaktischen Erkenntnisgewinn; in der Lehre sind sie hauptsächlich Ableitung und Konkretisierung einer Allgemeinen Didaktik.

Wesentlich gehen wir hier davon aus, dass sich in vielen oder gar allen fachdidaktischen Aussagen gemeinsame, essenzielle (eben allgemein-didaktische) Züge finden lassen. M.a.W: Lernprozesse in unterschiedlichen schulischen Kontexten hätten gemeinsame Kernbereiche. (Später werde ich zu zeigen suchen, dass diese Grundannahme im Lichte neuerer Erkenntnisse einer Prüfung nur mangelhaft standhält.)

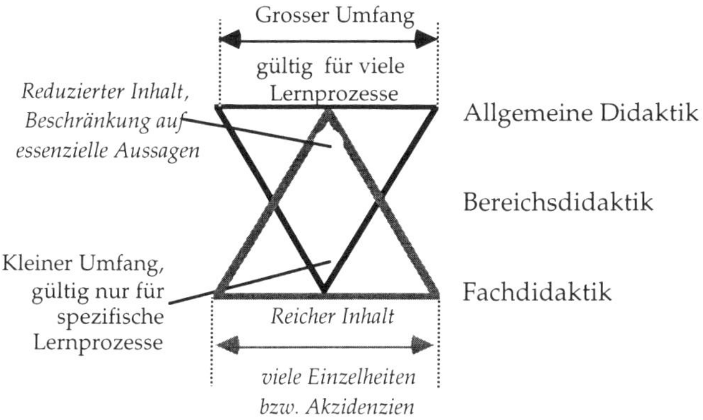

Abb.: Fachdidaktik als Konkretisierung allgemeindidaktischer Erkenntnisse – Allgemeine Didaktik als Abstraktion fachdidaktischer Erkenntnisse

Diese Positionierung verwischt m.E. spannende Bezüge aber auch spannungsvolle Brüche zwischen den didaktischen Disziplinen. Ursachen für Schwierigkeiten in Lehre und Forschung werden häufig geortet in Koordinationsproblemen zwischen Abteilungen oder Personen; grundsätzliche Unvereinbarkeiten werden kaum ins Auge gefasst. Im Folgenden versuche ich die Hypothese zu stützen, dass es *essenzielle* Unterschiede zwischen verschiedenen Fach- bzw. Bereichsdidaktiken gibt und damit eine Allgemeine Didaktik, verstanden als *generelle* Theorie des schulischen Lehrens und Lernens, in wichtigen Bereichen inhaltsleer sein müsste.

Zweite Auffassung: *"Generelle Theorien des Lehrens und Lernens" sind relativ bedeutungsarm. Also müssen Allgemeine Didaktiken in sektorieller Weise fach- und bereichsdidaktische Erkenntnisse bündeln.*

Im folgenden skizziere ich Positionen, die zu eigenständigen Sichtweisen der Disziplinen Fach- bzw. Bereichsdidaktik führen. Sie widersprechen der These, dass Fachdidaktik blosse Anwendungen oder Ableitungen 'genereller Theorien des Lehrens und Lernens' sei.
Alt ist der Streit, ob Didaktik als Teil der Schulpädagogik ein fachlogisch oder aber pädagogisch-psychologisch dominiertes Feld sei. Klar haben sich stufenspezifische Traditionen herausgebildet: Gegenwärtige Ausbildungskonzepte für die Basisstufe[134] und die Primarstufe[135] sind erziehungswissenschaftlich geprägt, bezüglich der Sozialisierung des Lehrkörpers wie auch der Inhalte und -formen. Lehrerinnen- und Lehrerbildung sieht Schule und Unterricht 'vom Kind her'.
Anders die Tradition der Sekundarstufendidaktik[136]: Hier dominieren die Bezugswissenschaften; Fach-Logisches hat Vorrang vor dem Psycho-Logischen.
Die Disziplinen Fach- bzw. Bereichsdidaktiken können in dieser Spannung eine Synthese leisten; dies die Position von Dewey (zitiert in WITTMANN 1997). Fach- bzw. Bereichsdidaktiken betrachten den fachlichen Kontext als einen Pol, die psychologisch-pädagogische Argumentation als zweiten; Pole, die entscheidende Dimensionen des schulischen Lernens aufspannen. Im folgenden möchte ich diesen grundlegenden Gedanken füllen.

---

134 Kindergarten und die beiden ersten Jahre der Regelschule

135 Schuljahre drei bis sechs und sechs bis neun für Schultypen mit Grundanforderungen

136 Schuljahre sechs bis neun für Schultypen mit erhöhten Anforderungen und Schuljahre zehn bis zwölf

(a) Missing paradigm

He who can, does.
He who cannot, teaches. **(Bernhard Shaw, Maximen für Revolutionäre)**
He who cannot teach, teaches teachers? **(Frage von A. Hügli 1997)**

Einem programmatischen Ansatz folgend weist Shulman (1991) auf eklatante Missstände in der amerikanischen Lehrerinnen- und Lehrerbildung hin. Im folgenden versuche ich, seine Argumentation auf den schweizerischen Kontext zu übertragen.
In der didaktischen Forschung und im schulischen Unterricht sind substantielle schulfachliche Einsicht und damit verbundenes Lernen zentrale Werte. Betrachten wir aber das Programm einer Lehrveranstaltung Allgemeine Didaktik, finden sich Lernziele der folgenden Art:

- Prinzipien der Unterrichtsplanung
- Innere Differenzierung
- Unterrichtsformen – erweiterten Lehr- und Lernformen: Lernaufgabe, Werkstattunterricht, Wochenplan, Lernbuffet, projektartiger Unterricht und Projektunterricht
- Ganzheitliche Beurteilung von Schülerinnen und Schülern

Hier fragt sich: Wo sind in den jeweiligen Auseinandersetzungen die Lerngegenstände, die Inhalte geblieben? Shulman bezeichnet die fehlende Aufmerksamkeit für inhaltliche Fragen in den didaktischen Kontexten als *missing paradigm*, ein für den Schulalltag, für die didaktische Forschung wie auch für die Bildungspolitik und -verwaltung folgenreiches Defizit.
Als notwendige Voraussetzung für Unterricht beschreibt Shulman ausgebautes, unterrichtsbezogenes Fachwissen: "Wie transformiert der frisch examinierte Lehrer seine fachlichen Fähigkeiten in eine Form, die auch Schüler verstehen? Welche neuen Erklärungen, Darstellungen oder Verdeutlichungen bringt er aufgrund seiner Inhaltskompetenz vor, wenn er sich [...] Schulbüchern und verwirrten Schülern gegenüber steht? Woher kommen seine Analogien, Bilder, Beispiele, Demonstrationen und Umschreibungen? Wie stützt sich der Anfänger [...] auf seine Expertenschaft hinsichtlich der Fachinhalte? Welcher pädagogische Preis ist zu zahlen, wenn die Fachkompetenz eines Lehrers durch [...] Defizite beeinträchtigt ist? [...] Blosses Fachwissen ist in pädagogischer Hinsicht vermutlich ebenso sinnlos wie inhaltsleere didaktische Fähigkeiten." (S. 148)

Derselbe Grundgedanke findet sich bei Berliner und Bromme (beide 1992, zitiert in DICK (1997). Die Novizen-Expertenforschung zeige, dass Expertenwissen in seinem Kern kontextualisiertes, bereichsspezifisches Wissen sei. Es bestehe weder allein aus generell-formalen Kompetenzen noch aus kognitiven Mitteln, mit denen man alle Probleme – unabhängig vom Realitätsbereich – lösen könne. Deshalb lasse es sich auch nicht selbstverständlich und ohne Transformation auf andere Bereich übertragen. Dazu Oelkers (1986, S.30) "*Verstehen* ist ein Begriff für sehr heterogene Operationen und Verhältnisse, dessen einheitliche Verwendung in der Umgangssprache nicht darüber hinweg täuschen darf, dass er tatsächlich *keinen* gemeinsamen Nenner aller Verstehensmodi bezeichnet. Meine Voraussetzung ist also, dass es keine Reinform *des* Verstehens gibt, die in verschiedenen Problemzusammenhängen einheitlich vermittelt werden könnte. Es gibt nur verschiedene Verhältnisse und je unterschiedliche Verstehensoperationen."

Shulman präzisiert 'ausgebautes, unterrichtsbezogenes Fachwissen' wie folgt:

- Fachinhaltliches Wissen: In den verschiedenen bezugswissenschaftlichen Disziplinen muss die inhaltliche Wissensstruktur der Unterrichtsbereiche je gesondert geklärt und vertieft sein. Lehrpersonen müssen sich und anderen erklären können, warum eine bestimmte Behauptung für begründet gehalten wird, warum es von Vorteil ist, sie zu kennen, und in welchem Verhältnis sie zu anderen Aussagen innerhalb und ausserhalb der Disziplin steht.
- Didaktisches Inhaltswissen mit Facetten:
  (1) Möglichkeiten der Repräsentation und Formulierung
  Es ist "ein Inhaltswissen für den Unterricht. [...] Die Kategorie des pädagogischen Inhaltswissens umfasst [...] die sinnvollsten Formen der Repräsentation dieser Themen, die erklärungskräftigsten Analogien, Illustra-tionen, Beispiele und Demonstrationen, m.a.W.: Möglichkeiten der Reprä-sentation und Formulierung einer Disziplin, die sie für andere verständlich macht. Da es die einzig wahre Repräsentationsform nicht gibt, muss der Lehrer über reichhaltige Ausrüstung an Alternativen [...] verfügen, von denen einige aus der Forschung stammen, andere ihren Ursprung in praktischen Erfahrungen haben." (ebd., S. 151) Dazu auch Berliner und Bromme (ebd.): "Experten habe eine qualitative andere Repräsentation von Problemen und Situationen [...] als Novizen. Dabei ist Expertenwissen nicht mit der Struktur wissenschaftlicher Theorie identisch, die für diesen Praxisbereich Aussagen liefern. Während Lehrerstudierende oft solide Kenntnisse der Fachdisziplinen haben,

sind die Problemkategorisierungen von Experten an den praktischen Anforderungen ihrer Arbeit ausgerichtet, und zwar häufig fallspezifisch organisiert."

(b) Vorverständnisse von Lernenden fachlich interpretieren.

Wichtig für den Unterricht sind Kenntnisse der Lehrperson über die von Schülerinnen und Schülern unterschiedlichen Alters und Hintergrunds mitgebrachten Vorverständnisse zu einem Fachinhalt.

(c) Individuelle Lernwege von Schülerinnen und Schüler verstehen.

Für den Unterrichtserfolg von grosser Bedeutung sind ausgebaute Möglichkeiten der Lehrperson zur fachlichen Analyse individueller Lernwege[137]. Miss- oder Fehlverstehen der Lernenden soll von Lehrerinnen und Lehrern strukturell durchschaut werden. Ist dies der Fall, können solch «singuläre» Einsichten (GALLIN, RUF 1990, 1995) für weiterführende Lernprozesse genutzt werden (BARUK1989, JOST, ERNI, SCHMASSMANN1992, KOBI 1993, MAURER 1987, TRIVETT 1977). Der Aspekt "Fehleranalyse" gewinnt in der didaktischen Diskussion an Gewicht; Lernen aus Fehlern ist ein zunehmend wichtiges Forschungsfeld (Vgl. HASCHER, OSER, SPYCHIGER, JECKEL 1998)

- Curriculares Wissen

  Wichtig sind inhaltliche Kenntnisse bezüglich Unterrichtsprogrammen, Lehrmitteln, Unterrichtsmaterialien, inhaltlichen Aspekten von Lehrplänen.

Shulman vergleicht dieses Wissen mit dem Wissen eines Arztes, der "sämtliche Behandlungsmethoden kennt, die bei einer bestimmten Krankheit hilfreich sind, ebenso diejenigen Alternativen, die [...] angesichts bestimmter Unverträglichkeiten, Kosten, Wechselwirkungen mit [...] Medikamenten, Bequemlichkeit, Sicherheit etc. angezeigt sind. Ganz ähnlich sollten wir vom erfahren Lehrer erwarten, dass er etwas von den curricular angebotenen Alternativen für seinen Unterricht versteht." (SHULMAN 1991, S. 152)

- Metakognition / Strategiewissen bezüglich des "learning for teaching"

  Auch das Entwickeln von metakognitiven Strategien des eigenen "Lernens für den Unterricht" ist zentral: Wie erarbeite ich als Lehrperson neuartige Inhalte, wie adaptiere ich Lehrmittel ...?

Fundamente für so gefächerte Sachkompetenz sind im Rahmen intensiver, schulfachbezogener Studien zu legen. Unterrichtsbezogene oder aber lehrplan-

137 Vgl. HENGARTNER, ROETHLISBERGER (1995), KRAUTHAUSEN (1997), LIECHTI et al. (1993)

bezogene Fachstudien (MARTI 1998) sind wesentliche Elemente einer Lehrerinnen- und Lehrerbildung. Fach- und Bereichsdidaktiken stehen ihrerseits in einem unmittelbaren Zusammenhang mit derartigen Fachkompetenzen: Sie bauen darauf auf und erweitern diese laufend.

(b) Aktiv-entdeckendes Lernen – Fachdidaktik als Design Science

Für Klafki (1975, 1994) ist die curriculare Auswahl von Lerngegenständen primäre Aufgabe der Didaktik. Anders argumentiert der hier vorgestellte Ansatz: Eigenschaften und Bedingungen substantieller Lernprozesse sind die primären Gegenstände der Didaktik. Der curricularen Arbeit wird eine sekundäre Funktion zugewiesen.

Zum Verhältnis von Lehren und Lernen schreibt Oelkers (1986): "Lernen ist der umfassendere Begriff: Fast alles ist – unter Umständen – lernbar, nur sehr wenig aber, oder sehr Ausgesuchtes ist auch lehrbar. Lernen ist ohne Lehren möglich und findet im Alltag auch weitaus häufiger statt als ausdrückliche Handlungen, die Lehren auf Lernen beziehen. [...] Lehren muss nicht erfolgreich sein, kann also stattfinden, wenn der Lernende [in Bezug auf die Lehrziele] nichts gelernt hat" (S. 31). Wittmann (1995a) stellt eine grundsätzliche Entwicklung in der didaktischen Theoriebildung fest: Das Unterrichtsparadigma "kleinschrittige Belehrung" wird zunehmend abgelöst durch die sozialkonstruktivistische Modellvorstellung des 'aktiv-entdeckenden Lernens'. Unterricht wird als schulische Umgebung verstanden, die Kindern und Jugendlichen eine eigenständige Konstruktion von Wissen und Können ermöglicht; Unterricht baut Lernumgebungen auf und unterhält sie im Verlauf des Lernprozesses. Verzeihen sie mir, wenn ich den Volksmund bemühe und die Weisheit "Man kann das Pferd zum Brunnen führen, saufen muss es selber!" transformiere in: Wir können Schülerinnen und Schüler in substantielle Lernkontexte führen, 'lernen' ist ihre ureigene Aktivität.

Mit diesem Lernverständnis fällt der Didaktik die Aufgabe zu, substantielle Lernumgebungen zu entwickeln und mit wissenschaftlichen Mitteln in ihrer Wirkung zu erforschen und zu bewerten. Bedingt durch den unvermeidbaren Einbezug schulfachlich-inhaltlicher Aspekte, ist dies eine fach- bzw. bereichsdidaktische Arbeit. BAUERSFELD (1988) und WITTMANN (1995b) fassen

Fachdidaktik als "Design Science"[138] auf. Als nicht erfolgversprechend sehen sie Unterrichtsformen, die aus zugewandten Disziplinen direkt abgeleitet sind. Natürlich fliessen Begrifflichkeiten aus den Bezugs- und Erziehungswissenschaften ein. Für den didaktischen Entwicklungsprozess selber, für das Finden von spezifischen Unterrichtsformen, Lehrmitteln, didaktischen Materialien und anderem mehr, seien sie aber nicht hinreichend. Didaktische Entwicklungsarbeit wird als kreativer Prozess gesehen. Lernumgebungen, z.B. Materialien und Unterrichtseinheiten, seien Entwürfe, deren Fruchtbarkeit sich durch theoretische Analyse der Materialien und empirische Evaluation bzw. Erfahrung aus dem Unterrichtsalltag zeigen kann (vgl. auch OELKERS 1986, S. 48). In dieser Hinsicht sei Fachdidaktik durchaus zu vergleichen mit der Medizin, die Therapieformen entwickelt, theoretisch analysiert und empirisch evaluiert. CLARK, YINGER (1987) bezeichnen den Lehrberuf als "Design Profession". Was unterscheidet einen naiven Entwerfer von einer Expertin? Praktische Erfahrung, Kenntnis empirischer Ergebnisse und theoretische Einsichten bilden ein Milieu, das für die Qualität des Entwurfsprozesses bedeutsam ist. Der Prozess selber basiert aber auf Intuition, ist kreative Konstruktion. "Indeed the quality of these constructions depends on the theory-based constructive fantasy, the "ingenium", of the designers, and on systematic evaluation, both typical for design sciences" (WITTMANN 1995b, S. 13). In diesem Ansatz verschmelzen die Klafki'schen Ebenen. Für die Zielfindung sind hier fachbezogene und unterrichtliche Faktoren entscheidend.

Folgerungen

- Allgemeine Didaktik, die allein auf erziehungswissenschaftlichen Prinzipien beruht und Fachbezüge nicht aufnimmt, entbehrt eines essenziellen Forschungs- und Ausbildungsparadigmas. (*Missing paradigm* bei SHULMAN, 1991)
- Allgemeine Didaktik, die konkrete inhaltliche Fachbezüge aufnimmt, um psychologische und didaktische Prinzipien zu illustrieren, stellt fachdidaktische Elemente in einen Zusammenhang. Kennzeichnend ist das Anordnen fachdidaktischer Elemente in psychologischen, schultheoretischen, metho-

138 "Design" wird im ursprünglichen Sinn verwendet: Design-Fragen sind Fragen der Konstruktion, des Entwurfs, des Aufbaus, der grundlegenden Zusammenhänge, des inneren Funktionierens .... Nicht gemeint ist ein Design-Begriff, wie er im deutschen Sprachraum etwa in den Ausdrücken "Designer-Möbel" oder "Dasein im Design?" auftritt und mit Werbebranche und oberflächlicher Gestaltung in Verbindung gebracht wird.

dischen oder anderen Strukturen. Solche Bündelungen implizieren eine Abstraktion der benutzten fachdidaktischen Bezüge, welche gezwungenermassen sektoriell bleibt; 'generelle Theorien' scheitern an der Diversität des schulischen Lehrens und Lernens. Fruchtbare Allgemeine Didaktiken stehen den Bereichsdidaktiken nahe.
Ein klassisches Beispiel für eine Allgemeine Didaktik, die neben pädagogisch-psychologischen auch inhaltliche Fachbezüge aufnimmt, sind die "Grundformen des Lehrens" (AEBLI 1981b). Sie legen didaktische Konzepte für bestimmte Unterrichtsbereiche vor, z.B. für das sachkundlich-mathematische Erfassen unserer Mitwelt. Andere Bereiche werden wohl erwähnt, bleiben aber – trotz psychologischem – Hintergrund merkwürdig unerhellt.

These 1:
Notwendige Bedingung für Didaktik sind – neben erziehungswissenschaftlichen Bezügen – konkrete inhaltliche Schulfachbezüge. Damit impliziert Didaktik den fachdidaktischen Ansatz.
Allgemeine Didaktik bündelt fach-. bzw. bereichsdidaktische Elemente nach übergeordneten, abstrakteren Gesichtspunkten.

These 2:
Allgemeine Didaktik hat eine prominente Position in der Praxis der Lehrerinnen- und Lehrerbildung – dafür muss es Gründe geben.

Nimmt man als Studienziel der Lehrerinnen- und Lehrerbildung 'the reflective practitionerí – Expertentum durch reflektierte Erfahrung – ernst (BERLINER 1992; BROMME 1992; DICK 1997; SCHOEN 1983, 1991), stellen auch die Dozentinnen und Dozenten auf eine reflektierte Praxis ab. Unbestritten nimmt in der gegenwärtigen Berufsausbildung die Allgemeine Didaktik eine Schlüsselposition ein. Im folgenden möchte ich auf dieses Faktum eingehen; ich versuche die Praxis der Lehrerinnen- und Lehrerbildung diesbezüglich zu reflektieren.

3.3.2 Funktionen der Allgemeinen Didaktik in der Lehrerinnen- und Lehrerbildung

Koordination der schulpädagogisch-berufspraktischen Ausbildung

Gestützt auf die "Konstanzer-Untersuchung" (MUELLER-FOHRBRODTu.a.) kommt (DICK 1997) zum ernüchternden Fazit: "Der formalen Lehrerinnen- und Lehrerbildung darf nur ein geringer Einfluss auf die kumulierten Berufserfahrungen zugemessen werden. Die eigene Berufsbiographie erscheint als grösste regressive Einflussvariable – zwar indirekter Art, die aber spätere Entscheidungsprozesse im Unterricht massgeblich beeinflusst: Frühere Schuleindrücke, Lernorientierung und Lernerfahrungen korrigieren und transformieren die Ausbildungsbemühungen. Lehrerstudierende «desertieren» die deklarierten Berufsstandards. Damit werden zentrale Ausbildungselemente zur blossen *épisode en passant"* (S. 29). Dies gilt wohl auch für die Dozentinnen und Dozenten der Lehrerinnen- und Lehrerbildung. In einer seminaristischen Ausbildung war ursprünglich die Methodiklehrkraft – meist eine hervorragende Praxislehrkraft – die einzige professionelle Person an der Schnittstelle zwischen fachlicher, schulpädagogischer und berufspraktischer Ausbildung. Mit der Ablösung einer der Fachausbildung anheimgestellten Fachmethodik durch Fachdidaktiken wandelte sich auch das Berufsfeld der Methodiklehrkraft grundlegend: Sie wurde zur Dozentin bzw. zum Dozenten für AllgemeineDidaktik mit erziehungswissenschaftlichem Hintergrund.

Den Lehrenden der Allgemeinen Didaktik im seminaristischen Kontext blieb aber die Mittlerstellung der ehemaligen 'Methodiklehrerin' erhalten. Sie koordiniert die unterschiedlichen Ausbildungselemente der schulpädagogisch-didaktischen Ausbildung für ihre Lerngruppe. Sie nimmt damit für 'ihre Klasse' Funktionen einer Ausbildungsleitungwahr. Faktisch blieben auch Organisation und Betreuung des Praxisfeldes der Allgemeinen Didaktik vorbehalten.

In den universitären Ausbildungsgängen der Sekundarstufe werden diese Aufgaben eher entflochten: Leitungsfunktionen im Bereich der berufspraktischen Studienanteile werden durch Abteilungsvorstände wahrgenommen, die für alle Studierenden zuständig sind.

Die Betreuung von Praxisanteilen wird – je nach Ausbildungsstand – durch die AllgemeineDidaktik oder die Bereichs- bzw. Fachdidaktiken wahrgenommen, deren Organisation durch spezialisierte Sekretariate.

Diese Struktur ist bedingt durch (a) einen modularen Studienaufbau, der keine festen Lerngruppen (Klassen) kennt und eine gewisse Flexibilitätbezüglich der

individuellen Gestaltung des Studienverlaufs aufweist. (b) Auf der Sekundarstufe ist eine Spezialisierung im Bereich der Studienziele notwendig. Dadurch werden Bereichs- bzw. Fachdidaktiken im Verlauf des Studienganges zunehmend wichtig. Studienziel ist dem entsprechend die Fachgruppen- oder Fachlehrkraft. (c) Last but not least bedingt das geschilderte akademische Organisationsmuster eine gewisse Mindestgrösse der Institutionen.
Die Entwicklung der Schweizerischen Lehrerinnen- und Lehrerbildung geht in Richtung Tertialisierung und Akademisierung (vgl. MARTI 1998). Individuelle Akzentsetzungen im Ausbildungsprofil oder gar Spezialisierungen werden – so meine Erwartung – auch für die Studiengänge der Basis- und Primarstufe Realität sein. Dies wird dazu beitragen, dass auch hier das Verhältnis von Allgemeiner Didaktik und den Bereichs- bzw. Fachdidaktiken neu definiert werden muss. Der Allgemeinen Didaktik wird dadurch die Chance gegeben, sich von organisatorischen Lasten, die ihr Bild im seminaristischen Kontext prägen, zu befreien.

Didaktische Analyse und Unterrichtsplanung

Gegenstand der Allgemeinen Didaktik bilden formalisierte Verfahren der Unterrichtsvorbereitung und -reflexion. Dabei ist der inhaltliche Bezug oft beliebig oder sekundär. Inhaltliche Aspekte des entsprechenden Unterrichts-bereichs kommen ins Spiel, falls die gewonnenen 'didaktischen' Aussagen für die Praxis angewendet werden soll.
Weit verbreitet wird die Didaktische Analyse nach (KLAFKI 1975) gelehrt. Sie stellt die Zielbestimmung des Lehr-Lernprozesses als ersten Schritt ins Zentrum der Unterrichtsvorbereitung. Sie fordert die bekannte Abfolge von Planungsüberlegungen:

1) *Zielsetzungen* des Lehrens und Lernens
2) An solchen Zielsetzungen orientierte *Auswahl* der Inhalte bzw. Themen des Unterrichts
3) *Organisationsformen*, Methoden bzw. Verfahren und den intendierten Prozessen des Lehrens und Lernens (einschliesslich der sog. Sozialformen des Unterrichts)
4) *Medien* des Lehrens und Lernens, vom Schulbuch bis zum Computerprogramm, von der Landkarte bis zum Film, vom physikalischen Veranschaulichungsmodell bis zur Rechtschreibkartei

5) Formen, in denen *Lernergebnisse* und Lernformen der Schülerinnen und Schüler *überprüft* und *beurteilt* werden" (KLAFKI 1975, 1995, S. 94f.).

Im Lichte der im ersten Abschnitt dieses Beitrags referierten Standpunkte scheint ein solcher Einstieg in die didaktische Arbeit wenig sinnvoll zu sein. Der dargelegten Positionen widerspricht insbesondere die postulierte Hierarchie der Planungsüberlegungen: Abstrakte Ziele des Lehrens und Lernens vermögen die Auswahl schulfachlicher, inhaltlicher Ziele mittels standardisiertem Vorgehen wirksam zu leiten.
Unbestritten scheint mir hingegen, dass diese Überlegungen in freier Folge und im Sinn der Reflexion anzustellen und mit den Studierenden zu diskutieren sind.

Praxis reflektieren

Reflexive Praxis und Quer- bzw. Nach-Denken über Lehren[139] und schulisches Lernen sind wesentliche Aktivitäten einer Allgemeinen Didaktik. Dies geschieht in unterschiedlichen Phasen des Studiums.
(a) Klassisch ist die Einführung in die berufspraktischen Studienanteile durch die Betrachtung von 'Formen des Lehrens'[140].
Zu beachten ist in dieser Phase eine oft beobachtete Öffnung des studentischen Fokus (vgl. FULLER, BROWN 1975): Als erstes stellt sich für die Novizinnen und Novizen das Problem, Unterricht in der fremden Rolle als Lehrperson möglichst unbeschadet zu Überstehen. Ist eine primäre Sicherheit erarbeitet, regt sich das Bedürfnis, Unterrichtssituation gut bewältigen zu können, von den Schülerinnen und Schülern geachtet zu sein. Und erst zuletzt – oft erst nach Antreten einer selbstverantworteten Praxis – wird die Frage wichtig: Was lernen die Schülerinnen und Schüler in meinem Unterricht? Wichtig scheint mir, dass hier nicht gross angelegte didaktische Analysen, Planungsansprüche und Übungen des Formulierens von Lernzielen dominieren.
Als zentrale Ausbildungselemente eignen sich schulpraktische Übungen in Kleingruppen, die mittels ersten theoretischen Konzepten reflektiert werden. Erwartung soll mit Erfahrung, Fremd- mit Eigenwahrnehmung verglichen werden.

---

139 Im Sinne von intentionaler reflektierter Lernhilfe (KLAFKI 1995, Oelkers 1986)

140 Nicht unerwähnt darf in diesem Zusammenhang der Klassiker "Grundformen des Lehrens" bleiben (AEBLI 1989)

Erste didaktische Aussagen erleichtern eine Deutung der erfahrenen Phänomene. Die Unterrichtsvorbereitung kann hier durchaus durch die Dozentin bzw. den Dozenten oder die Praxislehrkraft in Form von Regieanweisungen und Materialien vorgegeben sein.
Dieses Nach-Denken über das eigene Lehren (SCHUEPBACH 1997) und das Lernen der Schülerinnen und Schüler soll für alle Beteiligten eine Gelegenheit sein für explizite Diskussionen von Neigungen und Eignung der Studierenden. Allfällige Studienabbrüche sollten einerseits so früh wie möglich und andererseits so abgestützt wie möglich erfolgen. In diesem Prozess spielen beratende Gespräche im vertraulichen Rahmen eine wichtige Rolle.
Eine derartige Einführung in die berufsbezogenen Studienanteile kann nur durch allgemein-didaktisch ausgerichtete Veranstaltungen geleistet werden. Dort wird u.a. eine erster, sinnvoll gefächerter Strauss bereichsdidaktischen Know-hows erarbeitet.
(b) Im weiteren Verlauf des Studiums bleibt Supervision und Begleitung der Praxisausbildung eine Aufgabe der Allgemeinen Didaktik. Sie bewegt sich aber nicht alleine in diesem Feld; mit zunehmender Semesterzahl werden die Fach- und Bereichsdidaktiken prominent. Auf der theoretischen Ebene formuliert die Allgemeine Didaktik abstrahierte Regeln vor fachdidaktischem Hintergrund. Didaktische Prinzipien bilden nun griffige Werkzeuge, deren Gültigkeitsbereich kritisch ausgelotet werden soll. Sie bilden eine wesentliches Mittel der Reflexion von Praxis (SCHUEPBACH 1997).

Anwendung von Aussagen der didaktischen Bezugsdisziplinen[141]

Der Bezug von Aussagen verwandter Disziplinen auf die Praxis von Schule und Unterricht ist eine wesentliche Aufgabe der Allgemeinen Didaktik. Hier ist es wichtig, über deren Gültigkeitsbereich mit den Studierenden kritisch nachzudenken und abzustecken. Typische Beispiele sind:

(a) Reflexion schulpraktischer Erfahrungen und Vorhaben an Ergebnissen der Pädagogischen Psychologie. Mögliche Themen sind:
- Soziale Aspekte schulischen Lernens und Unterricht
- Geschlechtsspezifische Aspekte schulischen Lernens

[141] Pädagogische Psychologie, systematisch und historische Pädagogik, Schultheorie, Bildungssoziologie, einzelne Fach- und Bereichsdidaktiken

- Gesetze des Vergessens auswendig gelernter (sinnloser) Silben, ein gefährlicher Evergreen der Allgemeinen Didaktik
- Medien des Denkens – Medien des Wissens
- Aktiv-entdeckendes Lernen versus kleinschrittige Belehrung

(b) Methodik. Die Allgemeine Didaktik unterbreitet, wie auch die Bereichs- und Fachdidaktiken, den Studierenden methodische Praxisvorschläge und stellt diese für Erkundungen bereit.
- Bereichspezifische Grundformen des Unterrichtens
- EL(L)F - Erweiterte Lehr- und Lernformen – reformpädagogische Konzepte heute

(c) Analyse von Kommunikationsprozessen im Unterricht – Praktische Übungen zur Gesprächsleitung

(d) Bewerten und Beurteilen – schultheoretische, bildungssoziologische und bildungspolitische Überlegungen
- Beurteilungen und deren Funktionen (formative, summative und prognostisch)
- Statistische Gütekriterien von Beurteilungen (Objektivität, Reliabilität bzw. Zuverlässigkeit und Validität bzw. Gültigkeit)
- Beurteilungsnormen (Soziale Normierung, Erfüllungsgrad von Lernzielen und individuelle Fortschritte)
- Förderorientierung und Selektionsauftrag
- Noten – Berichte, qualitative Rückmeldung
- Selektive versus ganzheitliche Beurteilung

Zusammenfassend versuche ich, die Position einer Allgemeinen Didaktik grafisch darzustellen.

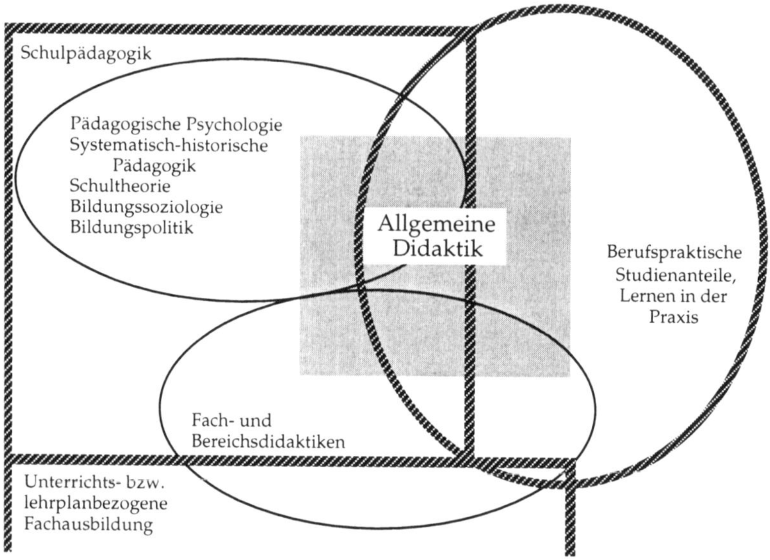

Schlussfolgerungen

Allgemeine Didaktik bündelt und koordiniert schulpädagogische Erkenntnisse. Ihre Leistungen bestehen in der bereichstypischen Zusammenschau theoretischer Konzepte und in einer gehaltvollen und professionellen Reflexion von Unterrichtspraxis.

Allgemeine Didaktik ist vorwiegend pragmatisch bedingt; umrissen durch ihre typischen aber auch notwendigen Funktionen im Rahmen der Lehrerinnen- und Lehrerbildung. In diesem Sinne ist sie unverzichtbar.

Literatur

Aebli, H. (1980). Denken, das Ordnen des Tuns. Kognitive Aspekte der Handlungstheorie. (Vol. 1). Stuttgart: Klett.

Aebli, H. (1981a). Denken, das Ordnen des Tuns. Denkprozesse. (Vol. 2). Stuttgart: Klett.

Aebli, H. (1981b). Grundformen des Lehrens : eine allgemeine Didaktik auf kognitionspsychologischer Grundlage. Stuttgart: Klett.

Aebli, H. (1987). Grundlagen des Lehrens: eine allgemeine Didaktik auf psychologischer Grundlage. Stuttgart: Klett.
Aebli, H. (1989). Zwölf Grundformen des Lehrens : eine allgemeine Didaktik auf psychologischer Grundlage. (4. Auflage ed.). Stuttgart: Klett.
Baruk, S. (1989). Wie alt ist der Kapitän? Über den Irrtum in der Mathematik. Boston, Berlin: Birkhäuser.
Bauersfeld, H. (1988). Quo vadis? Zu den Perspektiven der Mathematikdidaktik. mathematica didactica, 11, 3 - 24.
Berliner, D. (1992). The Nature of Expertise in Teaching. In F. Oser, A. Dick, & J. L. Patry (Hrsg.), Effective and Responsible Teaching . San Francisco: Jossey Bass.
Bönsch, M. (1991). Variable Lernwege - Ein Lehrbuch der Unterrichtsmethoden. Paderborn, Zürich: Ferdindand Schoeningh.
Bromme, R. (1992). Der Lehrer als Experte. Bern: Huber.
Clark, C. M., Yinger, R. J. (1987). Teacher Planning. In J. Calderhead (Hrsg.), Exploring teacher's thinking (97 - 99). London: The Falmer Press.
Cramer, H. (1950). Pädagogik und Allgemeine Didaktik : Seminarvorträge. Bamberg: C. C. Buchners Verlag.
Dewey, J. (1976). The Child and the Curriculum. In J. A. Boydston (Hrsg.) The Middle Works, 1899 - 1924 (Vol. 2, 71-291). London: Feffer and Simons.
Dick, A. (1997). 'Lehrerwerdung' als biographisch-wissenschaftliche Berufsentwicklung. schweizer schule (9/97), 28–36.
Frey, K., Frey-Eiling, A. (1993). Allgemeine Didaktik : Arbeitsunterlagen zur Vorlesung (Ordner: Arbeitsunterlagen zur Vorlesung): ETH Zürich; Verlag der Fachvereine a. d. Schweiz. Hochschulen und Techniken.
Gallin, S., Ruf, U. (1990). Sprache und Mathematik. Zürich: Verlag Lehrerinnen und Lehrer Schweiz (LCH).
Gallin, S., Ruf, U. (1995). Schüler schreiben Textaufgaben – Lesen durch Schreiben. mathematik lehren, 1995(68), 16 - 22.
Grell, J., Grell, M. (1993). Unterrichtsrezepte. Weinheim, Basel: Beltz.
Hascher, T. A., Oser, F. K., Spychiger, M. B., Jeckel, F. M. (1998, 2/98). The Learning Potential of Making Mistakes
Investigating the Culture of Making Mistakes in Schools. Paper presented at the AERA, San Diego.
Hengartner, E., Röthlisberger, H. (1995). Standorte und Denkwege von Kindern: Erkundungsprojekte in der fachdidaktischen Ausbildung. In E. Beck, T. Guldimann & M. Zutavern (Hrsg.), Eigenständig lernen (109-132). St. Gallen: UVK, Fachverlag für Wissenschaft und Studium.
Jost, D., Erni, J., Schmassmann, M. (1992). Mit Fehlern muss gerechnet werden. Zürich: Sabe.

Klafki, W. (1975). Didaktische Analyse als Kern der Unterrichtsvorbereitung. In W. Klafki (Hrsg.), Studien zur Bildungstheorie (126 - 153). Weinheim: Beltz.

Klafki, W. (1994). Schlüsselprobleme als inhaltlicher Kern internationaler Erziehung. In N. Seibert, H. J. Serve (Hrsg.), Bildung und Erziehung an der Schwelle zum dritten Jahrtausend (135 - 161). München: PimS.

Klafki, W. (1995). Zum Problem der Inhalte des Lehrens und Lernens in der Schule aus der Sicht der kritisch-konstruktiven Didaktik. In D. Brenner, R. Fatke, C.-L. Furck, A. Helmke (Hrsg.), Didaktik und/oder Curriculumtheorie - Grundprobleme einer international vergleichenden Didaktik (Vol. Beiheft 33, 91–102). Weiheim, Basel: Beltz.

Kobi, E. E. (1993,). Fehler. Arbeitspapier der 17. Mathematik-Tagung der AG 'Mathematik der nordwestschweizerischen Kantone', Schwarzenberg/LU.

Krauthausen, G. (1997). 'Freiräume' zum Mathematiktreiben. die neue schulpraxis, 67(5), 5-13.

Liechti, R., Gallin, S., Schmassmann, M., Schmitt, J., Stäuble, G., Wehrli, M. (1993). Mathematik im Gespräch. Zürich: Sabe.

Marti, H. (1998). Stand der Neuordnung der Lehrerinnen- und Lehrerbildung in der deutschsprachigen Schweiz: Bern. Beiträge zur Lehrerbildung, 16(2), 250-253.

Maurer, S. B. (1987). New Knowledge about Errors and New Views about Learners: What they mean to Educators and more Educators would like to know. In A. H. Schoenfeld (Hrsg.) Cognitive Science and Mathematics Education (165–188). Hillsdale, New Jersey; London: Lawrence Erlbaum Ass.

Meyer, M. A., Plöger, W., Klafki, W. (1994). Allgemeine Didaktik, Fachdidaktik und Fachunterricht. (Vol. Bd. 10). Weinheim, Basel: Beltz.

Oelkers, J. (1986). Ist Verstehen lehrbar? Ein Beitrag zur Fachdidaktik, Fachdidaktik und Lehrerbildung (30-53). Bad Heilbrunn: Klinkhardt.

Peterssen, W. H. (1996). Lehrbuch Allgemeine Didaktik. München: Ehrenwirth.

Plöger, W. (1992). Allgemeine Didaktik und Fachdidaktik : modelltheoretische Untersuchungen. (Vol. Bd. 18). Frankfurt, Bern: Lang.

Schmidt, H. (Ed.). (1973). Materialien zur Allgemeinen Didaktik und Methodenlehre des Unterrichts : Buecher, Bibliographien, Sammelwerke 1945-1971/72. Weinheim, Basel: Beltz.

Schön, D. A. (1983). The Reflective Practitioner: How Professionals think in Action. New York: Basic Books.

Schön, D. A. (1991). The Reflective Turn. Case studies In and On Educational Practice. New York: Teachers College Press.

Schröder, H. (1995). Studienbuch Allgemeine Didaktik : Grund- und Aufbauwissen zu Lernen und Lehren im Unterricht. (Vol. Bd. 8). München: Michael Arndt.

Schüpbach, J. (1997). Über Lehren Nach-Denken. Bern: Haupt.

Shulman, L. S. (1991). Von einer Sache etwas verstehen: Wissensentwicklung bei Lehrern. In E. Terhart (Hrsg.), Unterrichten als Beruf – Neuere amerikanische und englische Arbeiten zur Berufskultur und Berufsbiographie von Lehrern und Lehrerinnen (Vol. Bd 50, 145–160). Köln, Wien: Böhlau.

Trivett, J. V. (1977). Which researchers help teachers do their job? Mathematics teaching, 78, 39–43.

Wenzel, H., Wesemann, M., Bohnsack, F. (1989, 6. – 8. März 1989). Schulinterne Lehrerfortbildung: ihr Beitrag zu schulischer Selbstentwicklung. Arbeitspapier der Frühjahrstagung der Kommission Schulpädagogik/Allgemeine Didaktik der Deutschen Gesellschaft für Erziehungswissenschaft zum Thema "Veränderung von Schule durch schulinterne Lehrerfortbildung: Möglichkeiten und Schwierigkeiten", Essen.

Wittmann, E. C. (1995a). Aktiv-entdeckendes Lernen – vom Kind und vom Fach aus. In G. N. Müller, E. C. Wittmann (Hrsg.), Mit Kindern rechnen (Vol. 96, 10-41). Frankfurt a.M.: Arbeitskreis Grundschule.

Wittmann, E. C. (1995b). Mathematics Education as a Design Science. Educational Studies in Mathematics (ESM), 29(4), 355–374.

Wittmann, E. C. (1997). Offener Mathematikunterricht in der Grundschule – vom Fache aus. Vorabdruck, 17.

4. Schulpädagogische Forschung: aktuelle Situation anhand von Beispielen

4.1 Das Fach Pädagogik als Hilfe zur Bewältigung des Schulalltages

Beat Bertschy, Universität Fribourg

4.1.1 Einleitung

Wo Pädagoginnen und Pädagogen für die Schule ausgebildet werden, gibt es zumindest von der Sache her selbstverständlich 'Schulpädagogik', auch wenn dieses Fach vom Begriff her in den meisten Ausbildungsstätten der Schweiz einfach 'Pädagogik' genannt wird. Daher werde ich im folgenden den (in der Schweiz) noch üblicheren und häufiger verwendeten Begriff 'Pädagogik' verwenden. Mich interessieren als Lehrer/innenausbildner die Inhalte, die Kompetenzen, die didaktische Gestaltung in der Lehrer/innenbildung und die Frage, inwiefern Pädagogik für angehende Lehrpersonen eine Hilfe zur Bewältigung des Schulalltages sein kann.
Ich präsentiere die fünf leicht überarbeiteten Thesen, die ich am Kongress "Die Zukunft der Schulpädagogik in der Schweiz" in Ascona vorgestellt habe sowie meinen Vorschlag, welche pädagogischen Inhalte in den Lehrplänen der Lehrer/innenbildung berücksichtigt werden sollten.

4.1.2 Fünf Thesen zum Stellenwert der Pädagogik in der Lehrer/innenbildung

I.
Es ist erstaunlich, dass eine Wissenschaft bzw. eine Disziplin, die immerhin eine hundertjährige Tradition hat, sich in der Zusammenstellung ihrer inhaltlichen 'Standards' immer noch schwertut.
Diesbezüglich ist der Versuch von Oser (1997) wertvoll und anregend, die inhaltlichen Standards der Lehrerbildung (mit zwölf Bereichen und - wenn man genau nachzählt - insgesamt neunzig "Standards") aufzulisten, wenn auch diese im Detail noch weiterzudiskutieren und zu überprüfen sind. Nach Oser lassen

sich die Standards in folgende zwölf Bereiche einteilen: (Ich habe im Unterschied zu OSER 1997 die Titel der Bereiche leicht verändert und jeweils mit der verbalen Verwendung in eine aktive Handlungsform umformuliert):

1. Eine positive Lehrer-Schüler-Beziehungen aufbauen
2. Schüler beobachten und (mit Hilfe einer Diagnose) unterstützen
3. Disziplinprobleme bewältigen und Schülerrisiken vermindern lernen
4. Soziales Verhalten aufbauen und fördern
5. Lernstrategien vermitteln und Lernprozesse begleiten
6. Den Unterricht kompetent und methodisch reichhaltig gestalten
7. Die Leistungen der Schüler/innen messen und beurteilen
8. Die Medien im Unterricht sinnvoll einsetzen
9. Die Fähigkeiten zur konstruktiven Zusammenarbeit fördern
10. Die Fähigkeiten einer Lehrperson fördern, Kontakte mit der Öffentlichkeit herzustellen und die Schule nach aussen zu vertreten
11. Die Lehrperson befähigen, den Schulalltag mit ihren Ressourcen zu bewältigen
12. Didaktische und fachdidaktische Kompetenzen fördern

Es ist noch nicht völlig geklärt, welche aller aufgelisteten Standards in der Grundausbildung wirklich unabdingbar sind und welche allenfalls in der Weiterbildung zu vermitteln sind.

II.

In der Lehrer/innenausbildung benötigen wir *dringend eine problem-orientierte Einführung in die Pädagogik,* die von den verschiedensten Phäno-men des Schulalltags ausgeht und Handlungshinweise bzw. professionelle Kom-petenzen enthält, ohne billigen Rezepten zu verfallen.

Zwar sind immer wieder Einführungen in die (Schul-)Pädagogik erschienen oder neu aufgelegt worden. Aber diese gehen meist von einer wissenschaftlichen oder historischen Systematik aus. Im Unterschied zur Allgemeinen Didaktik oder der Pädagogischen Psychologie fehlt eine praxisrelevante Einführung in die Pädagogik, die Theorien und Forschungsresultate mit den alltäglichen pädagogischen Aufgaben einer Lehrperson verbindet. Im Kern geht es darum, die angehenden Lehrpersonen zu befähigen, eine Klasse zu führen und die erzieherische Verantwortung im Umgang mit Kindern wahrzunehmen.

Kinder und Jugendliche bringen die verschiedensten Voraussetzungen mit sich, sie stammen vermehrt aus fremden Kulturen; sie müssen ganzheitlich gefördert und möglichst umfassend beurteilt werden, deren Eltern wollen einbezogen und informiert werden. Pädagogische Daueraufgaben bleiben daneben der Umgang mit Unterrichtsstörungen, die Prävention von Gewalt in der Schule, der Umgang mit den neuen Medien sowie Sexualerziehung.

III.
Die (Schul-)Pädagogik hat ein hohes Eigeninteresse, eine möglichst hohe *Praxisrelevanz* ihrer Inhalte anzustreben und sich dadurch bei den Praktiker-Innen zu etablieren.
Die Skepsis bzw. 'Theoriefeindlichkeit' der 'Praktiker/innen' ist immer noch hoch (und oft berechtigt). Es ist eine anspruchsvolle Aufgabe, bei angehenden Lehrpersonen Offenheit gegenüber Theorien und Interesse für die wissenschaftlichen Forschung, die als Bereicherung und Horizonterweiterung verstanden wird, zu wecken. Dies setzt bei Dozentinnen und Dozenten in der Lehrer/innenausbildung eine Übersicht über den aktuellen Forschungsstand sowie eine breite Palette von didaktischen Kompetenzen voraus.

IV.
Die *schulpädagogischen Forschung* nimmt bis anhin innerhalb der Lehrer/innenbildung einen zu geringen Stellenwert ein.
Unterdessen liegen sehr viele Forschungsergebnisse vor, aber sie gelangen kaum zu denjenigen, für die diese Resultate handlungswirksam werden könnten! Das hat verschiedenste Gründe: An den meisten Lehrer/innenbildungsstätten umfasst ein Arbeitspensum vorwiegend die Bereiche 'Unterrichten und Beraten'. Da bleibt für die Rezeption neuerer Forschungsresultate und für eigene Forschung kaum oder nur wenig Zeit. Für Ausbildner/innen bleibt es eine Daueraufgabe, dass sie, das, was sie didaktisch und pädagogisch von angehenden Lehrkräften verlangen, immer auch selbst tun sollten, um glaubwürdig zu sein. Wer sich um eine qualitativ gute Lehre im didaktisch-methodischen Bereich bemüht, muss beim erforderlichen Arbeitspensum oft Abstriche in der Rezeption neuerer Forschungsergebnisse machen. Wer sich als 'allgemeiner Pädagoge' für die vielfältigsten Themen interessiert, für den wird es zusehends schwieriger, die Übersicht über den aktuellen Stand zu behalten.
Dozierende, die sich innerhalb ihres Fachs spezialisieren, werden zwar Experten in Teilbereichen, müssen dadurch aber oft andere Themen vernachlässigen oder

an Kolleginnendelegieren. Inwiefern es Studierenden gelingt, ein umfassendes Konzept aus den unterschiedlichen Veranstaltungen zu bilden (die oft von verschiedenen Paradigmen ausgehen) bleibt eine offene Frage.

V.

Es liegen erst Bruchstücke einer *Theorie der Fachdidaktik Pädagogik* vor. Einen vielversprechenden Vorschlag hierzu macht Reusser 1982 (zitiert nach dem Nachdruck 1992) : Er postuliert, dass die Didaktik der pädagogischen Fächer in der Lehrerbildung "vom Phänomen zum Begriff" und "vom Begriff zur Handlung" hin leiten muss. Was heisst dies konkret?

Vom Phänomen zum Begriff: Das genetische Vorgehen im Unterricht erfordere, dass der Ausgangspunkt eine erfahrbare pädagogische Situation sei, die in einem ersten Schritt in der Umgangssprache beschrieben werden soll. Anschliessend sollten die Beobachtungen geordnet werden, Motive hinter dem Beobachteten vermutet und Probleme formuliert werden. Die vorläufig 'naiven' (bzw. persönlichen) Deutungsversuche müssen nun den Lehrer-studentinnen und -studenten bewusst gemacht werden. Die Problemstellung muss nun 'aspektvielfältig' erschlossen bzw. phänomenologisch aufgearbeitet werden. Relevante Apekte, Bedingungen, Grund-Folge-Beziehungen müssen herausgelöst und systematisch ausgeleuchtet werden, d.h. mit Bezugnahme auf die Erziehungsgeschichte und Erziehungswissenschaft durch ein differenziertes Begriffsinventar in Worte gefasst und damit Klarheit geschaffen werden.

Vom Begriff zur Handlung: Aus dem entstandenen begrifflichen Netz ergeben sich nun Handlungsschemata, welche in Lehrübungen und Praktika angewandt und geübt werden sollen. Nur so wird nach Reusser "pädagogische Theorie anwendungsbewusst und im Verhalten integriert". (ebd.). Das eigentliche Ziel pädagogischer Theoriebildung sei es, "theoretische Gesichtspunkte verhaltenswirksam werden zu lassen im Sehen, Urteilen und Handeln." (ebd., S. 287).

Guter Theorieunterricht löst bei den Lernenden Betroffenheit und Befriedigung aus, wenn der Schritt von der Phänomen- oder Problem-Erfahrung über den begrifflich klärenden allgemeinen Gesichtspunkt hin zum Handeln führt.

In der folgenden Darstellung ist die Struktur des Theorie-Praxis-Bezuges in der Berufsbildung der Lehrkräfte des Seminars Lebermatt in Köniz dargestellt. Das Konzept ist ganz offensichtlich an Reusser 1982 angelehnt:

Der Theorie-Praxis-Bezugs in der Lehrer/innenbildung
(angelehnt an den Lehrplan des Seminars Lebermatt, Köniz, o.J., S. 1/6)

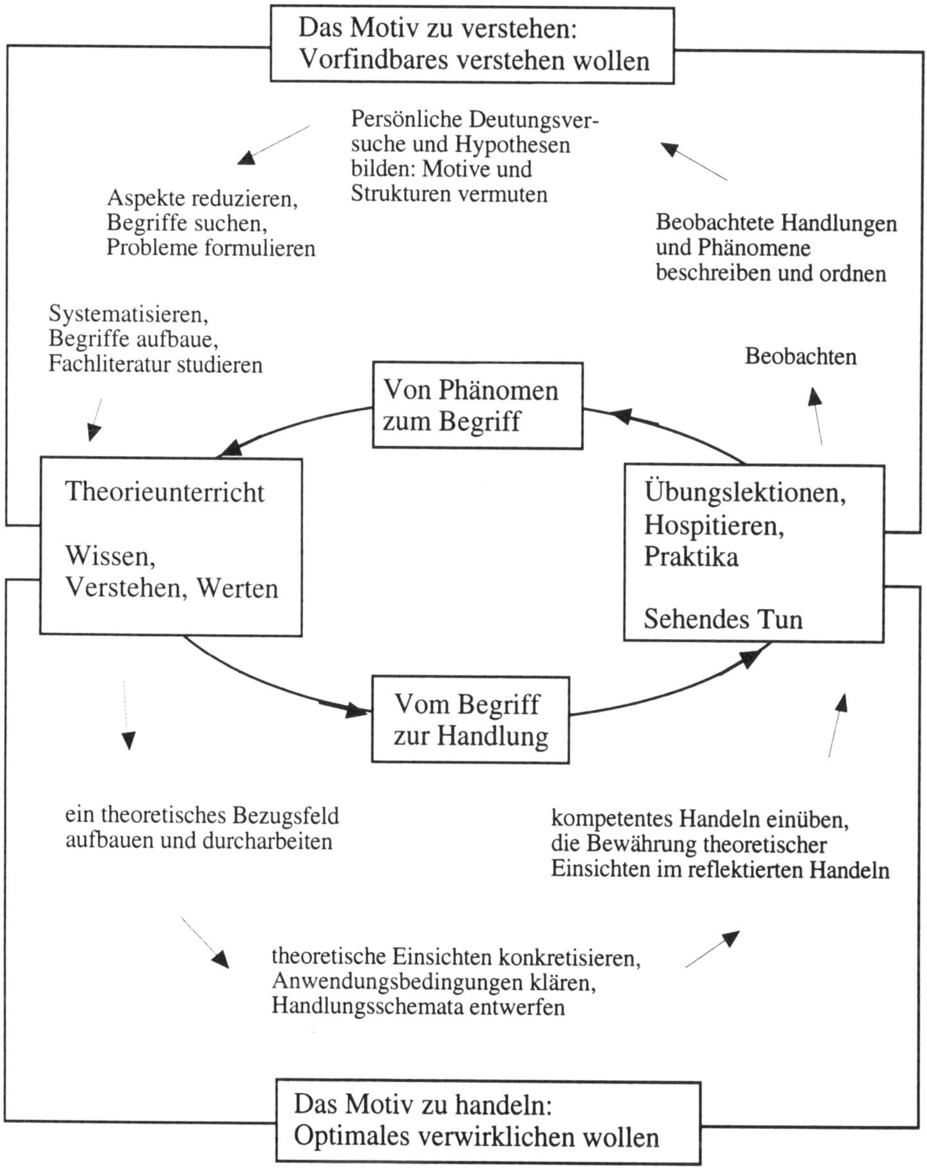

Nun sind "Phänomene der Erziehungswirklichkeit (...) zu komplex, als dass sie sich durch eine einzige methodisch-theoretische Zugangsweise klären lassen. (...) Dem unterschiedlichen Gegenstands- und Methodenverständnis der Pädagogik (...) entspricht ein didaktisches Vorgehen der mehrperspektivischen Erschliessung erzieherischer Wirklichkeit." (ebd., 289)

4.1.3 Sieben Methoden des Zugriffs (nach REUSSER 1982)

In Tabellenform veranschauliche ich - leicht verändert - die "7 Methoden des Zugriffs", die alle eine gewisse Gefahr in sich bergen (zitiert nach dem Nachdruck: REUSSER 1992, S. 290):

Methoden des Zugriffes	Methodenkritik
1. der phänomenologische Zugriff	die Gefahr des "verstellten" Blickes
2. der kasuistische Zugriff (das Fallbeispiel)	die Gefahr der vorschnellen Generalisierung
3. der hermeneutische Zugriff (die Situation interpretieren, das Vorverständnis klären)	die Gefahr der Dogmatik bzw. der Handlungsferne
4. der empirische Zugriff (Hypothesen prüfen, Bedingungen und Wirkungen analysieren)	die Gefahr des Verlustes des Phänomens, weil die Komplexität reduziert werden muss
5. der historische Zugriff (grosse Erzieher/innengestalten)	die Gefahr, dass Geschichte als Selbstzweck und ohne Bedeutung für die Gegenwart wirkt
6. der anthropologische Zugriff (das implizite Menschenbild befragen)	die Gefahr eines zu geschlossenen (und daher einseitigen) Menschenbildes
7. der biografische Zugriff (die Bedeutung für mich, Formen der Selbsterfahrung: Rollenspiel, Gruppengespräch, Selbstkonfrontation)	die Subjektivismusgefahr

4.1.4 Pädagogische Inhalte in der Lehrer/innenbildung

Auf der Grundlage von Unterrichtsbesuchen, von Vergleichen verschiedener Lehrpläne und aufgrund des Studiums von Fachliteratur bin ich auf die folgenden Lerninhalte des Fachs Pädagogik (ohne Didaktik und Pädagogische Psychologie) gestossen, die ich in acht Bereiche unterteile:

1. Einführung in die Grundbegriffe der Pädagogik
   Erziehung, Lernen, Entwicklung, Bildung, Sozialisation, Identität, Mündigkeit - Anthropologische Voraussetzungen der Erziehung - Erziehungsstile - Erziehungsziele, Erziehungswirklichkeit-Erziehungswissenschaft - das Verhältnis von Theorie und Praxis - Pädagogik.
2. Beschäftigung mit einem Klassiker der Pädagogik: z.B. Korczak als Erzieher - sein Leben, seine pädagogischen Anliegen, seine Aktualität für die Schule heute.
3. Aspekte des Lehrberufs (Lehrer/innenbild)
   Portraits von Lehrer/innen, die die Studierenden erlebt haben - Lehrer/innentypologien - Funktionen der Lehrperson, das LCH-Berufsleitbild – Erwartungen an Lehrpersonen - Berufsethos der Lehrer/innen - Lehrer/innenbiografien (incl. Praxisschock, Junglehrerberatung, Belastungsverarbeitung, Burnout, Zufriedenheit im Lehrberuf)
4. Der Bereich der Interaktion und Kommunikation
   Schulische Interaktionen (Wertschätzung, Lenkung, Verstehen, Empathie, Autorität) - Soziale Wahrnehmung - Der Zusammenhang von Lehrer/innenerwartung und Schüler/innenleistung - Schulangst - Selbstkonzept, Selbstwirksamkeit - Unterrichtsklima.
5. Umgang mit Unterrichtsstörungen, Aufbau von Selbstdiziplin
   Disziplin und Selbstdisziplin - Effektive demokratische Methoden, der Klassenrat - Regeln und Rituale - Konstruktive Möglichkeiten, um Disziplin zu erreichen - In Ruhe unterrichten - Stille und Konzentration, didaktisch-methodisch hervorgerufen.
6. Werterziehung in der Schule
   Schlüsselbegriffe: Norm, Moral, Ethik, Verantwortung, Gerechtigkeit, Fairness, Fürsorge. - Die Entwicklung des moralischen Urteils, Dilemmadiskussionen und Gerechte Gemeinschaft - Urteil-Handeln-Problematik – Weibliche Moral - Vergleich verschiedener Ansätze der Moralerziehung.

7. Schulgeschichte - Schultheorien
   Die Schule im 19. Jahrhundert - Geschichte der Mädchenbildung - Anliegen der Reformpädagogik - Die Schule heute - Die Kontroversen um mehrstufige Klassen und um getrenntgeschlechtliche Klassen - Teamentwicklung, Schulentwicklung.
8. Besondere pädagogische Herausforderungen im Lehrberuf
   Elternzusammenarbeit - Kindern aus fremden Kulturen - Sexualerziehung in der Schule, Gewaltprävention in der Schule - Schüler/innenbeurteilung – Medienerziehung - Integration oder Separation von Kindern mit besonderen schulischen Schwierigkeiten - Geschlechtsspezifische Sozialisation und Erziehung usw.

4.1.5 Abschliessende Bemerkung

Bei der Auflistung der acht Bereiche habe ich versucht, die einzelnen Bereiche plausibel einzuteilen und dabei einerseits die Logik des Fachs und andererseits die Themen aufzugreifen, die für die Lehrpersonen relevant sind und bei denen die Pädagogik aufgrund der Theorie und Empirie Hilfen anzubieten hat.
Auffällig an diesem inhaltlichen Katalog ist nebst der Vielfalt auch dasjenige, was fehlt: So fehlen insbesondere eine systematische Darstellung der wissenschaftstheoretischen Fragestellungen in der Pädagogik sowie eine systematische Auseinandersetzung mit der Geschichte der Pädagogik! - Warum entfällt dies in meinem Vorschlag? Natürlich sind diese Inhalte immer noch relevant. Sie sind für die Ausbildung künftiger Lehrkräfte aber zu abstrakt und sollen meiner Meinung nach nicht systematisch, sondern situativ behandelt werden: Sie haben mit grundlegenden Fragen zu tun, die im Unterricht immer wieder aufblitzen und in einem kurzen Exkurs einander gegenübergestellt werden und für Interessierte mit weiterführenden Hinweisen aufgefangen werden können. Zudem liegen zu diesen Themen viele brauchbare Veröffentlichungen vor.
Diskussionen über die Klassiker der Pädagogik finde ich nach wie vor sehr anregend. Daher sind sie zumindest teilweise integriert. Ich ziehe aber einen "problemorientierten Zugang" vor: Welche Aussagen beispielsweise zur Ganzheitlichkeit, zur sprachlichen Bildung oder zur Lehrerpersönlickeit von Rousseau, Pestalozzi, Girard oder anderen sind für die Erziehung und Bildung heute noch relevant?

Als Ausbildner im Fach Pädagogik wünsche ich, dass Lehrpersonen, die in der Praxis ihre Verantwortung wahrnehmen und sich den täglichen Aufgaben stellen, vermehrt erfahren dürfen, dass die wissenschaftliche Forschung sich auch in den Dienst ihrer Arbeit stellt und Hilfen zur pädagogischen Bewältigung des Schulalltages anbietet.

Literatur

Oser, F. (1997), Standards in der Lehrerbildung. Teil 1. Berufliche Kompetenzen, die hohen Qualitätsmerkmalen entsprechen. Beiträge zur Lehrerbildung. (15) 1/1997, S. 26-37.

Reusser, K. (1982), Vom Phänomen zum Begriff - vom Begriff zur Handlung. Zur Didaktik der pädagogischen Fächer in der Lehrerbildung. Beiträge zur Lehrerbildung. (0) 1/1984, 4-17. (Wiederabdruck in Beiträge zur Lehrerbildung (10) 3 /92, 280-293).

Reusser, K., Küffer, U. (1984), Thesen zum Pädagogikunterricht in der Lehrerbildung. Beiträge zur Lehrerbildung. 2/1984, 52-59.

4.2 Das Fach Didaktik in der Kindergärtnerinnen-Ausbildung Eine Befragung von Didaktiklehrerinnen im Kanton Bern

Evelyne Wannack, Universität Bern

4.2.1 Einleitung, Problemstellung, Vorgehen

Das Hauptmotiv zur Durchführung dieser Studie gründet in der Reform der Lehrerinnen- und Lehrerbildung im Kanton Bern. Eines der Hauptanliegen besteht darin, von einer integrativen Ausbildung der Lehrperson für alle Schuljahre der Primarschule zu einer Stufenausbildung zu kommen. Das Novum ist, dass auch die Kindergärtnerinnen-Ausbildung integriert wird.
Diese Integration wurde bes. in Holland mit der Ausbildung von Lehrkräften für das 4 - 12-jährige Kind vor zehn Jahren realisiert. Eine Evaluation dieser Ausbildung zeigte, dass mit der Umstellung viel Fachwissen über den Unterricht mit Kindergartenkindern verloren ging. Dieses Ergebnis lieferte den Ausgangspunkt meiner Fragestellung:
Welche Inhalte werden im Fach Didaktik an den Kindergärtnerinnenseminarien des Kantons Bern vermittelt und erarbeitet.
Es ist davon auszugehen, dass sowohl wissenschaftliches Wissen wie auch formelles Berufswissen der Didaktiklehrerinnen im Fach Didaktik zur Darstellung kommen.
Die Daten wurden mittels einer Dokumentenanalyse der Berufsbildungskonzepte der Kindergärtnerinnenseminarien des Kantons Bern (Marzili Bern, Neue Mittelschule Bern, Spiez und Biel) und in problemzentrierten Interviews mit den Didaktiklehrerinnen erhoben. Diese Methodentriangulation erlaubte es mir, eine möglichst umfassende und angemessene Abbildung des Untersuchungsgegenstandes zu erreichen.
Von den insgesamt dreizehn amtierenden Didaktiklehrerinnen erklärten sich zehn bereit, am Interview teilzunehmen, wobei zu bemerken ist, dass jedes Seminar vertreten war. In einem nächsten Schritt erfolgte die Bearbeitung mit Hilfe von Kategoriensystemen, um die Daten auszuwerten und darzustellen. Im Sinne des qualitativen Forschungsparadigmas führte ich eine kommunikative Validierung durch. Nach diesem Schritt bearbeitete ich die Ergebnisse nochmals, um sie in validierter Form präsentieren zu können. Als Ergebnis liegt eine strukturierte Beschreibung der Inhalte des Fachs Didaktik vor. Die Arbeit ent-

hält ebenfalls ein Ausbildungsprofil der Didaktiklehrerinnen sowie eine Zusammenstellung von Unterlagen und Literatur, die als Grundlage für den Didaktikunterricht verwendet werden.
Die Studie ist eine Grundlage, um im Bereich der didaktischen Ausbildung angehender Lehrpersonen für Kindergarten - Unterstufe in einen Diskurs zu treten. Es ist die Frage zu stellen, in welchem Verhältnis die Inhalte des Fachs Didaktik für den Kindergarten und die Inhalte des Fachs Allgemeine Didaktik der bisherigen Lehrerinnen- und Lehrerbildung stehen, um daraus ein Konzept für die Ausbildung von Kindergarten-Unterstufen-Lehrpersonen zu entwickeln.

4.2.2 Ergebnisse

Die Ergebnisse gliedern sich gemäss den Fragestellungen in folgende Abschnitte:

- Ebene der fachlichen Inhalte
- Zum Fachverständnis
- Die Didaktiklehrerinnen an Kindergärtnerinnenseminarien
- Grundlagen für die Unterrichtsvorbereitung und Unterrichtsdurchführung

Das Kernstück der Studie ist die Ebene der fachlichen Inhalte.
Folgende Fragestellungen leiteten die Erhebung:

- Ziel dieser Untersuchung ist eine Beschreibung, welche Inhalte im Fach Didaktik an den Kindergartenseminarien des Kantons Bern vermittelt und erarbeitet werden.
- Die Bereiche oder Themen werden im Versuchslehrplan, aber auch in den Ausbildungskonzepten oftmals mit Etiketten (bes. Spielerziehung) versehen, ohne das Teilthemen ersichtlich wären. Welche Teilthemen werden erarbeitet?

Um die Ergebnisse in diesem Bereich zu dokumentieren, habe ich zwei Darstellungstypen gewählt. Typ I arbeitet mit thesenartigen Aussagen, die ich aus dem Datenmaterial mittels Kategoriensystem analysiert und herausgearbeitet habe.

Beispiel: Medien zur Unterstützung der Kindergartenarbeit
Die Aussagen, die zu dieser Unterkategorie gemacht wurden, lassen sich zu drei Kernaussagen verdichten:

- Bilderbuch, Bilddokumente und audiovisuelle Medien bilden einen Teil der Hilfsmittel, die im Kindergarten eingesetzt und zu denen Auswahlkriterien besprochen werden. Dem Bilderbuch kommt eine Vorrangstellung, ähnlich den Spielmaterialien, zu.
- Arbeitsmittel (der Abnutzung unterliegende Gegenstände wie Musikinstrumente, Werkzeuge usw.) und Arbeitsmaterialien (Begriff kann synonym zu Spielmitteln verwendet werden) sind grundlegende Hilfsmittel, um Primärerfahrungen zu ermöglichen.
- Bei den Themen Fernsehen, Video und Computer wird nicht deren Einsatz besprochen, sondern eher die Auswirkungen, die sie auf die Kinder zeitigen (Fernsehkonsum, Umgang mit Computerspielen, die in den Kindergarten mitgebracht werden). Die Betonung der Primärerfahrungen (vgl. auch das Prinzip der Lebensnähe) vor den Sekundärerfahrungen rückt ins Zentrum.

Der zweite Typ ist eine Verbindung von Grafik und Kommentar. Es wurde versucht, die Aussagen in Grafiken strukturiert darzustellen und mit einem Kommentar zu versehen. Die jeweiligen Kommentare resultierten aus den Aussagen der Didaktiklehrerinnen.

Beispiel: Spielerziehung

Abb.: Spielerziehung

4.2.3 Kommentar

Grundlagen

- Als Ausgangspunkt für die Spielerziehung dienen Erkenntnisse aus der Entwicklungspsychologie zum Thema "Das Spiel im Kleinkind-und Vorschulalter". Dabei werden, gemäss dem genetischen Prinzip, die Spielformen aus der Spielentwicklung der Kinder herauskristallisiert.
- Ein zweiter wichtiger Punkt, der zu diesem Thema erarbeitet wird, ist die Bedeutung des Spiels für die Kinder. Dabei geht es nicht nur um das Lernen in irgendeiner Form im Spiel, sondern auch darum, das Spiel als beziehungsstiftendes Element zu Dingen und Mitmenschen zu erkennen. Eine weitere Dimension, die im Spiel eröffnet wird, ist das Verarbeiten und das Erproben von realen Lebenssituationen oder wie es eine Didaktikerin nannte, eine Vorübung zum Leben. Wie vollumfänglich Kinder im Spiel leben, ist auch daraus abzuleiten, dass sie Dinge aus ihrer Umwelt im Spiel beseelen; sie werden für sie lebendig.

Spielformen

- Wie bereits oben beschrieben, werden die Spielformen aus entwicklungspsychologischen Kenntnissen extrahiert. Sie bilden ein Gerüst, um Spielangebote zu planen und anzubieten.

Spielpflege

- Die Spielpflege lässt sich in zwei Unterthemen teilen: Zum einen werden die Kinder angeleitet, das Spielen zu lernen; zum andern geht es um das Spielmaterial, mit dem die Kinder sachgerecht und sorgfältig umgehen lernen.
- Die Kinder kommen mit sehr unterschiedlichen Voraussetzungen hinsichtlich des Spiels in den Kindergarten. Die angehende Kindergärtnerin lernt Möglichkeiten kennen, die Kinder zum Spielen zu motivieren und/oder ihnen das Spielen zu lehren. Hierzu werden direkte Anleitungen wie das Einführen eines Spielmaterials, das Vor- und Mitspielen mit einzelnen Kindern oder einer Spielgruppe und auch die Beratung der Kinder genannt. Zur eher indirekten Spielförderung gehören, durch Beobachtung zu merken, wie Spielplätze attraktiviert werden können (z.B. durch

zusätzliches Material), Spielecken zu eröffnen und andere wegzuräumen oder zu schliessen.

- Das zweite Unterthema setzt sich mit der Frage auseinander, welche Möglichkeiten vorhanden sind, um den Kindern einen sachgerechten Umgang mit dem Spielmaterial zu ermöglichen, damit diese in vielfältiger und verantwortungsbewusster Art und Weise damit umgehen können. Wie bereits oben erwähnt, finden auch hierzu Einführungen statt, um den Kindern Möglichkeiten und Grenzen von Spielmaterialien aufzuzeigen.

Spielmaterial

- Spielmaterial stellt einen Oberbegriff dar und subsumiert die Spielmittel und das Spielzeug. Unter Spielmitteln bzw. unstrukturiertem Material werden eigentlich sämtliche Materialien zusammengefasst, "vom natürlichen bis zu jeglichem Material, das das Kind in seiner Umgebung findet" (Definition einer Didaktikerin). Davon unterscheidet sich das Spielzeug oder das strukturierte Material, wie es kommerziell (Pastorini, Franz Carl Weber etc.) hergestellt wird. Als Hauptmedium mit grossem Potential werden die Spielmittel bezeichnet, da sie durch die Unstrukturiertheit nicht bereits eine Handlung vorgeben. Mit Stecken, Tüchern und Wäscheklammern lassen sich die unterschiedlichsten Spiele erfinden und arrangieren, während ein Verkaufsladen bereits Spielmöglichkeiten vorgibt.
- Nebst dieser Unterscheidung werden aber auch Auswahlkriterien für Spielmittel und Spielzeug erarbeitet. Den Kindern sollen vor allem durch die Spielmittel primäre Erfahrungen mit Materialien aus der Umwelt ermöglicht werden, also Kennenlernen und sachgemässer Umgang mit Holz, Steinen, Lehm, Erde, Sand, Wasser etc. Dem nachgestellt ist die Frage, welchen Kriterien gutes Spielzeug genügen soll, welche Spiele mit mehr oder weniger strukturiertem Material (Spielzeug) möglich sind, verbunden mit der Frage, ob nicht mehr Spielmöglichkeiten eröffnet werden, wenn gewisses Spielzeug nicht vorhanden ist. Hierzu werden die "klassischen Kindergarten-Materialien" von Friedrich Fröbel und Maria Montessori vorgestellt.
- Nicht verschliessen kann sich der Kindergarten dem Spielzeug, das die Kinder von zu Hause mitbringen. Welche Möglichkeiten ergeben sich im Umgang mit diesen? Eine weitere Frage, die thematisiert wird.

Spielangebote

- Wie in der Einführung beschrieben, ist es das Ziel der Ausbildung, den angehenden Kindergärtnerinnen Aspekte, Hintergründe, Ziele der Spielerziehung aufzuzeigen, damit diese ein möglichst gutes Spielangebot für die Kinder bereitstellen können. Dabei sollen die Seminaristinnen sich ein Konzept, wie sie Spielangebote darbieten, erarbeiten. Ein weiterer wichtiger Punkt ist die Beobachtung, wie die Kinder mit den Spielangeboten umgehen. Daraus ergeben sich für die Kindergärtnerin wichtige Hinweise, welche Angebote fehlen, welche überflüssig sind. Wir können eine Reziprozität zwischen dem Angebot der Kindergärtnerin und den Bedürfnissen der Kinder feststellen, die wiederum zu neuen Spielangeboten oder Spielimpulsen führt.

Konzepte zur Orientierung

- Die drei Konzepte zu Basis- und Stützfunktionen, Förderungsbereiche, Bildungsbereiche, dienen als Anhaltspunkte, um ausgewogene Spielangebote zu machen.
- Thematisch gebundene Spielangebote verstehen sich im Zusammenhang mit dem aktuellen Thema, das im Kindergarten bearbeitet wird; ungebundene Spielangebote zielen auf Bedürfnisse einzelner Kinder oder Kindergruppen ab. Diese können sowohl von der Kindergärtnerin bereit gestellt wie auch aufgrund von Ideen der Kinder zusammengestellt werden.

Raumgestaltung (innen und aussen)

- Den äusseren Rahmen für die Spielangebote bilden der Kindergarten und das Areal um ihn herum. Dabei spielen räumliche Einteilung (Garderobe, Küche, Kindergartenraum) und Einrichtung (fixe oder mobile Einrichtungsgegenstände) eine wesentliche Rolle. (Innen-) Architektonische Rahmenbedingungen im Kindergarten ermöglichen oder verhindern Spielangebote. Ein weiterer Aspekt, der betrachtet wird, ist die Zugänglichkeit zu Materialien. Welche Spielmittel, welches Spielzeug ist den Kindern frei zugänglich, wo sind sie auf die Hilfe oder Beratung der Kindergärtnerin angewiesen?

ZeitlicheDimension

- Anknüpfend z.B. an die spielzeugfreien Kindergärten stellt sich die Frage, wie der Kindergarten zu Beginn des Kindergartenjahres eingerichtet werden kann, welches Spielmaterial zu welchem Zeitpunkt im

Jahresverlauf eingeführt oder hervorgenommen wird. Das Wegräumen von Spielmaterial spielt eine wichtige Rolle, um Neuem Platz zu machen, und muss im Raum- und Freispielkonzept beachtet werden. Die Dauer eines Angebots ist wiederum von verschiedenen Überlegungen abhängig: Führe ich ein Spielangebot weiter, auch wenn das Thema im Kindergarten beendet ist? Wann wechsele ich thematisch ungebundene Spielangebote usw.?

Soweit je ein Beispiel für die Typen I und II der Ergebnisdarstellung.

Weiterführende Forschungsfragen

Wie in der Einleitung beschrieben wurde, wird die gemeinsame Ausbildung von Lehrpersonen für den Kindergarten und die Unterstufe, also 1. / 2. Klasse der Primarschule, angestrebt. Die Studie hat den Fokus auf den Kindergarten gerichtet. Im Anschluss dieser Sichtweise lassen sich nun mögliche weitere Fragen extrahieren:

- Welche Inhalte im Fach Didaktik werden in Grundausbildungen mit integralem Patent (Kanton Bern) bzw. in Ausbildungen zur Unterstufenlehrperson vermittelt (interkantonaler, internationaler Vergleich)?
- Welche Inhalte des Fachs Allgemeine Didaktik der bisherigen seminaristischen Ausbildung sind für die zukünftige KG-US - Ausbildung relevant?
- Inwiefern ergeben sich Unterschiede, wenn eine Eingangsstufe definiert und daraufhin ausgebildet wird (Einbezug von Erfahrungen und Untersuchungen aus anderen Kantonen und Ländern, die eine Eingangsstufe kennen)?
- Der Status der Kindergärtnerinnen- und der Lehrerinnen- / Lehrerbildung ist (mit Ausnahme der maturitätsgebundenen Lehrerinnen- / Lehrerbildung und der Lehrerinnen- / Lehrerbildung für Berufsleute) eine auf der Sekundarstufe II angesiedelte Ausbildung. Wie wird dem Umstand der Tertialisierung Rechnung getragen?
- Eine Evaluation zu Aspekten hinsichtlich Stellenwert der Bildungsarbeit mit kleinen Kindern, Prestige-Hierarchie in Bildungsberufen und Qualität der Ausbildung für den Unterricht mit jüngeren Kindern, wie sie von Alberts (1994) formuliert werden, ist notwendig. Damit gekoppelt ist auch die Frage, ob ein typischer Frauenberuf im Vergleich zu Lehrpersonenkategorien der Sekundarstufe I und II als gleichwertig anerkannt wird.

4.3 Hohe Zufriedenheit und hohe Belastungen - ein Widerspruch im Lehrberuf

Thomas Bieri, Universität Bern

Zu Beginn der 90er Jahre war die Situation auf dem Lehrerarbeitsmarkt in einigen Schweizer Kantonen angespannt. Der Mangel an Lehrpersonal hatte unter anderem damit zu tun, dass jedes Jahr eine ansehnliche Zahl Lehrerinnen und Lehrer ihre Stelle kündigten. In letzter Zeit häufen sich empirische Studien, wonach Lehrkräfte mehr als andere Berufsgruppen physischem und psychischem Leidensdruck unterworfen und deshalb besonders gefährdet seien, ihren Beruf nach einigen Jahren desillusioniert, frustriert und ausgebrannt aufzugeben. Solche Befunde lassen vermuten, die Berufsunzufriedenheit unter den Lehrkräften sei besonders ausgeprägt.

In dieser Situation beauftragte das Erziehungsdepartement des Kantons Aargau die Forschungsstelle für Schulpädagogik und Fachdidaktik, zu klären, ob die hohe Anzahl Kündigungen von Aargauer Lehrkräften durch die hohe Berufsbelastung verursacht werde. Lässt sich der Bedarf an Lehrkräften planen, ihre Verbleibenszeit erhöhen, wenn bekannt wäre, aus welchen Gründen sie die Schule verlassen oder in ihr bleiben? Lassen sich Massnahmen treffen, welche die Lehrpersonen davon abhalten könnten, ihre Anstellung aufzugeben?

Seit 1994 befragt die Forschungsstelle alle austretenden Aargauer Lehrkräfte der Volksschule (seit 1996 inklusive Kindergarten) schriftlich zu den Hintergründen ihrer Kündigung, zu den Ursachen beruflicher Zufriedenheit und Belastungen, zur Belastungsverarbeitung, zum körperlichen Wohlbefinden, zur Wiederwahlabsicht des Berufes im Falle einer erneuten Wahl, zu Burnout etc. Eine ungefähr gleiche grosse Anzahl von Lehrkräften, die ihre Stelle behalten, dient jeweils als Kontrollgruppe. 1995 wurden auch Solothurner Lehrkräfte befragt, 1996 und 1997 auch solche im Kanton Luzern.

4.3.1 Durchführung

Verschickt werden die Fragebögen jeweils an alle Lehrkräfte, die auf Ende Schuljahr (Juli) ihre Stelle aufgeben, sowie an eine gleich grosse Kontrollgruppe (bzw. je 200 Lehrpersonen in den Kantonen Luzern und Solothurn) von Lehrkräften, die ihre Stelle behalten. Die Rücklaufquoten liegen zwischen 58% und 75%. Auf die Befragung reagierten aber jeweils mehr Lehrkräfte; darunter etliche, die angaben, weshalb das Ausfüllen der Fragebögen in ihrer speziellen Situation keinen Sinn ergäbe. Zwischenzeitlich sind die Antworten von über 2'000 Lehrkräften bei der Forschungsstelle eingetroffen und grösstenteils ausgewertet. Im Kanton Aargau wurde in den Jahren 1994 und 1995 mit jeweils 20 kündigenden und an ihrer Stelle bleibenden Lehrkräften zusätzlich Telefoninterviews durchgeführt.

Die Teilnahme an der Befragung ist freiwillig. Die Fragebogen werden jeweils mit einem Begleitbrief der oder des Vorstehenden des Departementes verschickt. Darin wurden die Gründe und die Bedeutung der Befragung offengelegt und die anonyme Durchführung wird garantiert.

4.3.2 Zu einigen Ergebnissen

Nach den Angaben der Lehrkräfte ist das Gegenteil der eingangs erwähnten Hypothese der Fall. Trotz beklagten hohen Belastungen ist die Mehrheit der Lehrpersonen nicht unzufrieden; fast vier Fünftel würden ihren Beruf wieder ergreifen, hätten sie nochmals die Wahl. Tatsächlich kündigen die Lehrerinnen und Lehrer weitgehend unabhängig von der Einschätzung ihrer beruflichen Situation. Für fast 60% sind "vorwiegend private Gründe" ausschlaggebend. Weitere wollen noch "etwas Neues ausprobieren" oder können einem neuen Angebot "einfach nicht widerstehen". Der Anteil jener, die durch einen Stellenwechsel einer unbefriedigenden Situation zu entkommen versucht, beträgt um die 20% und ist damit im Vergleich zu anderen Berufsgruppen (Werte bis 70%) äusserst gering.

4.3.3 Voraussetzungen für berufliche Zufriedenheit

Welche Einzelzufriedenheiten sind für die generelle berufliche Zufriedenheit von Bedeutung? Welche beruflichen Merkmale eigenen sich als Prädiktoren (Voraussagewerte) für die berufliche Zufriedenheit? Bei kündigenden und bleibenden Lehrkräften ist die Zufriedenheit mit der Möglichkeit zur Selbstverwirklichung, mit den erzieherischen unterrichtlichen Erfolgen sowie mit der Arbeit mit Kindern entscheidend.

Interessant ist: Mit einer Ausnahme (Zufriedenheit mit der Arbeit mit Kindern) handelt es sich nicht um jene Einzelzufriedenheiten, welche die höchsten Zufriedenheitswerte erzielten (beispielsweise Dauer der Ferien, Arbeitsweg, verantwortungsvolle Tätigkeit), die für die Konstitution einer zusammenfassenden Form beruflicher Zufriedenheit wichtig sind. Andererseits sind auch berufliche Merkmale, die zu grossen Unzufriedenheiten veranlassten, für die Entstehung beruflicher Zufriedenheit unerheblich, so die Zufriedenheit mit der Weiterentwicklung im Schulwesen, mit den beruflichen Aufstiegsmöglichkeiten oder mit dem Image des Lehrberufs. Auch die Besoldung oder die Klassengrösse fungieren nicht als 'Zufriedenheitsmacher'.

Die Zufriedenheit mit der Möglichkeit zur Selbstverwirklichung ist auch das wichtigste Merkmal hinsichtlich der Absicht, den Beruf wieder zu ergreifen, stünde die Wahl nochmals an. Wer würde am ehesten wieder gleich wählen? Jüngere Lehrkräfte würden den Beruf eher wieder ergreifen als ältere, Frauen eher als Männer, Kindergärtnerinnen und Primarschullehrkräfte eher als Lehrkräfte der Sekundarstufe I.

4.3.4 Widersprüchliche Zusammenhänge

In vielen Fällen hat es sich als schwierig erwiesen, zwischen Belastungen, Zufriedenheit, Kündigungsgründen und Prädiktoren (Voraussagewerte) verlässliche Beziehungen zu finden. Trotz beklagten hohen Belastungen reduziert sich die berufliche Zufriedenheit für eine klare Mehrzahl der Lehrpersonen nicht.

Kindergärtnerinnen sind von allen Lehrkräftegruppen am zufriedensten, sie würden den Lehrberuf im Falle einer erneuten Berufswahl am ehesten wieder ergreifen, denken aber gleichzeitig am häufigsten an Kündigungen. Trotz höherer Zufriedenheit denken Lehrerinnen und jüngere Lehrkräfte häufiger an Kündigungen als Lehrer und ältere Lehrkräfte.

Schulpflege und die Beziehungen zu Eltern beispielsweise provozieren etlichen Unmut und tiefe Zufriedenheitswerte, aber Schulpflege und Eltern gehören zu den am wenigsten belastenden Merkmalen. Verhaltensweisen und Eigenschaften von Schülerinnen und Schülern verursachen die stärksten Belastungen (gleichzeitig sind sie Quelle grösster Zufriedenheiten), führen aber kaum zu Kündigungen. Ausschlaggebend für das Ausmass der empfundenen beruflichen Belastungen insgesamt (Prädiktoren) ist nicht die Schülerschaft, sondern die psychische und zeitliche Inanspruchnahme.

Lehrkräfte sind hoch zufrieden ... und kündigen doch. Die Annahme, dass Lehrkräfte, die mit ihrer Arbeit zufrieden sind, ihrem Beruf treu bleiben, wird dadurch in Frage gestellt. Auf der Basis von Kündigungsmotiven Massnahmen zur Verbesserung der beruflichen Lage oder zur Reduktion von Kündigungen zu planen, ist also nur beschränkt möglich.

Mein Fazit: Die Position von Menschen zu ihrer beruflichen Tätigkeit ist inkonstant, ambivalent und mehrperspektivisch bestimmt, das Verhalten der Lehrkräfte daher zuweilen wenig berechenbar.

4.4 Bedingungen für das Erlernen eines differenzierten Umgangs mit kulturellen Vorurteilen am Beispiel von Schule in Deutschland

Anke Poenicke, Universität Tübingen

Die im Laufe der Arbeit zu überprüfende Grundannahme geht von der Möglichkeit aus, Schülerinnen und Schülern zu einem differenzierten Umgang mit eigenen Vorurteilen zu verhelfen. Von der weiteren Prämisse geleitet, dass die Lernenden in der Schule vor allem durch Schulbücher, Projekte, Lehrende sowie die Schulorganisation geprägt werden, sollen diese vier Einflussgrössen im Hinblick auf das Thema der Arbeit untersucht werden. Drei Leitfragen werden im Vordergrund stehen:

1. Welche grundlegenden Konzepte gibt es?
2. Welche Konzepte favorisieren welche Einstellungen und Verhaltensmuster?
   a. Theoretische Diskussion der Konzepte.
   b. Punktuelle Überprüfung der Konzepte in der Praxis.
3. Welche Konzepte sollen wie verändert werden?

Im ersten Schritt wird die gesamte relevante Primär- und Sekundärliteratur (Schwerpunkt Deutschland) systematisch, was erlauben wird, die grundlegenden Konzepte herauszuarbeiten, die zum Abbau von kulturellen Vorurteilen für die Schule entwickelt worden sind bzw. bereits in der Praxis erprobt werden.

Sind diese Konzepte theoretisch und interdisziplinär ausgewertet, stellt das Problem der Trennung der vier genannten Einflussfaktoren bei den geplanten Wirkungsuntersuchungen ein Methodenproblem dar. Sollte dieses nicht befriedigend gelöst werden können, so werden Klassen oder Schulen zu ermitteln sein, die besonders erfolgreich im Sinne der Fragestellung sind, um dort zu untersuchen, durch welche Faktoren dies wie geschieht.

Geplant sind quantitative und qualitative Untersuchungen: Quasi-Experiment, schriftliche Gruppenbefragung, Unterrichtsbeobachtung, teilnehmende Beobachtung, Interviews in intensiven Gruppen- und Einzelgesprächen, Auswertung von Transkripten von Unterrichtsstunden, Stichprobe mit ca. 6

Personen (für Exkurs, Auswahlverfahren: bewusst). Ich greife dabei auf gut handhabbare Methoden zurück, wie das Problem der sozialen Erwünschtheit, die bei dem Thema der Arbeit eine besondere Rolle spielen wird, kontrolliert werden kann.

Das Ziel wird in jedem Fall ein möglichst genaues Bild davon sein, wie Schule sein muss, damit sie ihre Schülerinnen und Schüler im Sinne des Postulats der Völkerverständigung auf ein Leben in einer multikulturellen und pluralistischen Gesellschaft vorbereitet.

5. Die Zukunft der Schulpädagogik und Zukunftsfelder schulpädagogischer Forschung in der Schweiz

5.1 Schulpädagogik und Lehrerbildung

Anton Hügli, Universität Basel

5.1.1 Schulpädagogik im historischen Wechselbad zwischen Erwartung und Enttäuschung

"Pädagogik", so definierte seinerzeit Herbart, "ist die Wissenschaft, deren der Erzieher für sich bedarf." Schulpädagogik, so könnten wir in Abwandlung dieser Definition sagen, ist die Wissenschaft, deren die Lehrperson für sich bedarf. Und diese Definition trifft in der Tat ziemlich genau das, was erstmals explizit als "Schulpädagogik" bezeichnet wurde, was dann aber zumeist unter dem Titel "Praktische Pädagogik" lief und was nach wie vor das Kernstück auch der heutigen Disziplin der Schulpädagogik bildet.

Angesichts des bekannten Faktums, dass, im Zuge der Herausbildung des neuzeitlichen Schulwesens im 18. und 19. Jahrhundert, es und vor allem die Lehrerinnen und Lehrer waren, die der Pädagogik bedurften, verwundert es nicht, dass die - in der Folge dieser Entwicklung - sich als Disziplin und Begriff etablierende Pädagogik Berufsdisziplin der Lehrerinnen und Lehrer und in diesem Sinn Schulpädagogik war und es bis heute geblieben ist. Die meisten Spezialpädagogiken, die sich inzwischen ausdifferenziert haben, von der Sonderpädagogik über die Berufs- und Hochschul- bis hin zur Militärpädagogik, sind die pädagogische Antwort auf die Kreation immer neuer Lehrkräfte in einer nach allen Richtungen hin sich progressiv verschulenden Gesellschaft. Die Pädagogiken, die explizit nicht diesem Zweck dienen - die Sonderpädagogik etwa, die Familien- und Vorschulpädagogik -, bestimmen sich primär aus ihrer Abgrenzung zur Schulpädagogik.
Warum aber bedarf der Lehrberuf überhaupt einer Wissenschaft? Die historische Antwort ist klar, und sie ist bis heute unbestritten geblieben. Das Erziehungssystem kann die ihm zugedachte Aufgabe in der modernen Gesellschaft nur erfüllen, wenn die Erziehung, wie der erste Inhaber eines

gesetzlichen Lehrstuhls für Pädagogik, Christian Trapp 1780 dies fordert, zu einer "eigenen Kunst" wird, "von ihren eigenen Leuten getrieben", und wenn man diesen Leuten zu ihrer Anleitung wiederum Leute beigesellt, "die das Erziehungswesen gehörig studirt haben und bloss für dasselbe leben" .

Pädagogik als Wissenschaft, mit einem Wort, ist nichts anderes als eine Folge der Arbeitsteilung, eine logische Folge mehr des klassischen Programms der Moderne, des, wenn man Max Weber Glauben schenken will, universalhistorisch einmaligen Versuchs, alle Lebensbereiche berechenbar, kontrollierbar, disziplinierbar und methodisch beherrschbar zu machen. Zur Erfüllung dieses Programms braucht jede Praxis ihre Wissenschaft, die Praxis des Heilens braucht die Medizin, die Rechtspraxis die Rechtswissenschaft, die politische Praxis die Staatswissenschaft und die pädagogische Praxis eben die Pädagogik.

Bemerkenswerterweise bleibt jedoch im Begriff "Pädagogik" selber ungeschieden, was man künstlich und institutionell zu trennen versucht; denn als Pädagogen gelten sowohl jene, die selber erziehen und unterrichten, wie auch jene, die das Erziehen und Unterrichten anderen überlassen und sich mit dem blossen Reden über das Erziehen begnügen. Die vorgeschlagene terminologische Abgrenzung, dass man die "praktischen Erzieher" "Pädagogen", die der "pädagogischen Theorie Kundigen" "Pädagogiker" nennen solle, hat sich nie recht durchsetzen wollen. Es bestand auch nie ein Zweifel daran, welche der beiden Gestalten des Pädagogen die eigentlich primäre ist. Die Praxis, so ist immer wieder und nicht nur bei den geisteswissenschaftlichen Pädagogen zu lesen, geht der Theorie voran, sie hat ihre eigene Dignität und kann deshalb - zumindest theoretisch - ohne Theorie bestehen, nicht aber die Theorie ohne Praxis. Der theoretische Pädagoge ist darum letztlich bloss ein Spaltprodukt, ein schemenhafter Doppelgänger und blosser Schatten des praktischen Pädagogen, nur dort ganz er selbst, wo er den Bewegungen des Praktikers folgt, sich die Augen durch die Praxis öffnen lässt und mit seinen Überlegungen und Fragen diese Praxis zu durchdringen versucht. Dies erklärt auch Herbarts bekannte Forderung, die Pädagogik müsse sich "so genau als möglich auf ihre einheimischen Begriffe besinnen", um ein "selbständiges Denken" zu "cultivieren". Und in letzter Konsequenz heisst dies: Die "Erziehungswissenschaft" unterliegt derselben Zweckbestimmung wie die Erziehungskunst, jener Zweckbestimmung nämlich, die man schon in J. F. Roths "Gemeinnützigem Lexikon für Leser aller Klassen" von 1788 nachlesen kann und an der sich im Kern bis heute nichts geändert hat: Dafür zu sorgen, dass "durch eine planmässige oder methodische Einwirkung, vornehmlich mittels des Unterrichts oder der Belehrung so wie der Gewöhnung, des Wetteifers und des Beispiels, die Jugend ihrer allgemein-menschlichen sowie volksthümlich-politischen Bestimmung" entgegengeführt wird .

Mit dieser Zweckbestimmung im Rücken und dem Praktiker am Bein kann eine Wissenschaft jedoch keine grossen Sprünge machen. Eben sehr weit hat es die Pädagogik jedenfalls nicht gebracht, im Bereich der Wissenschaft nicht, aber auch nicht in Bezug auf die Praxis. Die Wellen der Erwartung schlagen zwar immer wieder hoch, um so grösser aber sind dann auch die Enttäuschungen.

Als man 1771 der gelehrten Welt die zwei Jahre zuvor noch "ungeborne" Wissenschaft als die "neugeborne", aber noch "unerwachsene" Wissenschaft ankündigt, wird ihr eine nicht unbeträchtliche "Grösse" prophezeit, "die sie zwar noch nicht erreicht hat", die sie aber "erreichen kann und vermutlich noch erreichen wird". Rein äusserlich gesehen hat die Pädagogik dieses Ziel auch schon nach kurzer Zeit erreicht: Sie verfügt über zahlreiche Publikationsorgane und hat bereits ihren festen Platz im "System der Wissenschaften". Dieser äussere Erfolg steht jedoch im Gegensatz zu ihrem inneren Zustand, der - wenn man die Geschichte der selbstkritischen Äusserungen zum Nennwert nimmt - offensichtlich bis heute andauert.

Die Pädagogik ist, wie J. Ch. Greiling 1793 klagt, "bis jetzt nicht viel mehr als ein Aggregat von Bemerkungen, Erfahrungen und Regeln..., die durch kein gemeinschaftliches Band innerlich verbunden und geordnet sind". Und ein Rezensent in Niethammers "Philosophischem Journal" stellt fest, "dass die Frage, ob und wie die Pädagogik als Wissenschaft möglich sei, noch niemals bestimmt aufgeworfen, und ... der erste Schritt zur wissenschaftlichen Bearbeitung derselben noch zu tun sei". Aber mit diesem ersten Schritt wollte und wollte es nicht vorangehen. Trotz aller Bemühungen, so vermeldet das "Rheinische Conversationslexikon" von 1827, "ist die Pädagogik noch ziemlich weit von dem Ziele entfernt, welches sie erreicht haben müsste, wenn sie entscheidend auf Jugend und Publikum einwirken sollte". 1848 sieht es für die Pädagogik noch immer nicht besser aus: Pädagogik sei, wie das Staatslexikon von Rotteck und Welcker vermeldet, bestenfalls "Erziehungskunde", aber nicht "Erziehungswissenschaft", da sie "noch nicht zu dem Range einer Wissenschaft im strengsten Sinne erhoben ist". Im strengsten Sinn des Wortes, so folgert Diesterweg, existiert das System der Pädagogik überhaupt noch nicht. Es gibt nur "Bruchstücke oder Vorarbeiten" dazu. Rund fünfzig Jahre später führt die Pädagogik noch immer ein "Aschenbrödeldasein", aus dem Dilthey sie nun zu erlösen anschickt, mit einer neuen Antwort auf die alte Frage. wie man die Pädagogik endlich in den Rang einer wirklichen Wissenschaft erheben könne. Erfolgreich scheint aber auch dieser und scheinen auch alle weiteren Versuche nicht gewesen zu sein. Ende der siebziger Jahre lautet der Befund noch immer: "Ob und in welchem Sinne die Pädagogik als Wissenschaft angesehen werden kann, ist bis heute umstritten".
Nicht weniger gross sind die Enttäuschungen, welche die Pädagogik der Praxis bescherte - und die seltsam kontrastieren mit dem standespolitisch standhaft hochgehaltenen Zweckoptimismus.

Am Anfang stehen die grossen Hoffnungen, die man von seiten der neugeborenen Erziehungswissenschaft für eine Verbesserung der Praxis hegte. Denn, so begründet dies Niemeyer: "Je vollständiger und richtiger man ...die Theorie kennt, desto geschickter sollte man auch in der Kunst seyn. Wenn gleichwohl nicht immer die besten Theoretiker am glücklichsten in der Ausübung sind, so fehlt es ihnen bey aller Kenntnis der Gesetze doch entweder an dem guten Willen, danach zu handeln; oder an dem rechten Urtheil, und an der Klugheit, allgemeine Regeln auf die rechte Art anzuwenden...".

Schon von Anbeginn allerdings wird auch Skepsis laut, ob Pädagogik als Theorie dem Praktiker überhaupt von Nutzen sein könne. Es wäre "die grösseste aller menschlichen Wissenschaften", schreibt A.W. Rehberg 1792, der es gelänge, die moralische Verbesserung der Menschen zu besorgen, aber sie ist nicht möglich, weil sie die menschlichen Anlagen nicht nach "gut" und "böse" sortieren und dann nur die guten ausbilden kann, damit so der richtige Mensch entsteht. Vollends absurd aber wird die Wissenschaft, wenn sie glaubt, aus ihren Grundsätzen Regeln ableiten zu können, "wie man das Innere des lebendigen Menschen, seine Art zu empfinden und zu denken, als auch seine Neigungen bilden könne, wie es gefiele"; denn Bildung des Inneren sei immer nur als Selbstformung denkbar und nicht als ein von aussen kommendes, planmässiges Tun.

Die allgemeine Skepsis in bezug auf den Nutzen der Pädagogik ist recht bald populär geworden und hat selbst in Konversationslexika ihren Niederschlag gefunden. "Die Pädagogik", so liest man etwa im "Herder" von 1856, "beruht ... durchaus auf der Erfahrung und duldet keine spekulative Einmischung ... Sie wird auch ohne alles Studium praktisch trefflich geübt, wenn der Pädagog selbst gut gezogen ist; gehörte die Kunst dazu, so hätte unser Herr und Gott die Kinder anders verteilt und den Landleuten, Handwerkern und Taglöhnern keine gegeben". Th. Ziegler, in seiner "Allgemeinen Pädagogik" von 1900, hat für diese allgemeine Ablehnung der Pädagogik als "langweilig und trivial" auch eine naheliegende Erklärung zur Hand: Weil "jeder Vater und jede Mutter und ... überhaupt jeder, der am eigenen Leib die Pädagogik erfahren hat, genau zu wissen (glaubt), wie es gemacht wird oder - gemacht werden sollte und leider nicht gemacht wird, redet der, der ex professo über Pädagogik spricht, keinem zu Dank, jeder weiss das alles schon selber und weiss es anders und besser als der Redner". Das spätestens seit 1914 immer wieder belegte mangelnde Interesse der Lehrerschaft an pädagogischen Veranstaltungen und pädagogischer Literatur ist Indiz dafür, dass auch die Praktiker von ihrer Berufswissenschaft nicht sehr viel halten. Diese Indifferenz gegenüber pädagogischen Theorien steht allerdings in merkwürdigem Kontrast zu den hohen Erwartungen, welche die Standesvertreter in die Pädagogik setzten.

Wie hoch diese Erwartungen sind, lässt sich unmittelbar am Stellenwert ablesen, den man der Pädagogik in der Lehrerbildung zuwies, und am institutionellen Status, den man ihr in der wissenschaftlichen Welt eingeräumt sehen wollte. Die schon im Vormärz laut werdende Forderung, der Pädagogik endlich die "ihr gebührende Stelle in der Reihe der Universitätsstudien" zuzuweisen, wird mit dem Hinweis auf die grossen Vorteile begründet, die das Studium der Pädagogik mit sich bringen würde: Die künftigen geistlichen Schulaufseher und Schulleiter "würden in den Stand gesetzt, auf die häusliche und öffentliche Bildung mit Bewusstsein und klarer Einsicht einzuwirken", und die Gymnasiallehrer würden eine "Menge Fehler und Missgriffe ... künftig" vermeiden, "die den nachtheiligsten Einfluss auf die wahre Bildung haben". Die Berufung auf den grossen Nutzen der Pädagogik für den Unterricht, die Schulleitung und "die Kraft und Berechtigung" des Lehrerstandes wird zum Standard-Argument, mit dem man immer wieder von neuem eine über das Lehrerseminar hinausgehende Institutionalisierung der Lehrerbildung und der Pädagogik gefordert hat: von Brzoskas universitärem "Pädagogischen Seminar" und Lindners "Hochschule für Erziehungswissenschaft und Erziehungskunst" über Sallwürcks "Staatsseminar für Pädagogik" und die "Pädagogische Akademie" von Seyfert, Brahn, Rissmann, Spranger und Becker bis hin zu der Ende der sechziger Jahre unabwendbar gewordenen Forderung nach Integration der Pädagogischen Hochschulen in die Universität.

Mit der Stellung der Pädagogik steht und fällt aus der Sicht der Lehrerverbände auch die Lehrerbildung. Die Forderung, dass die Pädagogik an die Universität gehöre, geht Hand in Hand mit jener, dass auch die Volksschullehrerbildung mit an die Universität gehöre. Pädagogik, zumindest in ihrer "Nebenrolle", ist "Waffe und Wehr" im Aufstiegskampf. Symptomatisch für diese Selbstwertsteigerung des Lehrerstandes durch die Pädagogik ist die Erfindung des zum Topos gewordenen Argumentes, die Pädagogik sei die "schwierigste" aller Künste, und daraus folge, "dass sie auch in ihrer theoretischen Seite als Wissenschaft die schwierigste sein wird". Zur Rechtfertigung dieser These wird auf die "Menge der Doktrinen" verwiesen, "in die sie zerfällt", die Vielzahl von Wissenschaften, die sie sich dienstbar machen muss, und die Vielzahl der Gesichtspunkte, die sie zu berücksichtigen hat. Als besonderer Grund für die

Schwierigkeit der Pädagogik wird nicht selten auch erwähnt, dass das Studium der Pädagogik nicht nur dazu diene, die "Handhabung der pädagogischen Gesetze" in Anwendung auf den Einzelfall zu lernen, sondern auch helfen müsse, die Begeisterung für den Lehrerberuf zu wecken und zu läutern.

Das in den zum Teil höchst heftigen Debatten immer wieder angezogene Vorbild für den Wissenschaftsbezug der pädagogischen Profession ist die Medizin. So schreibt etwa J. Kühnel in seiner "Gegenschrift" zu den Sprangerschen Vorschlägen einer Bildner-Hochschule: "Genau in dem Masse, wie die Wissenschaft der Medizin - in Verbindung mit der Praxis - den Arzt 'macht', so 'macht' die theoretische Pädagogik - ebenfalls in Verbindung mit der Praxis - den Erzieher." Mit denselben Argumenten plädiert nach dem zweiten Weltkrieg auch Theodor Dietrich für eine universitäre Lehrerbildung: "Ähnlich wie in der klinischen Ausbildung der Mediziner Theorie und Praxis eine Einheit bilden, muss im Zentrum der Lehrerbildung die 'Schulpädagogik' stehen. In ihr sind beide Glieder verzahnt."

Im Nachgang zu dem inzwischen erfolgten "Durchbruch zur vollen Wissenschaftlichkeit" bezweifelt aber auch einer der einflussreichsten Protagonisten universitärer Lehrerbildung, Heinrich Roth, ob dadurch die Probleme der Lehrerbildung gelöst seien; denn am Ende komme es darauf an, "dass der Lehrer ... durch die wissenschaftliche Ausbildung hindurch ... wieder als Mensch zum Vorschein kommt, was leicht schiefgeraten kann. Oft bleibt die Wissenschaftsorientierung, oft der Mensch auf der Strecke".

(Schul)pädagogik, so können wir diesen historischen Pendelschlägen entnehmen, hat eine natürliche Tendenz, zwischen Stuhl und Bank zu fallen. Sie scheint weder im Wissenschaftssystem, noch in der Praxis - und darauf käme es ja an - richtig Anklang zu finden. Müssen wir daraus schliessen, dass die Lehrkräfte vielleicht gar keine Wissenschaft brauchen, oder dass die Wissenschaft, der sie bedürfen, erst noch gefunden werden muss? Was also hat es mit der Wissenschaft auf sich, der die Lehrpersonen bedürfen?

Bereits unser kurzer Blick auf die historischen Debatten muss uns vor einer voreiligen Antwort warnen: Behauptungen von der Sorte, dass Lehrpersonen dies oder jenes bräuchten, sind wesentlich geprägt von der Auffassung, die der Sprechende von Aufgabe und Rolle einer Lehrperson hat, und von dem, was er unter Erziehung und Bildung versteht. Wer, wie zum Beispiel Spranger in seinem Vorwort zu Georg Kerschensteiners Buch über "Die Seele des Erziehers" (1927), die These vertritt, wie der Genius des Dichters sei auch das "wahre Ethos des Erziehers" eine "zeitlose Urkraft" des Menschentums, "die sich nur selten auf die Seele eines Sterblichen" niederlässt, wird auch leichten Herzens auf Schulpädagogik verzichten können.

Eine kleine philosophische Reflexion kann die Warnung vor voreiligen Antworten noch verstärken: Bedürfnis ist - allem Anschein zum Trotz - alles andere als ein wertfreier Begriff. Die Frage, ob eine Person dieser oder jener Sache bedürfe, ist darum auch nicht mit einer einfachen empirischen Untersuchung zu entscheiden; sie setzt eine normative Vorentscheidung darüber voraus, was dieser Person überhaupt zukommen soll. Wer zum Beispiel behauptet, eine Lehrperson bedürfe eines Hochschulstudiums, appelliert damit stillschweigend an das Werturteil, dass Lehrpersonen ohne Hochschulbildung ihre Aufgabe nicht zur Genüge und nicht gut genug wahrnehmen könnten. Dieser Behauptung kann darum nur zustimmen, wer dieses Werturteil teilt.

Das Fazit: Wenn wir nicht in die Sackgassen voreiliger Antworten geraten wollen, bleibt uns nichts anderes übrig, als uns erst klar zu machen, von welchem Berufsverständnis einer Lehrperson wir uns leiten lassen wollen, und explizit die Ansprüche zu formulieren, die wir an eine in diesem Sinn verstandene Berufsausübung stellen. Die Wissenschaft, deren eine Lehrperson bedarf, ist dann eben jene Sorte von Theorie, die einer Lehrperson helfen könnte, diesen Ansprüchen zu genügen, eine anspruchsvolle vielleicht, wenn unsere Ansprüche an die Lehrerbildung hoch genug sind, eine bescheidene, wenn wir unsere Ansprüche senken. Ob man diese Sorte von Theorie auch noch Wissenschaft nennen könne, hängt wiederum davon ab, wie wir Wissenschaft verstehen und welche Ansprüche wir an die Wissenschaft stellen

Nach diesen ernüchternden Vorbemerkungen dürfte endgültig deutlich geworden sein, dass auf die scheinbar so schlicht klingende Frage, welcher Wissenschaft eine Lehrperson bedürfe, keine schlichte und unumwundene Antwort erwartet werden darf. Statt einer einzigen Antwort möchte ich - zur Auswahl - gleich deren drei präsentieren, ohne dabei allerdings zu verbergen, wo meine Sympathien und Antipathien liegen. Die drei ausgewählten Antworten sind nicht beliebig. Ich entnehme sie den gängigen Gemeinplätzen der Lehrerbildung, auf denen man sich immer wieder zu treffen pflegt:

- Unterricht und Lehre als Kunst
- Unterricht und Lehre als Technik
- Unterricht und Lehre als philosophische Praxis (wie ich diesen heute ziemlich überwachsenen und darum neu zu explorierenden Gemeinplatz taufen möchte).

5.1.2 Unterricht und Lehre als Kunst

Ich beginne mit der ersten Deutung: Unterricht und Lehre als Kunst, die Lehrperson als Künstler oder Künstlerin und das Kind als das zu evozierende künstlerische Produkt. Wenn man es mit der Analogie übertreibt und zu leicht romantisierenden Kunstauffassungen neigt, führt dieser Gemeinplatz zu der schon zitierten "Lehre vom pädagogischen Genius", der gleichsam schicksalhaft von oben her in die Seele des Erziehers sich hinuntersenkt, und der nun, dank seines pädagogischen Eros, ebenso naturhaft seine Zöglinge in seinen Bann zu ziehen weiss.

In seiner Trivialfassung jedoch entspricht dieses Verständnis von Lehre der - vor allem in Gymnasiallehrerkreisen - weithin verbreiteten Auffassung, dass die schulische Praxis - trotz aller ihrer Routinen - mit immer wieder neuen Überraschungen aufwarte und dass Lehrpersonen darauf immer nur situativ und intuitiv reagieren könnten. Allgemeine Regeln könnten hier nicht helfen - was es vielmehr brauche, sei das sichere Gefühl dafür, was die Situation jeweils erfordere.

Das 18. Jahrhundert hat als Bezeichnung für dieses sichere Gefühl für das der Situation angemessene Schickliche und Richtige eine besondere Bezeichnung gefunden: Takt. Es gibt auch eine respektable, das ganze 19. Jahrhundert dominierende pädagogische Theorie, die diesen Gedanken ins Zentrum stellt: den Herbartianismus mit seiner Lehre vom pädagogischen Takt. Sie beruht auf der Annahme, dass - so formuliert es Herbart - eine pädagogische Theorie in der Allgemeinheit ihrer Begriffe und Sätze die Ebene der "individuellenUmstände, in welchen der Praktiker sich jedesmal befinden wird, und alle die individuellen Massregeln, Überlegungen, Anstrengungen, durch die er jenen Umständen entsprechen muss", gar nicht erreiche. Der Erzieher müsse aber auf dieser konkret individuellen Ebene handeln, er müsse Situationen und Prozesse unmittelbar, das heisst ohne sie jedesmal theoretisch analysieren zu können, zutreffend wahrnehmen, die Wahl seiner darauf einwirkenden Massnahmen rasch und entschieden treffen und zwar so, dass sein Handeln mit den Massgaben der theoretischen Erkenntnis zusammenstimme. Da dies die Theorie nicht leisten kann, tritt der pädagogische Takt an ihre Stelle, der als "der unmittelbare Regent der Praxis, ... zugleich ein wahrhaft gehorsamer Diener der Theorie" sei. Von dieser Fähigkeit, unmittelbar und gefühlsmässig richtig zu handeln, hänge ab, "ob jemand ein guter oder schlechter Erzieher" sei.

Stillschweigend vorausgesetzt wird hier, dass es für jede Situation ein theoretisch begründbares richtiges Urteil gebe und dass der pädagogische Takt, gleichsam auf der Direttissima, ohne die notwendigen logischen Operationen bewusst zu vollziehen, zu diesem richtigen Urteil komme. Die Urteilssicherheit des pädagogischen Takts liesse sich daher im Prinzip jederzeit überprüfen durch Explikation der intuitiv vollzogenen logischen Operationen. Nur so kann sich erweisen, ob der pädagogische Takt wirklich ein "wahrhaft gehorsamer Diener der Theorie" sei, und nur so lässt sich die vor allem von T. Ziller betonte Unterscheidung zwischen dem sogenannten rationalen Takt auf der einen und dem Takt des "Schlendrians", des "Naturalismus" und der "Routine" auf der anderen Seite überhaupt legitimieren.

Wie aber, wenn diese Annahme nicht zuträfe, wenn es diese allgemeinen Regeln gar nicht gäbe und jedem Einzelfall nur durch eine ihm allein angemessene, singuläre Handlung zu begegnen wäre? Nach H. von Helmholtz zum Beispiel gilt dies generell für alle Geisteswissenschaften, die darum - im Unterschied zu den Naturwissenschaften - ihre Urteile nach "psychologischem Taktgefühl" fällen müssen; denn sie bedürften einer "instinktiven Anschauung", einer künstlerischen Induktion, die, im Gegensatz zur logischen Induktion, es nicht zur Aufstellung ausnahmslos geltender Regeln bringt, sondern auch dort sicher zu urteilen weiss, wo wir kein Wissen aus allgemeinen Prinzipien besitzen.
Welche dieser Deutungen wir wählen, ist nicht irrelevant, denn von dieser Wahl hängt die Antwort ab, nach der wir suchen: welches die Wissenschaft sei, deren der Lehrkünstler bedürfe.

Sollte die These der Herbartianer zutreffen, dass der Takt jeweils bloss ein Abkürzungsverfahren für den Künstlerlehrer ist, um dorthin zu kommen, wohin die Theorie auch von sich aus kommen würde, mag es vielleicht noch einleuchten, was die Herbartianer in bezug auf den Nutzen der Pädagogik für die Lehrperson immer wieder zu betonen pflegen: Um einen guten Takt zu erwerben, brauche es zweierlei: zum einen eine theoretische Vorbildung in Form einer Einübung und Eingewöhnung in die Prinzipien und allgemeinen Regeln der Theorie, zum andern eine längere, theoretisch angeleitete Erfahrung in der Praxis selbst. Beschäftigung mit Schulpädagogik wäre also nicht ganz überflüssig. Anders aber, wenn man die These vertritt, der Einzelfall lasse sich gar nicht unter allgemeine Regeln subsumieren, sondern fordere eine besondere, ihm allein angemessene Sensibilität. In diesem Fall ist jedes System der Pädagogik für die Praxis wertlos, ihre Regeln sind abstrakte Schemata, die man am besten gleich vergisst, wenn man in der Praxis steht und handeln muss. Was der Lehrende braucht, ist weder Schulpädagogik noch sonst eine Wissenschaft, sondern primär und vor allem die Praxis selbst. Wer keine hohen Ansprüche stellt, kann sich damit sogar schon begnügen: Die Praxis einer guten Meisterlehre tut's.

Was aber braucht die Lehrperson, wenn man sich mit diesem bescheidenen Programm nicht begnügen will? Auch darauf gibt es eine klassische Antwort; es ist die Antwort etwa von E. Spranger, von Josiah Royce und von H. G. Gadamer. Was der Lehrer - neben der Praxis - braucht, ist Bildung, Persönlichkeitsbildung. Nur Bildung, so argumentiert prototypisch Spranger, auf den ich mich hier der Kürze halber beziehen will, verleiht jene Plastizität, die an der Individuallage des Menschen anzuknüpfen vermag und es ihm erlaubt, ein persönliches Verhältnis zu den werthaften Inhalten zu gewinnen. Und nur wer gebildet ist, ist selbst der geborene Bildner: "Denn gerade dem selbst noch Werdenden wird der Werdende am dankbarsten sein, weil er ihm ein Führer ist zu den frisch quellenden Bildungswerten, an denen jeder seinen Durst auf seine Weise löschen mag." Pädagogik könne zwar nachträglich die "Ziele und Wege der Bildung" wieder zum Gegenstand theoretischer Überlegungen machen. Das sei zwar wichtig, ersetze aber nicht die "pädagogische Anlage und geistige Grundeinstellung, so wenig etwa für den Künstler die Theorie seiner Kunst (Ästhetik) und die Technik seiner Kunst das Talent schaffen oder seine Rolle übernehmen kann".

So viel zum intuitiven Schaffen, zur freien, nicht unter Regeln zu bringenden Lehrkunst. Bemerkenswert bleibt die bescheidene Nebenrolle, die der Schulpädagogik zugewiesen wird: als "ein zum pädagogischen Tun nachträglich Hinzukommendes und auf dieses Tun Gerichtetes".

5.1.3 Unterricht und Lehre als Technik

Gehen wir nun über zum Gegentypus des naiv schaffenden Lehrkünstlers, zu dem von Spranger und der geisteswissenschaftlichen Pädagogik vehement abgelehnten Typus des Bildungs- und Beschulungstechnikers. Bildungstechnologie nimmt den Gedanken ernst, von dem prototypisch die Herbartianer ausgegangen sind: dass es sichere Regeln des Unterrichtshandelns geben müsse, die sich psychologisch begründen lassen und die uns sagen können, wie pädagogisches Handeln geplant und durchgeführt werden kann - immer vorausgesetzt, dass wir auch wissen, zu welchem Ziel dieses Handeln führen soll. Die Metapher dafür ist das Bild des Handwerkers: Wie der Handwerker nach vorgefasstem Plan aus dem vorgegebenen Material mit geeignetem Werkzeug seinen Gegenstand herstellt, so bringt auch der Erzieher durch planmässiges Handeln und hinreichende Materialkenntnis nach dem ihm vorschwebenden Ziel aus dem ihm anvertrauten Menschenmaterial die entsprechende Formung hervor. Wie sehr dieses Bild die Pädagogik verhext hat, zeigt sich am deutlichsten in der Art und Weise, wie man Pädagogik als Wissenschaft seit Anbeginn verstanden hat. Pädagogik, so lautete die Standardformel schon der Kantianer, ist eine aus Ethik und Psychologie gemischte Wissenschaft: Die Ethik schreibt die Ziele vor, die zu erreichen sind, und die Psychologie liefert die notwendige Kenntnis des Materials und der Bedingungen, unter denen dieses Material verändert werden kann. Mit der Entwicklung neuer Technologien hat auch das "Handwerkermodell" neue Abwandlungen gefunden. Heute sind es nicht mehr handwerkliche Prozesse, welche die pädagogische Metaphorologie bestimmen, sondern das Input-Output-Modell der industriellen Produktion oder informationstechnische Konstrukte, so exemplarisch etwa in Felix von Cubes Beschreibung des didaktischen Prozesses als Regelkreis.

Je anspruchsvoller das Modell, desto höher die Ansprüche, die an die Wissenschaft gestellt werden, deren die Lehrperson bedarf. Auf gleichsam vorindustrieller Basis reicht, zur Ergänzung der "Meisterlehre", eine simple Berufskunde. Es entsteht jene Art von Lehrerbildung, wie sie Carl Kehr in dem wohl populärsten Standardwerk der Lehrerbildung des 19. Jahrhunderts, seiner "Praxis der Volksschule", exemplarisch formuliert hat: "Es muss einer da sein, der mir sagt, was ich thun und was ich lehren muss und warum und wie ich es so und nicht anders anzufangen habe. Es muss aber auch einer da sein, der mir durch sein Vormachen das Richtige zeigt und unter dessen Anleitung und Aufsicht ich mit Bewusstsein das nachahmen lerne, was er mir als praktischer Lehrer als Vorbild hingestellt hat."

Kein Wort mehr vom Herbartschen Takt und der freien Kunst. Was eine Lehrperson nach Kehr braucht, sind vor allem drei Dinge: eine "ideale Auffassung von den Aufgaben des Lehrberufs" und einen entsprechenden "Charakter" , die "Beherrschung der Lehrformen" und die "Sicherung dauerhafter Wirkungen durch Wiederholung und Übung" .
Auf gleichsam industrieller Basis freilich vermag ein solcher Ausbildungsbetrieb nicht mehr zu genügen: Es bedarf einer methodischen Überprüfung und Kontrolle der Wirksamkeit der pädagogischen Produktionsregeln und Normen anstelle der sonst üblichen logischen Konstrukte ohne Bezug zur Praxis oder der auf mehr oder weniger zufälligen Erfahrungen basierenden, willkürlichen und autoritativ erlassenen Direktiven. Kontrollierte Bedingungen zu schaffen, dies ist denn auch genau das Programm, das Ernst Meumann und Wilhelm Lay im Anschluss an Wilhelm Wundt mit ihrer "Experimentellen Pädagogik" verfolgten und das Münsterberg mit seiner "Psychotechnik" und die Behavioristen mit ihrem Programm der Verhaltensmodifikation fortgesetzt haben.

Wenn dieses Programm gelingen könnte, hätte die Schulpädagogik tatsächlich ihren Ort in der Wissenschaft gefunden: Sie wäre eine technische Wissenschaft wie die Agrar-, Hoch- und Tiefbautechnik und auf dem besten Weg, in bezug auf die innere Natur des Menschen das zu leisten, was diese anderen Wissenschaften im Dienste des Projekts der Moderne in bezug auf die Beherrschung der äusseren Natur zu leisten vermögen. Und wie bei jenen Technologien könnte man dann auch hier zwischen Grundlagenwissenschaft und Angewandter Wissenschaft unterscheiden, welche die allgemeine Beschulungs- und Unterrichtstechnologie auf die lokalen Schulverhältnisse zu adaptieren hätte.
Leider ist es mit der Realisierung dieses Programms nicht eben weit her. Die grosse Hoffnung, die man erneut in den siebziger Jahren nach der sogenannten "realistischen Wendung" in den Erziehungswissenschaften auf die empirische Forschung in Psychologie, Sozialpsychologie und Soziologie gesetzt hatte, ist einer ebenso grossen Enttäuschung gewichen. Kausaltechnologisch verwendbare Resultate, die sich zur Erhaltung der pädagogischen Kontrolle im Schulsystem hätten einsetzen lassen, sind ausgeblieben, und sie werden wohl auch in

Zukunft ausbleiben. Und dies nicht etwa, weil die Forschung versagt hätte, sondern aus prinzipiellen Gründen: Erstens, weil Menschen nicht die Art von Wesen sind, die sich kausaltechnologisch kontrollieren lassen, und zweitens - und deswegen ist ja Herbart auch auf den pädagogischen Takt gekommen -, weil es die Lehrperson schlicht nie geben wird, die imstande wäre, die zahllosen Interdependenzen zwischen individuellen und sozialen Prozessen im Unterricht rechtzeitig wahrzunehmen und zu verarbeiten. Eine Lehrperson, so schliesst daraus Robert Dreeben, wird deshalb nie völlig imstande sein zu wissen, bei welchem Edukanden sie nun welche Wirkung direkt oder indirekt auslöst. Das Erziehungssystem ist, wie die Soziologen heute sagen, "strukturell durch ein Technologiedefizit geprägt". Luhmann, der diesen Tatbestand wohl am vehementesten in Erinnerung gerufen hat, sieht die Profession deshalb vor die Frage gestellt, ob sie "diesen Mangel kompensieren, überdecken, durch Idealisierungen oder Moralisierungen oder Misserfolgszurechnungen ausgleichen" wolle, oder ob sie sich darüber klar zu werden versuche, was noch möglich sei, wenn keine Technologie mehr möglich sei.

Und wie wird die Profession darauf reagieren? Der Alternativen scheinen nicht viele, und darum wird die Pädagogik das tun, was sie bisher auch zu tun pflegte: Sie versucht es weiterhin technologisch - mit schlechtem Gewissen vielleicht oder in der festen Überzeugung, dass es zwar so nicht geht, dass man aber notwendigerweise so tun müsse, als ob es so ginge - und wenn es wirklich nicht mehr gehe, werde man es ja schon merken, obwohl es dann natürlich zu spät sei.

Statt sich auf dieses Unterfangen überhaupt einzulassen, wäre es aber vielleicht noch besser, die ganze Kausaltechnologie und Zweck-Mittel-Rationalität von vornherein zu vergessen und zurückzukehren zu der Theorie vom Takt oder Gefühl, und nicht mit schlechtem, sondern mit gutem Gewissen jeweils das zu tun, was sich in der Situation angesichts eines auftauchenden zufälligen Ereignisses gerade zu tun anbietet. "Intensive Technology" heisst dies neuerdings, und gemeint ist eine Technologie, die am reagierenden Objekt operieren und ihre Entscheidungen treffen muss, mit besonderer Sensibilität für Zufälle und Chancen, etwa nach dem Muster: Und da sagte plötzlich Stefan etwas, was das weitere Gespräch dieser Stunde bestimmte. Da eine Lehrperson jedoch nicht permanent auf Zufälle warten kann, wird sie, damit der Betrieb unterdessen weiterläuft, etwas anderes statt dessen tun müssen. Unterricht muss geplant und durchgeführt, Prüfungen müssen abgehalten und ausgewertet werden. Zur Unterstützung und Vorbereitung auf diese Kunst, etwas statt dessen zu tun, bietet sich an: die überaus umfangreiche schulpädagogische Literatur, die bereits im 19. Jahrhundert ihre Hochblüte erlebte und auch im 20. den Hauptanteil des pädagogischen Marktes ausmacht: Diese überaus reiche Zeitschriften-, Kommentar- und Handbuchliteratur, in der theoretisierende Praktiker unbekümmert um die abgehobenen Diskurse der wissenschaftlichen Pädagogik sich offensichtlich mit Erfolg gegenseitig über ihre Praxis belehren: durch den Austausch von Erfahrungen und von mehr oder weniger wohlfeilen Rezepten, wie man am besten verfährt bei der Wahl des Unterrichtseinstiegs z.B., bei der Gestaltung der Lektionen oder wenn es Probleme gibt mit dem Stoff oder mit der Disziplin.

Praktische Pädagogik heisst diese Domäne - ob man sie auch eine Wissenschaft nennen will, ist natürlich wieder eine Frage der Ansprüche, aber vielleicht auch nebensächlich: Ihr Zweck ist erfüllt, wenn der Betrieb ohne nennenswerte Störungen in Gang gehalten werden kann, und wenn sie den Praktikern hilft, zumindest die grössten Risiken und die schlimmsten Übel zu vermeiden.

5.1.4 Erziehen und Unterrichten als philosophische Praxis

Für den Fall, dass man sich mit diesem eher tristen Bild nicht begnügen will, gehe ich nun über zum dritten Typus von Lehrperson: dem philosophischen Praktiker.
Der philosophische Praktiker setzt bei dem Problem an, an dem der Bildungstechnologe scheitert, bei dem - in Bezug auf mentale und kommunikative Vorgänge - von Grund auf verfehlten Modell einer kausalen Einwirkung, das nur dann plausibel erscheinen kann, wenn man sich dazu ein fiktives Medium 'Kind' erfindet als das geeignete Objekt kausaltechnologischer Praktiken. Der philosophische Praktiker geht aus von der Prämisse, dass dieses Modell schon darum nicht funktionieren kann, weil erzieherische Kommunikation über Bewusstsein läuft und auf Verstehen und Einsicht abzielt: Menschen, und auch junge Menschen, sind Wesen, die sich durch Gründe bewegen lassen, die nur glauben, was sie verstehen, und nur tun, was ihnen sinnvoll erscheint, die gerne wissen möchten, warum man dies oder jenes für richtig und dies oder jenes für falsch halten soll. Menschen sind für ihn, mit einem Wort, nach Wissen strebende Wesen oder eben, wie Aristoteles am Anfang der "Metaphysik" sagt,

philosophische Wesen. Philosophische Wesen aber brauchen philosophische Lehrer. Solche nämlich, die sich darauf verstehen, Gründe zu geben und für ihr Tun Red und Antwort zu stehen.
Was aber macht die besondere Expertise eines solchen philosophischen Praktikers aus? Solange es bloss um Begründungen dafür geht, warum ein mathematischer Satz für richtig oder dieser oder jener geschichtliche Sachverhalt für wahr angesehen werden kann, ist eine Lehrperson, gleich auf welcher Stufe, zunächst einmal das, was man in ihr gewöhnlich auch sieht: eine Expertin oder ein Experte in Unterrichtsfächern.

Doch dies ist pädagogisch nicht der springende Punkt. Die alles übergreifende pädagogische Frage lautet vielmehr: Wozu ist es denn überhaupt gut, in dieses oder jenes Wissensgebiet eingeführt, mit diesem oder jenem Wissensgegenstand auf diese Weise konfrontiert und zu dieser oder jener Übung angehalten zu werden? Diese Frage des Guten und des Besseren ist in allem präsent, was Schule und Unterricht betrifft. Die Schülerinnen und Schüler sollen gut sein, der Unterricht, die Lehrerinnen und Lehrer, die Schule selbst. Und falls die Soziologen Recht haben sollten mit ihrer Funktionsbestimmung des Subsystems Erziehung, ist der diesem System zugrundeliegende binäre Code die Sortierung in "gut" und "schlecht": Man kann gut oder schlecht abschneiden, etwas gut oder schlecht wissen, sich gut oder schlecht verhalten, bessere oder schlechtere Zensuren erhalten.
Das Wort "gut" wird hier nicht nur inflationär, sondern auch in den verschiedensten Bedeutungen verwendet. Wir können mindestens drei Bedeutungen unterscheiden. Da ist zum Ersten der instrumentelle Gebrauch von "gut": Gut ist, was zweckdienlich oder sachdienlich ist, was Erwartungen erfüllt und gesetzten Leistungsnormen genügt. Zweitens: "Gut" im sozialen und moralischen Sinn. Zunächst: "Gut" verstanden als das, was der Gesellschaft oder einem Teilsystem der Gesellschaft dient: die Qualifikation, die es für die Wirtschaft braucht, die Selektion für gesellschaftliche Karrieren, die Zustimmung zu den geltenden Normen. Direkt oder indirekt muss das gesellschaftlich Gute aber auch gut sein für irgendwelche Menschen - für alle oder doch für einige. Und damit eröffnet sich die moralische Dimension. Wenn das gesellschaftlich Gute nur einigen, aber nicht allen zugute kommt, entsteht das - in politischen Zusammenhängen - wohl zentralste moralische Problem: das der Gerechtigkeit. Welche Ungleichheit ist zulässig, welche nicht? Grundlage für das Gute im moralischen Sinn ist aber die dritte Bedeutung von "gut": Gut

für den Einzelnen als Inbegriff dessen, was zu seinem Wohle ist, was zu einem glücklichen oder gelingenden Leben beiträgt.
Was haben diese verschiedenen Bedeutungen von "gut" mit dem philosophischen Praktiker zu tun? Auch der Lehrkünstler wird auf seine intuitive Art von "gut" in diesen verschiedenen Bedeutungen sprechen, ohne sich über die Bedeutungsunterschiede allerdings gross Gedanken zu machen oder gar ein Bewusstsein zu haben von den aus diesen Unterschieden sich ergebenden Wertkonflikten, etwa dem Grundkonflikt jeder Schulpädagogik zwischen den staatlichen Ansprüchen an die Schule auf der einen und der Pädagogik auf der anderen Seite als der "Wohltäterin des Einzelnen, deren jeder ihrer Hilfe bedarf, um das zu werden, was er einmal wünschen wird, geworden zu sein".

Von "gut" im instrumentellen Sinn pflegt ausgiebig auch der Beschulungstechniker zu reden - es ist sein Lieblingswort. Und seine Legitimation wird er daraus ziehen, dass es jeweils ein vorgegebenes gesellschaftliches Gutes gibt - in Form politischer oder wirtschaftlicher Imperative zum Beispiel, zu deren effizienten, zweckrationalen Realisierung er sich aufgerufen fühlt. Über die Berechtigung dieser normativen Vorgaben nachzudenken oder sie gar in Zweifel zu ziehen, das allerdings sieht er nicht als seine Aufgabe an, dafür ist er weder zuständig noch kompetent. Und das individuelle Wohl von Lehrpersonen oder Schülerinnen und Schüler kommt höchstens insofern in Sicht, als es instru--mentell mitzuberücksichtigen ist, als Quelle möglicher Störfälle zum Beispiel oder wenn es offizielle Vorgabe ist einer sich als human gerierenden Schulpolitik.
Damit ist auch der Einsatzpunkt des philosophischen Praktikers genannt: Er beginnt dort, wo der reflexionslose Beschulungstechniker endet. Denn er ist, wenn man so will, der Spezialist für das Gut-Sein. Warum dies ein genuines philosophisches Geschäft ist, kann man sich an dem Tun des welthistorisch vielleicht ersten philosophischen Praktikers klarmachen: an Sokrates. Illustrativ dafür ist etwa die Eingangsszene in Platons Dialog "Laches": Zwei der grossen Feldherren Athens, Nikias und Laches, unterhalten sich darüber, ob es wohl gut sei, ihre Söhne zum Hopliten zu schicken und sie die Fechtkunst erlernen zu lassen. Da sie nicht weiterwissen, ziehen sie als Ratgeber Sokrates bei, durch den die pädagogische Frage unweigerlich die zu erwartende philosophische Wendung nimmt. Es gehe hier doch wohl um die Frage, ob das Fechten können für die Seele der zu Unterrichtenden gut sei, und diese Frage lasse sich nur

beantworten, wenn man sich erst klar mache, worin das besondere Gut-Sein, die besondere Tüchtigkeit (areté) der Seele überhaupt bestehe.

Die Frage, die Sokrates hier aufwirft, war die zentrale Frage der gesamten antiken Philosophie: was für ein Leben man führen müsse, wenn man ein gutes und sich erfüllendes Leben leben möchte. Die moralische Frage nach dem kalón, nach dem was sich in Bezug auf den jeweils Anderen geziemt, gehört dabei zwar mit ins Spiel, aber stets unter der für die Antike massgebenden Prämisse, dass moralisches Verhalten immer glücksfördernd und darum im wohlverstandenen Eigeninteresse sei.
Für die Antike hätte es darum keine Zweifel gegeben, in wessen Zuständigkeit die Pädagogik gehört: in die Zuständigkeit einer integralen, die Sorge für das gute Leben in den Mittelpunkt stellenden Ethik.
Mit dem Paradigmenwechsel der neuzeitlichen Ethik ist jedoch diese Frage aus allen Traktanden gefallen. Ethik ist, jedenfalls in der massgeblichen Kantischen und utilitaristischen Version, eine reine Sollensethik, deren Interesse ausschliesslich der Frage gilt, was ich in bezug auf den jeweils anderen tun soll. Die Ironie der Geschichte will es, dass dieser Paradigmenwechsel genau zu dem Zeitpunkt erfolgt, an dem die Pädagogik als Disziplin sich zu etablieren anschickt. Die Ethik, die man - bis hin zu Dilthey - zwar immer wieder zur Grundlagenwissenschaft der Pädagogik erklärte, war deshalb stets die neuzeitlich amputierte Sollensethik.

Die Folge dieser Verengung: Das zwar immer wieder - von Humboldt bis zur Reformpädagogik - deklamatorisch verkündete Postulat der Pädagogik, dass Bildung dem Individuum, dem Menschen und nicht dem Bürger zu dienen habe, war kein philosophisches Reflexionsthema mehr und ebenso wenig der latente oder offene Konflikt zwischen diesem Ziel und der sollensethisch legitimierten Inanspruchnahme des Kindes durch die Erziehungsforderungen der Gesellschaft.
Der philosophische Praktiker ist darum in der Tat ohne die Wissenschaft geblieben, deren er bedürfte. Diese Ausgangslage hat sich in der philosophischen Ethik erst Mitte der achtziger Jahre zu ändern begonnen, und heute zeichnen sich bereits hoffnungsvolle Ansätze zu einer neuen integrativen Ethik ab, die bewusst wieder bei den Fragen der Antike anknüpft.

Was kann man von dieser integrativen philosophischen Ethik erwarten? Die Kompetenz etwa, den Praktikern zu sagen, wie sie als Beauftragte für Bildung und Erziehung handeln müssen, wenn sie zum Besten der Betroffenen handeln wollen? Schon diese Formulierung klingt nach Platonischer Erziehungsdiktatur. Ein Staat der Philosophenkönige ist aber nicht nur aus politischen Gründen ein verfehltes Modell, er beruht auch auf der philosophisch höchst fragwürdigen Prämisse, dass es von Werten und Normen ein Wissen geben könne und dass dieses Wissen sich nur dem Erkenntnisvermögen besonders ausgewählter und besonders geschulter Personen erschliesse. Dieses Modell widerstreitet schon der Grundidee, von der der philosophische Praktiker auszugehen hat: dass Bildung auf Verstehen abziele und darum jede Person selber letzte Autorität darüber sein müsse, was sie als richtig und für sie verbindlich akzeptieren wolle.

Doch selbst wenn man jeden als Autorität insbesondere in ethischen und moralischen Fragen anerkennt, muss man deswegen keineswegs schon annehmen - und die Verwirrung, in die die beiden Feldherrn, Laches und Nikias, durch Sokrates' Fragen gestürzt werden, zeigt dies hinlänglich -, dass jeder Mensch gleichsam von Haus aus die nötige Urteilskompetenz schon entwickelt hat und imstande ist, sich darüber Rechenschaft zu geben, was Gut-Sein und gutes Leben überhaupt bedeutet und worin es zu suchen wäre. Was ein philosophischer Praktiker mitbringen müsste und was er darum, in noch höherem Grad, selber braucht, ist die Fähigkeit, solche Fragen traktierbar und methodisch handhabbar zu machen und mögliche Antworten daraufhin zu überprüfen, ob und inwiefern sie überhaupt vernünftig sind oder nicht, einsichtig, zustimmungsfähig, akzeptabel oder wie immer man das nennen will. Nicht substanzielles Wissen also ist gefragt, sondern prozedurales und kriteriologisches Wissen. Die herangezogenen Wertwörter zeigen auch an, um welche Prozeduren und Kriterien es geht: um solche der diskursiven Rationalität - Regeln, Verfahren und Kriterien, die zu entscheiden gestatten, welche Wahrheitsansprüche von Aussagen und welche Richtigkeitsansprüche von Handlungsempfehlungen eingelöst werden können und welche nicht. Nur wenn eine Lehrperson über ein solches Wissen verfügt, ist sie auch imstande, Beraterin ihrer Schüler und deren Eltern zu sein, und vor deren Fragen nicht ebenso perplex dazustehen wie diese selbst. Und dies gilt unabhängig davon, ob es nun um einmalige Entscheidungen geht oder um die Festlegung von allgemeinen Handlungsregeln.

Ich möchte nicht missverstanden werden: Es versteht sich von selbst, dass eine als Pädagogik ausgebaute praktische Philosophie sich nicht auf rein normative Fragen beschränken kann. Zur Erhellung schulischer Situationen und zur Formulierung möglicher Handlungsalternativen hat sie alles zu berücksichtigen, was Bildungsforschung an deskriptiven Wissensbeständen zur Verfügung stellen kann. Dazu gehört insbesondere auch das psychologische Wissen. Denn die philosophisch angeleitete, auf Selbstbildung abzielende Pädagogik kann sich nicht davor verschliessen, dass es immer auch eine "Natur-Seite" der Vernunft gibt, äussere, von unserem Willen unabhängige Bedingungen, die Lern- und Bildungsprozesse fördern oder verhindern können: von Gewohnheitsbildungen, Gedächtniskurven und neurotischen Störungen bis hin zu den Einflüssen des Lernklimas und der institutionellen Gegebenheiten. Es sind dies Bedingungen, die, wie jedes andere Stück Natur, erforscht werden können und denen Rechnung zu tragen ist, gerade wenn es darum gehen soll, Freiheit und Selbstbestimmungsfähigkeit zu erhöhen. Dies aber bedeutet: Der philosophische Praktiker wird dieses Wissen nicht dazu verwenden, Schülerinnen und Schüler sozialtechnologisch zu bearbeiten, sondern ihnen als ihr Ratgeber und Begleiter dieses Wissen zur Verfügung stellen, damit sie sich die für sie förderlichsten Lernbedingungen selber schaffen oder zumindest miterschaffen können.

Der philosophische Praktiker - dies zeigt diese Beschreibung - scheint im übrigen durchaus im pädagogischen Trend zu liegen, oder noch besser, er kann geradezu als Produkt dieses Trends angesehen werden. Die allgemeine Neigung zum Rekurs auf subjektive Theorien, das Paradigma des selbstgesteuerten Lernens und die Vorherrschaft konstruktivistischer Theorien in der Didaktik können als das stillschweigende Einverständnis gedeutet werden, dass ohne das Zutun derer, auf die man einwirken will, auf die Dauer keine Einwirkung zu erhoffen ist, und dass Bildung, wenn es sie überhaupt gibt, letztlich nur Selbstbildung sein kann. Doch dies ist ja nichts anderes als die Grundprämisse des philosophischen Praktikers.

Ich fasse zusammen.
Meine Ausgangsfrage lautete: Welches ist die Pädagogik, deren die Lehrperson für sich bedarf? Meine These war: Die Antwort auf diese Frage hängt ab von dem Bild, das wir von einer Lehrperson haben, und von den Ansprüchen, die wir an sie stellen.

Versteht man die Lehrperson als Lehrkünstler, spielt Pädagogik, gleich welcher Art, allenfalls eine bescheidene Nebenrolle. Sieht man die Lehrperson als Bildungstechniker, dann ist bei mehr als nur handwerklichen Ansprüchen die Pädagogik als Sozialtechnologie gefragt.

Betrachtet man die Lehrperson als philosophischen Praktiker und das Kind als kleinen Philosophen, ist die Pädagogik, deren die Lehrperson bedarf, ein Zweig der altehrwürdigen Disziplin der philosophischen Ethik.

Nach diesem Durchgang wird allerdings auch verständlich, warum es mit der Schulpädagogik als Berufswissenschaft für Lehrpersonen nicht besonders weit her ist. Als Kunstlehre ist sie weitgehend irrelevant, als Sozialtechnologie ein zum Scheitern verurteiltes Konstrukt und als praktische Philosophie eine - trotz langer Vorgeschichte - erst noch zu realisierende Disziplin.

Wie man mit diesem Befund umgehen soll, ob man ihn lamentierend zur Kenntnis nehmen, mit Entrüstung von sich weisen oder aus ihm neue Zukunftsaufgaben ableiten will, kann ich getrost offen lassen. Was mich betrifft - aber das ist natürlich mein professionelles Vorurteil -, halte ich es mit der Zukunftsaufgabe.

Ich wäre aber nicht erstaunt, wenn dieser Befund keinen Anlass zur Irritation geben sollte, weil man es - angesichts der permanenten Versuchung des Lehrstandes zur Idealisierung und Verklärung - für besser hält, weder an die Lehrerbildung noch an die Schulpädagogik allzu hohe Ansprüche zu stellen. Man kann es dann bei dem belassen, was sie heute schon ist: etwas Kunstlehre, eine ansehnliche Portion Technologie und Rezeptologie verbunden mit reichlicher Gesinnungsbildung und mehr oder weniger dogmatischer Normen- und Wertlehre. Und dies entspräche auch durchaus dem heutigen schweizerischen Trend zur Institutionalisierung der Lehrerbildung: eine Fachhochschule, wenn es schon nicht anders geht; Hauptsache jedoch, es bleibt alles, wie es ist - denn es hat sich ja bewährt.

5.1.5 Zusammenfassung in neun Thesen

Schulpädagogik und Lehrerbildung

1. These

Schulpädagogik ist die "Wissenschaft", deren Lehrpersonen für sich bedürfen.

2. These

Die bisherige Pädagogik, die im Wesentlichen Berufswissenschaft für Lehrkräfte war, leidet seit Anbeginn unter erheblichen Akzeptanzschwierigkeiten; es fehlt ihr an Anerkennung sowohl von Seiten der Wissenschaft als auch von Seiten der Praxis.

3. These

Die Frage, welches diese Berufswissenschaft denn eigentlich sei, deren Lehrkräfte bedürfen, ist deshalb weiterhin offen.

4. These

Die Antwort, die man auf diese Frage gibt, hängt wesentlich davon ab, wie man den Lehrberuf versteht und welche Ansprüche man an Lehrpersonen stellt.

5. These

Die zwei Hauptgemeinplätze der Deutung des Lehrberufs sind:

- Erziehen und Unterrichten als Kunst
- Erziehen und Unterrichten als Technik

Der noch zu explorierende Gemeinplatz ist:

- Erziehen und Unterrichten
  als philosophische Praxis

6. These

Versteht man den Lehrberuf als Kunst, ist die Berufswissenschaft mehr oder weniger irrelevante Kunstlehre und bestenfalls "ein zum pädagogischen Tun nachträglich Hinzukommendes" (Spranger).

7. These

Versteht man Erziehung und Unterricht als Technik, dann könnte die Berufswissenschaft der Lehrkräfte - sofern man mehr als bloss handwerkliche Ansprüche stellt - nur eine ausgewachsene Sozialtechnologie sein. Eine solche Sozialtechnologie gibt es jedoch nicht und kann es nicht geben. Das Beste, das man sich auf diesem Gebiet erhoffen kann, ist die übliche schulpädagogische Rezeptologie.

8. These

Versteht man Erziehung und Unterricht als philosophische Praxis, d.h. als Hilfe zur Selbstbildung und Selbstbestimmung, dann ist die Schulpädagogik ein Zweig der philosophischen Ethik, mit der antiken Frage nach dem "guten Leben" im Zentrum. Diese Disziplin müsste aber - im Anschluss an die jüngsten Diskussionen innerhalb der Ethik - erst wieder geschaffen werden.

9. These

Dieser Durchgang durch die Hauptgemeinplätze des Lehrberufs erklärt einige der Akzeptanzschwierigkeiten der Schulpädagogik als Berufswissenschaft von Lehrkräften: Je nach Berufsverständnis ist sie entweder eine irrelevante oder eine "unmögliche" oder eine erst noch zu schaffende "Wissenschaft".

Literatur

Anhalt, E. (1846), Die Volksschule und ihre Nebenanstalten, Jena.

Barthel, C. (1839, 31856), Schulpädagogik. Ein Handbuch für angehende Schullehrer und Schulrevisoren, Lissa.

Basedow, J. B. (21785), Elementarwerk, Bd. 1, Leipzig.

Becker, C. H. (1926), Die Pädagogische Akademie im Aufbau unseres nationalen Bildungswesens, Leipzig.

Benner, D. (1977), Was ist Schulpädagogik?. In: Derbolav, J. (Hrsg.): Grundlagen und Probleme der Bildungspolitik, München, Zürich, S. 88-111.

Böckh, Ch. G. (1773), Allgemeine Bibliographie für das Schul- und Erziehungswesen in Deutschland, Bd. 1.

Brezinka, W. (1968), Von der Pädagogik zur Erziehungswissenschaft. Vorschläge zu ihrer Abgrenzung. In: Zeitschrift für Pädagogik 14, S. 317-334, 435-475.

Brzoska, H. G. (1836), Die Notwendigkeit pädagogischer Seminare auf der Universität und ihre zweckmässige Einrichtung, Hrsg. v. W. Rein (1887), Leipzig.

Caradeuc de la Chalotais, L. R. de (1771), Versuch über den Kinder-Unterricht. Mit Anm. und einer Vorrede, hg. v. A. L. Schlözer, Göttingen, Gotha.

Cube, F. von (1971, 71993), Die kybernetisch-informationstheoretische Didaktik. In: Didaktische Theorien, hg. v. M. Gudjons, R. Teske, Hamburg, S. 47-60.

Dearden, R. F. (1966), "Needs" in Education. In: British Journal of Educational Studies, 14, S. 5-17.

Dewe, B., Radtke, F.-O. (1991), Was wissen Pädagogen über ihr Können? In: Zeitschrift für Pädagogik, 27. Beiheft: Pädagogisches Wissen, Weinheim, Basel, S. 143-162.

Diesterweg, F. A. W. (1900), Auswahl aus einer Schrift, hg. v. von Sallwürck, Bd. 3.

Dietrich, Th. (1957), Zur 'Tragödie der Akademisierung der deutschen Lehrerbildung'. In: Lebendige Schule 8, S. 433-443.

Dilthey, W. (1934), Grundlinien des Systems der Pädagogik. In: Gesammelte Schriften 9, Leipzig, Berlin.

Döring, K. W. (1980), Lehrerverhalten: Theorie-Praxis-Forschung, Weinheim, Basel.

Dreeben, R. (1970), The Nature of Teaching. Schools and the Work of Teachers, Glenview (Ill.).

Ersch, J. S. (Hrsg.) (1794), Allgemeines Repetitorium der Literatur für die Jahre 1785-90, Leipzig.

Gräfe, H. (1830), Über das Bedürfnis einer höheren Bildung der Geistlichen und Lehrer, Leipzig.

Greiling, J. Ch. (1793), Über den Enzweck der Erziehung und über den ersten Grundsatz einer Wissenschaft derselben, Schneeberg.

Helmholtz, H. von (1884, ND 1968), Das Denken in der Naturwissenschaft, Darmstadt.

Herbart, J. F. (1887, ND 1964), Allgemeine Pädagogik, Sämtliche Werke, Bd. 9, hg. v. K. Kehrbach u. O. Flügel, Langensalza.

Herbart, J. F. (1880), Pädagogische Schriften, hg. v. O. Willmann, Leipzig.

Herbart, J. F. (1982), Kleinere pädagogische Schriften, hg. v. Asmus, Stuttgart.

Herders Konversationslexikon (1856), Freiburg i.B.
Hügli, A. (1995), Kontrollpädagogik oder Autonomiepädagogik? Epistemologische Bemerkungen zum Verhältnis von Pädagogik und Philosophie. In: Studia Philosophica 54, S. 11-47.
Hügli, A. (1997), Mutmassungen über den Ort des Glücks in der Ethik der Neuzeit. In: Studia Philosophica 56, S. 33-64.
Hügli, A. (1997), Welche Philosophie für welche Pädagogik? In: Frischmann, B., Mohr, G. (Hrsg.), Erziehungswissenschaft, Bildung, Philosophie, Weinheim, S. 35-60.
Keck, R. W. (1978), Über das Verhältnis von Erziehung und Unterricht in der Schule. Oder: Vom Erziehungsdefizit in der Schule. In: Die Realschule, S. 9-17.
Kehr, C. (1868, 81877), Die Praxis der Volksschule, Gotha.
Kerschensteiner, G. (1927, 91965), Die Seele des Erziehers, München, Stuttgart.
Kittel, H. (1932), Der Weg zum Volksschullehrer. Über die Entwicklung der Pädagogischen Akademie, Jena.
Krämer, H. (1992), Integrative Ethik, Frankfurt M.
Kühnel, J. (1918), Lehrstühle für praktische Pädagogik. In: Die Deutsche Schule, S. 49-64.
Kühnel, J. (1920), Gedanken über Lehrerbildung. Eine Gegenschrift, Leipzig.
Lindner, G. A. (1874), Die pädagogische Hochschule, Wien.
Luhmann, N. (1986), Ökologische Kommuikation: Kann die moderne Gesellschaft sich auf ökologische Gefährdungen einstellen? Opladen.
Luhmann, N. (1994), Codierung und Programmierung. Bildung und Selektion im Erziehungssystem. In: ders.:, Soziologische Aufklärung 4, Opladen.
Maimon, S. (1795, ND 1969), Über die ersten Gründe des Naturrechts. In: Philos. Journal 1, hrsg. v. F. I. Niethammer, J. G. Fichte, Hildesheim, S.141-174.
Marschelke, E. (1976), Die Binnenstruktur der Schulpädagogik. In: Lehnhart, V., Marschelke, E. (Hrsg.), Einführung in die Schulpädagogik. Festschrift für Hermann Röhrs, Rheinstetten-Neu.
Niemeyer, A. H. (1796, 51805), Grundsätze der Erziehung und des Unterrichts für Eltern und Schulmänner, Halle.
Oelkers, J. (1989): Die grosse Aspiration. Zur Herausbildung der Erziehungswissenschaft im 19. Jahrhundert, Darmstadt.
Pierrer's Universallexikon der Vergangenheit und der Gegenwart oder Neuestes Enzyclopädisches Wörterbuch 12, Altenburg 41861.
Pohle, E. (1887), Der Seminargedanke in Kursachsen und seine erste staatliche Verwirklichung, Dresden.
Rehberg, A. W. (1792), Prüfung der Erziehungskunst, Leipzig.
Rein, W. (1899, 41907), Encyklopädischen Handbuch der Pädagogik, Leipzig.

Rheinisches Conversationslexikon oder enzyklopädisches Handwörterbuch für gebildete Stände, hrsg. v. der Gesellschaft rheinischer Gelehrter 8 (1827).
Roth, H. (1975), Hundert Jahre Lehrerbildung. In: Deutsche Schule 67, S. 819-831.
Roth, H. (1976), Der Lehrer und seine Wissenschaft, Hannover u.a.
Rotteck, C., Welcker, C. (Hrsg.) (1848), Staatslexikon, Bd. 10, Altona.
Sallwürck, E. von (1890), Das Staatsseminar für Pädagogik In: Pädagogische Zeit- und Streitfragen, hrsg. J. Meyer, Bd. 3, Gotha.
Schlözer, A. L. (Hrsg.) (1771), Zerstreute Anmerkungen des deutschen Herausgebers über die vorhergehende Pädagogik des Herrn de la Chalotais, Versuch über den Kinder-Unterricht [s.o. Caradeuc de la Chalotais, L. R. de (1771)].
Schmidt, O. (1914), Der Deutsche Lehrerverein und die pädagogische Wissenschaft. Preussische Schulzeitung 52, 32, S. 255-257, 263-265.
Schön, D. A. (1987), Educating the Reflective Practitioner: Toward a New Design for Teaching and Learning in the Professions, San Francisco.
Seyferth, R. (1905), Vorschläge zur Reform der Lehrerbildung, Leipzig.
Seyferth, R. (1914), Deutscher Lehrerverein und pädagogische Wissenschaft. In: Deutsche Schulpraxis 34.
Seyffarth, L. W. (1869), Die Seminarien für Volksschullehrer. Eine historisch-pädagogische Skizze, Berlin.
Spieler, J. (1932), Lexikon der Pädagogik der Gegenwart, Freiburg i.Br.
Spranger, E. (1920), Gedanken über Lehrerbildung, Leipzig.
Steinfath, M. (Hrsg.) (1998), Was ist ein gutes Leben? Frankfurt a.M.
Stoy, C. V. (1868), Lehrerberuf und Lehrerseminar. Pädagogisches Glaubensbekenntnis bei der Eröffnung des ersten Lehrerseminars für das evang. Oesterreich in Bielitz am 9. Dez. 1867, Wien.
Tenorth, H.-E. (1990), Verwissenschaftlichung pädagogischer Rationalität - Über die Möglichkeit eines gescheiterten Programms. In: Alisch, L. M. u.a. (Hrsg.), Professionswissen und Professionalisierung. Braunschweiger Studien Bd. 28. Braunschweig, S. 270-290.
Terhart, E., Czerwenka, K. u.a. (1994), Berufsbiographien von Lehrern und Lehrerinnen, Frankfurt a.M.
Trapp, E. Ch. (1780, ND 1977), Versuch einer Pädagogik, Berlin.
Vogt, Th. (1884), Das pädagogische Universitätsseminar in seinem Verhältnis zu den in Preussen und Österreich bestehenden gesetzlichen Vorschriften über die Bildung der Lehrer an höheren Schulen, Leipzig.
Zachariae, K. S. (1802), Über die Erziehung des Menschengeschlechts durch den Staat, Leipzig.
Ziegler, Th. (1909), Allgemeine Pädagogik, Leipzig.
Ziller, T. (1884), Allgemeine Pädagogik, hrsg. K. Just, Leipzig.

5.2 Zukunftsfelder schulpädagogischer Forschung. Tendenzen der Schulentwicklung in der Schweiz[142]

Lutz Oertel

5.2.1 Vorbemerkung

Tendenzen der Schulentwicklung in der Schweiz im Sinne eines Überblicks darzustellen, wird mir kaum gelingen. Ich kann nur auf diejenigen Entwicklungen eingehen, die ich aufgrund meiner Tätigkeit im Kanton Zürich kenne. Gegenwärtig arbeite ich am Projekt «Teilautonome Volksschulen» (TaV), mit dem im Kanton Zürich die Einrichtung einer geleiteten Schule mit erweitertem (autonomeren) Gestaltungsraum vorbereitet wird (vgl. Erziehungsdirektion 1997). Es sind also vornehmlich zürcherische Tendenzen, die ich erwähnen werde. Aber insofern 'die Schweiz zum Kanton Zürich gehört', berichte ich auch über sie, die Schweiz, und über die hier erkennbaren Aspekte zukünftiger Schulentwicklung.

Meine Sichtweise ist zudem geprägt von meinem Arbeitsort, der kantonalen Schulverwaltung, die Erziehungsdirektion genannt wird. Diese ist teilweise einem deutschen Kultusministerium vergleichbar. Ich arbeite dort an derjenigen staatlichen Stelle, die im politisch-administrativen System für das Gelingen oder auch Misslingen von Schulreformen verantwortlich ist bzw. verantwortlich gemacht wird.

Die kantonale Verwaltung ist das Zentrum eines manchmal ungeliebten Staates, das als Träger für Schulreformen angeblich abgewirtschaftet hat. Wir kennen das Argument: Die Schuladministration setzte hauptsächlich auf flächendeckende Gesamtsystemstrategien und vergass dabei die Schule als eigentlichen Ort des Geschehens, des Lehrens und Lernens. Top down konnte die unterste Ebene des Schulsystems häufig nicht erreicht und schon gar nicht verändert werden.

Gegen das Gesamtsystem wird heute die einzelne Schule gesetzt. Seit einiger Zeit mit Autonomieattributen versehen, wird sie als selbständige Einheit

142 Überarbeitete und geringfügig ergänzte Fassung meines Vortrags in Ascona

gelegentlich zur alleinigen Reformträgerin stilisiert. Die einzelne Schule müsse ihre eigene Reform machen und bottum up ihre Forderungen ans Gesamtsystem stellen.

Nehmen wir an, dass bei Schulreformen dieser (hier vereinfachte) Gegensatz der Ansätze und Strategien theoretisch besteht, so ist er für die praktische Schulentwicklung eher unerheblich. In den meisten deutschsprachigen Kantonen stellt sich die erwähnte Alternative für das Volksschulwesen, d.h. für die Schulen der obligatorischen Schulzeit, schon deshalb nicht, weil es die einzelne Schule als Einheit häufig nicht gibt[143], also auch nicht die autonome oder teilautonome (wichtiger im gegenwärtigen politisch-administrativen Schulsystem: Gemeindeautonomie). Der Erfahrung reformplanender Verwaltung kommt die Vorstellung einer Interdependenz naher (vgl. Rolff 1991). Sie zeigt sich bei schulischen Entwicklungen zwischen lokaler Gestaltungsautonomie, also dezentraler Aufgabenerfüllung, und zentraler, aufs Kantonsgebiet bezogener Regelung (zentrale schulpolitische Vorgaben). Eine Kehrtwendung zur Einzelschulentwicklung widerspricht der Erfahrung erfolgreicher, das Gesamtsystem der Schule betreffender Strukturreformen; zum Beispiel hat sich in den meisten Kantonen als Reformergebnis eine Primarschuldauer von 6 Jahren durchgesetzt. Die in der Diskussion um Reformansätze immer wieder problematisierten Vorgehensweisen wie reengineering oder restructuring und Organisationsentwicklung lassen sich als ergänzende Ansätze sehen; sie können der Entwicklung einzelner Schulen zugute kommen, was aber nicht ausschliesst, dass sie zur Durchsetzung strategischer Reformentscheidungen zentraler Instanzen eingesetzt werden.

Damit bin ich schon mitten in meinem Thema. Ich soll und will nach Perspektiven der Schulentwicklung Ausschau halten, die sich nach Autonomiegesichtspunkten richten. Diese Entwicklungen sind Ihnen meist bekannt. Sie sind international erkennbar und sie sind meist so unbestritten, dass sie kaum mehr begründet werden müssen.

Dennoch werde ich zuerst zwei wichtige Entstehungsgründe für die schulische Autonomieentwicklung in Zürich darlegen, dann auf die schulischen Entwick-

---

143 Das kantonalzürcherische Schulsystem hat im wesentlichen drei Stufen: Kanton mit Erziehungdirektion und Erziehungsrat, Schulgemeinde mit gewählter Schulpflege, Schulklasse mit Lehrperson.

lungsfelder, wie ich sie aus Zürcher Sicht wahrnehme (und einer Umfrage in der deutschsprachigen Schweiz) kenne, thesenhaft eingehen. Zugleich werde ich an diese Entwicklungen Fragen richten, um Forschungsthemen (Themen wissenschaftlicher Arbeit) abzuleiten, ohne diese der Schulpädagogik zuzuweisen. Abschliessen werde ich mit einer Einschätzung der Entwicklungstendenzen und der Forschungsmöglichkeiten.

5.2.2. Entstehungsgründe

Zwei Quellen lassen sich ausmachen, wenn die aktuelle Schulentwicklung ins Blickfeld gerückt wird: Die eine speist sich aus dem Gedankengut des New Public Management (NPM); im Kanton Zürich firmiert NPM als "Wirkungsorientierte Führung der Verwaltung(wif!). NPM bzw. *wif!* möchten dem Staat und seinen Institutionen eine betriebs- und finanzwirtschaftliche Kur verschreiben; die andere Quelle liegt in der neueren Schul(entwicklungs)forschung. Beide Quellbäche fliessen aber zusammen.

5.2.2.1 Schulforschung

Drei allgemeine Ergebnisse der empirischen Schulforschung, die für mein Thema wichtig (und wie Chubb & Moe 1990, S. 23 meinen, nicht so kompliziert sind), stechen hervor:
Erstens, Schulen arbeiten besser, wenn eine Reihe organisatorischer Wirkungsfaktoren zusammenspielen, wie klar definierte Ziele, ein ambitioniertes Lernprogramm, eine starke bildungsbezogene Führung (Schulleitung) und ein hohes professionelles Niveau der Lehrpersonen.
Zweitens, die wichtigste Voraussetzung für die Entstehung dieser Charakteristiken schulischer Wirksamkeit ist Schulautonomie, insbesondere die Unabhängigkeit von äusseren bürokratischen Einflüssen.
Drittens, das bestehende System öffentlicher Schulen verhindert, dass eine wirksame Schulorganisation entsteht, und zwar deshalb, weil die Institutionen demokratischer Kontrolle Schulautonomie begrenzen und unterminieren.

An dieser Stelle des Flusslaufes, wo in der Schulforschung Demokratie-(Bürokratie)kritik auftaucht verbindet sich Schulentwicklungstheorie mit dem Konzept des NPM (New Public Management), das sich auch als Staats- und Bürokratiekritikversteht:

5.2.2.2 NPM

Es gibt Politiker und Wissenschaftler, die geradezu vom Siegeszug des NPM schwärmen und mit Vorliebe Neuseeland zitieren, das sich erfolgreich der Rosskur des NPM unterzogen hat.

Ausgangspunkt dieses Konzepts ist die fiskalische Krise, wie sie Neuseeland wohl extrem erlebte. Effizienter Mitteleinsatz zur Erbringung von staatlicher Dienstleistungen, Wettbewerb der Dienstleister, Kundenorientierung u.v.a.m. des betriebswirtschaftlichen Repertoirs sollen die staatliche Verwaltung aus der Krise führen und dem politischen Handeln mehr Gewicht verleihen.

Vielleicht macht es das NPM so attraktiv, dass einige einen Anspruch auf Staatsreform ableiten, andere darin lediglich ein Instrumentarium zur Rationalisierung administrativer und finanzieller Verfahren sehen. Es ist - wenn ich es bisher richtig gelesen habe - am ehesten der Anspruch auf Staatsreform, der Kritik am NPM auslöst. Auch in der Schweiz sind sowohl Begeisterung als auch Ablehnung zu beobachten. So hörte man kürzlich von der Regierung des Kanntons Zug: "NPM verkennt, dass sich staatliche Aufgabenerfüllung nach dem Volkswillen und dem Gemeinwohl zu richten hat, welches sich - im Gegensatz zur gewinnstrebigen Privatwirtschaft nicht vorwiegend an betriebswirtschaftlichen Kriterien orientiert" (Bericht und Antrag des Regierungsrates vom 23. April 1996, S. 28).

Jedenfalls hat die NPM-Welle auch die Schweiz erfasst - allerdings, der mit Volksrechten ausgebaute und vielschichtige Föderalismus der Schweiz führt zu facettenreichen und vielfältigen Ausprägungen des NPM. So werden beispielsweise Stimmen laut, die die Schule aus der staatlichen Obhut herauslösen wollen, um sie Marktgesetzen (Wettbewerb) auszusetzen.

Wie vielerorts liegen die Wurzeln der NPM-Debatte in einer allgemeinen Verdrossenheit mit der Politik und der Verwaltung. Wurzeln liegen aber auch in der staatlichen Finanzklemme und in Deregulierungswünschen. So konnte sich NPM in Politik und Verwaltung festsetzen und ist manchmal als Schreckgespenst für Pädagogen - in bisher pädagogisch behütete Schulentwicklung eingedrungen.

Für die auf Schulautonomie gerichtete Schulreform ist das (nicht unmittelbar formulierte) Autonomieverständnis des NPM-Konzepts wichtig. Es wird erkennbar an der systematischen Trennung zwischen der output-Steuerung, die in politisch-strategischer Absicht an übergeordneten Zielen ausgerichtet ist ("Was"), und der operativen Umsetzung dieser Vorgaben ("Wie"). Eine effiziente Umsetzung auf operativer Ebene verlangt nach autonomen agencies, die mit eigenen Kompetenzen ihre Aufgaben selbständig bewältigen können. Wird dieses Konzept auf das Schulsystem bezogen, dann bestimmen die Schulbehörden die strategische Richtung, während die einzelnen Schulen (Schulhäuser) die Ziele nach eigenen Vorstellungen verwirklichen.

Beide Autonomiekonzepte, hergeleitet aus Schulforschung und NPM, ergänzen sich. In der Schulentwicklung werden sie unter pädagogischer Perspektive für eine Steigerung der Schulqualität in die Pflicht genommen. Voraussetzung beider Konzepte ist die 'Entdeckung der Schule als Organisation' und die Betrachtung der Schule als pädagogische Einheit. In der deutschsprachigen Schweiz gilt es aber erst noch, die Schule als solche zu verstehen bzw. als Organisation zu entwickeln. Damit ist der Bogen gespannt, von der Staatsreform bis zur schulischen Organisationsentwicklung, den ich knapp und thesenhaft abschreiten möchte, um gesamthaft Entwicklungstendenzen der Schule in der Schweiz (insbesondere Zürich) darzustellen und zukünftige Forschungsfragen anzudeuten:

5.3.3. Entwicklungsfelder

Mit der ersten These greife ich die vorstehende Auslegeordnung auf:

These 1: Schulsystem
In den meisten Schweizer Kantonen wird kein freier Schulmarkt entstehen. Es bleibt beim öffentlichen Schulwesen innerhalb der von kantonaler Schulpolitik gesetzten Grenzen.
Die Grenzen werden sich aber verschieben. Einzelne, zentrale Vorschriften werden gelockert (vielleicht aufgehoben) werden. Regierung und Verwaltung (kantonale Ebene) werden versuchen, Aufgaben und Kompetenzen zu delegieren, wofür es Einheiten braucht, an denen Verantwortlichkeit festgemacht werden kann.

Traditionellerweise wird diese Delegation zunächst die kommunale Ebene (die Schulgemeinde) betreffen. Die Übertragung von Verantwortung auf die Schulebene bleibt Sache der Gemeinde und ihrer Behörden. Weitergehende, radikale Vorstellungen des NPM, die heute an Schulentwicklung herangetragen werden, z.B. eine weitgehende Deregulierung, können sich nicht durchsetzen.

Forschungsfrage
Systematisch abzuklären ist, wie weit Delegation und Dezentralisierung gehen können und ob beides so weit gehen kann, dass Schulen in Wettbewerb treten, allenfalls mit freier Schulwahl ohne damit das öffentliche Schulwesen abzuschaffen.

These 2: Schule/Schulgemeinden
Die zweite These betrifft den Kem der gegenwärtig erkennbaren Schulentwicklung unter den spezifisch schweizerischen Bedingungen:
Die einzelne Schule rückt ins Zentrum angelaufener und zukünftiger Schulreform. Sie erhält mehr Eigenverantwortung, die sich sowohl auf organisatorische als auch auf pädagogische Aufgaben und Kompetenzen bezieht. Von einem losen Verbund der Klassen, vom zufälligen Zusammenspiel einzelner Lehrpersonen (deren Einzelkünstlertum überwunden wird), entwickelt sich die Schule zu einem eigenen Handlungs- und Lernraum.
Die Schulgemeinde und ihre Schulbehörden rücken in ein neues Verhältnis zur Schule. Es ist Teil ihrer bereits bestehenden Autonomie (Finanzierung der Schule über Besoldungen und Gebäude etc., Führung und Aufsicht durch die Schulpflege) den neuen Entwicklungsraum zu gewahren.
Im Volksschulwesen der Schweiz entsteht eine neue Systemebene. Insofem die Ausdifferenzierung (z.B. gesellschaftlicher Systeme) als ein Kennzeichen für Modemisierung gilt, führt die neue Schulentwicklung zu einer nachholenden Modemisierung. Im Idealfall entsteht ein institutionelles Dreieck als gegenseitiges Autonomieverhältnis:

Schule

Gemeinde Kanton

Forschungsfragen
Gelingt die Konstituierung des Dreiecks? Entsteht ein institutionelles Gleichgewicht durch substantielle Kompetenzdelegation? Werden kantonale Vorschriften reduziert? Oder werden allenfalls nur Finanzlasten und administrativer Aufwand abgeschoben (Kanton - Gemeinde Schule)?

These 3: Innere Schulorganisation
Im Zentrum der dritten These steht das organisatorische Entwicklungsziel: die organisatorische Ausgestaltung der einzelnen Schule, die für die schweizerischen Verhältnisse erst zum Wirkungsfeld werden wird (für die amerikanischen Schulforschung so selbstverständlich).
In den nächsten Jahren werden wir in den schweizerischen Kantonen ein bisher unbekanntes Ausmass an Organisationsentwicklung (ohne dass für die Schule eine bestimmte Organisationstheorie vorgelegt würde) und schulische Professionalisierung erleben. Um diese Entwicklungen herum entsteht eine 'Beratungsindustrie', die den neuen Trend für Verdienstmöglichkeiten nutzt.
Zwei Aspekte der inneren Schulorganisation werden vorrangig sein, zum einen eine festgelegte Form der Zusammenarbeit der in der Schule tätigen Lehrpersonen und anderen Fachleuten (mit bisher wenig deutlicher Rollendifferenzierung), zum andern eine gewollte und geplante Ausdifferenzierung, die Einrichtung von Schulleitungen, deren Ausgestaltung gegenwärtig in den meisten Autonomie-Projekten der deutschsprachigen Schweiz zwar angepackt wird, deren konkrete Ausprägung aber erst wenige Konturen erkennen lässt. Vermutlich werden sich verschiedene Organisationsmodelle für Schulleitungen ergeben, z.B. als Hierarchieposition im bisher formal hierarchielosen Lehrkollegium. Und es ist kaum anzunehmen, dass Schulleitungen, die z.B. im Kanton Zürich gewollte, pädagogische Ausrichtung, hinter der die Schuladministration zurücktritt, durchhalten werden.

Forschungsfragen
Ganze Facetten organisationssoziologischer Ansätze können beigezogen werden, um die Effizienz institutioneller Neustrukturierung zu untersuchen. Im Zürcher TaV-Projekt ist dafür eine extreme Evaluation anberaumt worden, von der ein Teilaspekt hier wiedergegeben wird (um nicht nur allgemeine sondern auch einmal zielführende Forschungsfragen zu benennen):

Die Schule ... in ihrem soziokulturellen Umfeld

In welchem Ausmass gelingt es, ein Schulleitbild auszuarbeiten, das der Schule mehr Entwicklungsmöglichkeiten eröffnet, sich auf die soziokulturelle Situation einzustellen? Werden auf dem Hintergrund dieses Bezugsrahmens auf der Ebene des Leitbildes Entwicklungen für neue Lehr- und Lernformen abgeleitet?

Die Schule als Organisationen

Können die verschiedenen Projektschulen lokal angepasste, effiziente Organisationsformen entwickeln mit gut legitimierten und funktionalen Führungsrollen und Führungsformen? Gelingt es klare und effiziente innerschulische Kompetenzregelungen und Entscheidungsverfahren zu etablieren? Entstehen auf der Ebene der fachlichen Zusammenarbeit neue Kooperationsformen, die in der Lage sind, die Entwicklungsperspektiven des Leitbildes umzusetzen? (MUELLER 1998)

These 4: (Schul)pädagogische Schwerpunktsetzung

Mit dieser These wird eine Entwicklung angesprochen, die sozusagen als reform-pädagogischer Hoffnungsträger der Autonomiebewegung gilt. Wo konnte sich die Eigenverantwortung der Schule besser ausdrücken als in diesem Entwicklungsfeld? Gestützt durch interne Organisationsstrukturen und ortsbezogene Eigenheiten werden sich neue Möglichkeiten pädagogischer Gestaltung eröffnen. Erwartet wird eine pädagogische Bewusstwerdung, die in ein unverkennbares gemeinsames Schulkonzept (Leitbild) einmündet, das über ein Schulprogramm umgesetzt wird. Allerdings wird sich diese Entwicklung nur im Rahmen der gesetzlichen Bildungsaufträge und Lehrpläne vollziehen. Genutzt wird, was die einzelne Schule selbst leisten kann, wo Kooperation mit Aussenstellen den pädagogischen Auftrag erleichtert. Es wird ein wesentlicher Aspekt lokaler Schulgestaltung sein, sich auf Bedingungen des schulischen Umfeldes einzustellen, um einerseits eine produktive Schulkultur aufbauen und sich andererseits vor immer neuen Anforderungen schützen zu können.

Forschungsfragen

-Werden die pädagogischen Gestaltungsmöglichkeiten erweitert?

-Kann sich die regulative Funktion des Schulprogramms auf Unterrichtsebene entfalten?
-Wie gestaltet sich die Relation Schulprogramm - Lehrplan, etwa widersprüchlich?

These 5: Schulevaluation und kommunale Aufsicht
Schulaufsicht durch demokratisch bestellte Schulbehörden (z.B. gewählte Laien, Inspektoren) bleibt Teil des Schulsystems, mit ihr wird weiterhin die einzelne Lehrperson kontrolliert werden. Schulaufsicht wird aber zwei professionelle Ergänzungen erfahren: Einmal die Selbstevaluation der Schule (z.B. Überprüfen des Schulprogramms). Verschiedene Verfahren und Instrumente schulischer Standortbestimmung werden entstehen. Auf ihnen wird zweitens eine unabhängige Fremdevaluation durch Schulfachleute aufbauen.

Forschungsfragen
Sie werden sich an die Verfahren und Instrumente der Schulevaluation richten (ihrer Kriterien wie denjenigen einer guten Schule als schulpädagogische Aufgabe). Auch das Verhältnis behördlicher Aufsicht und interner Selbstbewertung wird analysiert werden.

These 6: Kantonale Steuerung
Erkennbar wird eine Steuerung über Zielvorgaben und Rahmenbedingungen (politischer Leistungsauftrag auf strategischer Ebene, Globalbudgets zur Schulfinanzierung); sie wird sich der Informationen der Aufsicht und der Schulevaluation bedienen (Controlling als Führungssystem des Staates). Evaluation (professionelle/pädagogische) könnte sowohl ein vom Staat unabhängiges Instrument professioneller Aufsicht als auch Triebkraft für neue Entwicklungen werden:

Aufsicht/Steuerung

Evaluation   Entwicklung

Schulberatung/Unterstützung

Forschungsfragen
Führen Zielvorgaben und Rahmenbedingungen zu einem Verzicht auf Steuerung, zumindest zu ihrer Veränderung («Enthierarchisierung»)? Wird Autonomie als Vorwand für Evaluation (z.B. über Querschnitttests, Vergleichsuntersuchungen)? Abzuklären wäre, ob die Förderung der Schulautonomie als Professionalisierung nicht auch ein Legitimierungsprojekt für Evaluation (Kontrolle) ist?

These 7: Autonomie-Politik
In den deutschsprachigen Kantonen der Schweiz gibt es keine bottom-up-Woge lokaler Schulentwicklung, in dem Sinne keine Autonomie-Bewegung, die eine kantonale Autonomiepolitik erzwingt. Hingegen sind viele 'zentrale' Initiativen erkennbar, um lokale Schulentwicklung auszulösen. Dabei können zwei Politikinitiativen unterschieden werden:
-Autonomie-Projekte, die keinen kantonalen Steuerungsanspruch transportieren, hinter denen sich ein Gewährenlassen und Zuschauen versteckt;
-Autonomie-Programme, die einen Steuerungsanspruch erheben und eine kantonal kontrollierte Entwicklung anstreben.
Die zweite Variante überwiegt in der Schweiz, womit meine erste These von der Erhaltung des öffentlichen Schulwesens mit demokratischer Trägerschaft unterstützt wird.

Forschungsfragen
Ist die Gemeindeautonomie ein Korrektiv schulischer Autonomiebestrebungen in der Schweiz? Wie ist die Nachfrage nach Teilnahme an Autonomie-Programmen zu interpretieren: als staatlicher Impuls (Form der neuen Steuerung) oder Ausdruck schulischen Selbstbewusstseins? Konkretere Fragestellungen können nochmals der externen Evaluation des TaV-Projekts entnommen werden:

Aufgabenentwicklung auf kantonaler Ebene

Entstehen im Verlauf des Projekts neue, nicht-bürokratische Formen der Zusammenarbeit zwischen Kanton (Erziehungsdirektion), Schulpflegen und Schulen? Entstehen auch (z.B. organisatorische) Formen für Verhandlungsprozesse anstelle von Vorschriften? Besteht die Rolle des Kantons darin, Unterstützungsleistungen für die lokale Schulentwicklung anzubieten?

Schulentwicklung und Schulpolitik (Diskussion um eine Verwaltungs-reform-wif!)

In welchem Umfang ist die lokale Schulentwicklung von dieser Diskussion beeinflusst oder sogar betroffen? Löst sich Schulentwicklung von dieser allgemeinen Diskussion ab und entwickelt eigene ("autonome"), eher "rein" schulbezogene Ziele? Beeinflusst umgekehrt die lokale Schulentwicklung die allgemeine politische Diskussion über Schule und Verwaltungsreform? (KUSSAU 1998)

Zusammenfassung

Zwei grosse Themenkomplexe der wissenschaftlichen Bearbeitung zeichnen sich ab (etwa den Entstehungsbereichen der von mir skizzierten Schulentwicklung entsprechend) - ein organisationstheoretischer, betriebswirtschaftlich, soziologisch und politikwissenschaftlich aufzuarbeitender, der die neue Schulentwicklung als ein Legitimationsprojekt zur Stärkung des Staates ausweist; und - ein pädagogischer, ein das schulische Leben und Lernen betonender, der den Beitrag neuer Schulentwicklung zur schulischen Qualitätsverbesserung nachweist. Das Aufspüren von Wirkungszusammenhängen zwischen beiden Komplexen wird die wissenschaftliche Herausforderung sein.

Ob sich Schulpädagogen für Forschung zuständig betrachten, müssen sie selbst entscheiden[144]. Die Schulentwicklung meldet jedenfalls Forschungsbedürfnisse an!

5.3.4. Schulentwicklung und Forschung

Zum Schluss gebe ich meine Einschätzung der Autonomiebewegung und der mit ihr verbundenen Forschungsmöglichkeiten wieder.

---

144 Dies wirft auch die (in Ascona heftig diskutierte) Frage auf, inwieweit Schulpädagogik eine eigene Wissenschaftsdisziplin ist und ob diese eine Grundlagendisziplin für die Ausbildung von Lehrpersonen an pädagogischen Fachhochschulen sein soll. Wie auch immer: Auf Schul(entwicklungs)forschung muss zukünftig zurückgegriffen werden.

Schulautonomie I

Ich fürchte, die reformpädagogische Erlösung und selbstorganisatorische Überwindung des staatlich reglementierten Schulwesens wird es nicht geben. Es bleibt bei einer fragmentierten Schulpolitik: Zum Beispiel werden selektive Schuformen und damit verbundene Ungleichheiten von der Autonomie-Entwicklung kaum berührt. Es zeichnen sich auch Lehrplanentscheidungen ab (z.B. die Aufwertung des Englischen als Volksschulfach) die zentral gefällt werden und nicht lokaler Schulentwicklung entstammen.

Ich befürchte ausserdem, dass die kommunale 'Freisetzung' der Schule einen Zuwachs lokaler Reglementierung auslöst, denn Lokalität geht häufig einher mit Enge und 'Sicherheit', Kleinmut und Kleinlichkeit. Trotzdem hoffe ich, wenn Verantwortung auf die lokale Ebene bzw. auf die Schulebene delegiert wird, dass damit zentralstaatliche Regelungen zurückgenommen werden.

Schulen werden künftig geleitet werden; die Leitung wird aber zuwenig der erhofften Reformpädagogik dienen können, sondern wird von betrieblich-organisatorischen Aufgaben 'aufgefressen'. Schulprogramme und Leitideen werden formuliert und aufgeschrieben, aber zu wenig umgesetzt. Schulaufsicht und die verschiedenen Formen der Evaluation, durchaus demokratisch legitimiert, werden sich überlagern und zu einer Übersteuerung der Schule führen.

Bei aller Skepsis wünschte ich mir gleichwohl, in den Schulen würden Konzepte wachsen, die pädagogische Gestaltungsräume eröffnen, in denen die Vielfalt der individuellen Bildungsmöglichkeiten genutzt, gestärkt und durch aktives Lernen gefördert werden, auch - um damit lokale Bildungsansprüche befriedigen zu können.

Ich erwarte dies alles sogar. Sonst könnte ich meine Arbeit nicht tun. Aber um diese Erwartung zu erfüllen, braucht es Geduld, eine sorgsam aufgebaute pädagogische Zusammenarbeit, die Pflege der Lehrerschaft sowie eine staatliche Unterstützung durch tüchtige Schulbehörden und Beratungsinstanzen; es braucht Schulleute, die das Autonomieversprechen ernstnehmen!

Schulentwicklungsforschung
Um sich nicht zu verrennen, um nicht Wunschdenken in Realität umzumünzen und wenn möglich um die von mir geäusserten Befürchtungen zu zerstreuen, ist Schulentwicklungsforschung unabdingbar.
Eine zentrale Funktion kommt dabei der externen Evaluation der Autonomie-Projekte zu, die auf verschiedenen Ebenen angesetzt wird (angesetzt werden kann); sie eröffnet Felder für eine pragmatische Schulforschung, insbesondere in der gegenwärtigen Phase der Schulentwicklung.
Von dieser pragmatischen Schulforschung erwarte ich generell, dass sie zur Entwicklungsfähigkeit der Schule beiträgt, auch - und vielleicht gerade deshalb - wenn sie als Schulentwicklungsforschung im Schema der Schulpädagogik - wie es gezeichnet wird - als marginal erscheint. Damit Schulforschung einen wesentlichen Entwicklungsbeitrag leisten kann, sollte sie (neben den üblichen Wissenschaftsstandards) drei Kriterien erfüllen (vgl. KROMREY 1995):
Erstens, sollte sie *konstruktiv* sein, d. h. ihre kritischen Erkenntnisse in die Entwicklungen hineintragen können anhand geregelter Vermittlungsverfahren.
Sie sollte zweitens *sozial kompetent* sein, d.h. die Anliegen und Fragestellungen der an der evaluierten Entwicklung Beteiligten (Lehrpersonen, Behördenmitglieder, Eltern) verstehen und möglichst berücksichtigen können (ohne sich anzubiedern).
Und schliesslich sollte sie drittens im Sinne der Innovationsforschung oder der Programmevaluation die Planung und Gestaltung des jeweiligen Entwicklungsprogramms *kritisch* überprüfen, d.h. die Tätigkeiten, für die politisch-administrative agencies verantwortlich sind, genau beobachten, um konzeptioneller Euphorie den Spiegel systematischer Erfahrung hinhalten zu können.

Literatur

Bericht und Antrag des Regierungsrates vom 23. April 1996. Kanton Zug, Vorlage Nr. 234.2 betreffend Motion Hanspeter Hausherr zur Einführung der "wirkungsorientierten Verwaltung" bzw. des "New Public Mangement" in der kantonalen Verwaltung

Chubb, J. E., Moe T. M., Politics, Markets and American Schools, Washington D.C. 1990

Erziehungsdirektion des Kantons Zürich. Projekt Teilautonome Volksschulen. Entwicklungsrahmen für Projektschulen, Zürich, 14. Marz 1997

Kromrey, H., Evaluation. Empirische Konzepte zur Bewertung von Handlungsprogrammen und die Schwierigkeiten ihrer Realisierung. In: ZSE, 15. Jg., H. 4, 1995 (313-336)

Kussau, J., (Kantonale Politik und Regelung, BfBf Kilchberg) In: Projekt Teilautonome Volksschulen (TaV) im Kanton Zürich. Externe Evaluation: Information, 10. Februar 1998

Müller, S. (Lokale Schulentwicklung, HFS Luzern), in: Projekt Teilautonome Volksschulen (TaV) im Kanton Zürich. Externe Evaluation: Information (), 10. Februar 1998

Rolff, H.-G., Schulentwicklung als Entwicklung von Einzelschulen? in: Zeitschrift für Pädagogik 1991, Jg.37, Heft 6, S.865-886

Alle anderen, für die schweizerischen Verhältnisse wichtigen Literaturangaben finden sich in Kussau, J., Oertel, L., (Schulautonomie) Schweiz. In: Dobert, H., Geissler,G. (Hrsg.), Schulautonomie in Europa, Baden-Baden 1997 (S. 363-396)

5.3. Ziele und Inhalte der Schulpädagogik - Anmerkungen aus entwicklungspsychologischer Perspektive

Tina Hascher, Universität Bern

5.3.1 Der Einfluss von Schule und Unterricht auf die Entwicklung von Kindern und Jugendlichen

Niemand wird ernsthaft anzweifeln, dass die Schule eine wichtige Rolle für die Entwicklung des Kindes und des Jugendlichen einnimmt, obwohl es - streng gesehen - an der empirischen Überprüfung dieses Einflusses mangelt. Da Kinder und Jugendliche in einer obligatorischen Schulpflicht stehen - zumindest bis zur Vollendung von neun Schuljahren - fehlt meist der methodische Nachweis dieser Beziehung durch den Vergleich mit einer von schulischen Einflüssen freien Kontrollgruppe. Dies mag der Grund dafür sein, warum Oerter (1995) einerseits den Einfluss der Schule recht allgemein formuliert: "Die Schule stellt einen Kontext für Entwicklung dar, der das Kind in starkem Masse prägt."[145] (OERTER 1995, S. 277), und andererseits die entwicklungspsychologischen Ansätze heftig kritisiert, welche die Entwicklung von Kinder und Jugendlichen ungeachtet dieses schulischen Einflusses zu erklären versuchen.

Nach Einsiedler (1991) ist die Schulpädagogik die Disziplin, die explizit auf die Frage fokussiert, welchen Einfluss Schule und Unterricht auf das Lernen und die Entwicklung der Kinder und Jugendlichen. Abgesehen von der Tatsache, dass diese Fragestellung nicht neu ist und in anderen Disziplinen schon längst gestellt wurde, ist dieser Definition auf den ersten Blick wenig entgegenzuhalten. Auf den zweiten Blick jedoch stellt sich eine Vielzahl von Fragen. Unklar und nicht expliziert bleibt z.B. die Frage, welches Konzept von Entwicklung dieser Definition zugrunde liegt (vgl. FLAMMER 1988). Auch bleibt offen, wie dieser Einfluss überprüft werden sollte. Des weiteren erweckt diese Definition den Eindruck, die Schule oder der Unterricht seien einheitlich zu verstehende Einflussgrössen (d.h. es müsse nicht zwingend differenziert werden zwischen dem Einfluss der Mitschülerinnen und Mitschüler, dem Einfluss des Leistungsdrucks, dem Einfluss durch die Lehrpersonen etc.). Der kritisch-

145 Missverständlich bei dieser Aussage ist Oerters Verwendung des Begriffs "Prägung". Es ist davon auszugehen, dass Oerter ihn hier nicht als psychologischen Fachbegriff, sondern im alltagssprachlichen Sinne verwendet.

ste Punkt jedoch liegt in der Assoziation, die mit dieser Definition verbunden sein könnte: Unterricht und Schule hätten jede mögliche Wirkung auf die Entwicklung der Kinder und könnten diese beliebig beeinflussen. In den letzten Jahrzehnten haben jedoch viele Vertreter der Entwicklungspsychologie gezeigt, dass die Entwicklung von Kindern und Jugendlichen oftmals in bestimmten, z.T. sogar gesetzmässigen Abfolgen verläuft (sog. Entwicklungsschritte oder –stufen). Entwicklung ist folglich nur in bedingtem Masse beeinflussbar. Des weiteren sind die Vorerfahrungen und die Persönlichkeit der Kinder zu berücksichtigen. Wie Fend (1991a, S. 20) dies formuliert: "Nicht alle Schüler profitieren von der Schule in gleicher Weise, nicht alle leiden in ihr unterschiedslos." Einsiedlers Definition und Disziplinbestimmung lässt also den differentiellen Zugang zur gestellten Frage vermissen, so wie dies an andere Stelle geleistet wird. Um nochmals auf Fends Ansatz zurückzugreifen: "Die zentrale These bestand darin, dass schulische Erfahrungen im genannten Sinne bei Schülern nicht auf eine tabula rasa treffen, sondern auf eine Persönlichkeitsdynamik, die sich gegen bestimmte Erfahrungen und Zuschreibungen aus der Umwelt wehrt." (FEND 1991a, S. 20)

Im Rahmen der Persönlichkeitsentwicklung wurde der differentielle Einfluss von Schule auf die soziale Entwicklung der Kinder und Jugendlichen in verschiedenen Arbeiten untersucht (vgl. im Überblick PEKRUN, FEND 1991). Sozialemotionale Erfahrungen zu Schulbeginn mit den MitschülerInnen (PETILLON 1991), der Einfluss von Gleichaltrigen (OSWALD, KRAPPMANN 1991) und der soziale Status innerhalb der Klasse (FEND 1991b) sind dabei zentrale Aspekte. Häufig geht es - von verschiedenen Perspektiven aus betrachtet - darum herauszufinden, wie sich die (zwangvolle) soziale Zusammensetzung in der Klasse entwickelt, welche Kriterien der Gruppenbildung, der Beliebtheit und dem Aussenseitertum zugrunde liegen. Daraus werden pädagogische Implikationen abgeleitet, etwa in dem Sinne, wie Lehrpersonen konstruktiv mit dem Widerstand ihrer Schülerinnen und Schüler umgehen können. Nach Fend (1991a) wirkt die Schule in Abhängigkeit von der Entwicklungsphase der Kinder und Jugendlichen und er spricht von "Entwicklungspfaden" (ebd., S. 29), auf denen Kinder und Jugendliche durch ihre Schulzeit gehen. Fend nimmt an, dass der Einfluss der Schule in den ersten Schuljahren stärker ist als in den letzten Jahren und dass der Einfluss der

Gleichaltrigen (Peers) in den mittleren Schuljahren am grössten ist[146]. Stützt man sich auf Einsiedlers Definition von Schulpädagogik (1991), so müsste die Klärung dieser differenzierten, altersabhängigen Wirkung der Schule eine zentrale Frage schulpädagogischer Arbeiten sein. Jedoch findet man solche Arbeiten in der Schulpädagogik nur selten. Vielmehr sind es andere Disziplinen, die den Zusammenhang zwischen Schule und Entwicklung zu klären versuchen wie z.B. die Entwicklungspsychologie. Dies sei nachfolgend an zwei Beispielen illustriert: die Entwicklung der Intelligenz und die Entwicklung von Sozialkompetenzen.

Aus verschiedenen Arbeiten zur Intelligenzforschung ist z.B. bekannt, dass die Dauer des Schulbesuchs die Entwicklung der Intelligenz fördert - zumindest in dem Sinne, wie dies von Intelligenztests gemessen wird. Cahan und Cohen (1989) untersuchten im Jahr 1987 alle Kinder, die in Jerusalem die Klassen 4 bis 6 staatlicher Grundschulen in hebräischer Sprache besuchten. Dies ergab eine Gesamtstichprobe von über 12000 Schülerinnen und Schülern, die 12 Intelligenztests in einer begrenzten Zeit lösen mussten. Die Ergebnisse zeigen für alle Intelligenztests signifikante "schooling effects" (CAHAN, COHEN 1989, S. 1245): Kinder gleichen Alters, die verschiedene Klassenstufen besuchten, wiesen unterschiedliche Werte in der Intelligenzleistung auf. Kinder in höheren Klassen waren intelligenter als gleichaltrige Kinder, die ein Jahr später eingeschult wurden. Dieser Effekt fiel bei den verbalen Tests deutlicher aus als bei den nonverbalen Tests. Zur Generalisierung dieser Ergebnisse merken die Autoren kritisch an, dass die Stärke dieses Effekts durch das Schulsystem beeinflusst und deshalb in unterschiedlichen Ländern verschieden sein könne. Dies würde aber nichts an der Tatsache ändern, dass der Effekt zwischen Schulerfahrungen und Intelligenzleistung bestünde.

Fry und Addington (1984) gingen der Frage nach, wie sich unterschiedliche Unterrichtsformen auf die soziale Problemlösefähigkeit von Kindern auswirken. Grundlage für diese Fragestellung war die wiederholt nachgewiesenen Ergebnisse, dass offener Unterricht die Kreativität und Unabhängigkeit, aber auch die soziokognitive Entwicklung fördern kann. Begründet wird dies damit, dass offener Unterricht Autonomie und Selbstbestimmung ermöglicht und reichhaltige Anregungen und Erfahrungen ermöglicht, die wiederum für den Erwerb

---

[146] Eine Begründung bzw. ein Beweis dieser Annahme wurde bisher allerdings (noch) nicht erbracht.

von Sozialkompetenzen erforderlich sind. Zudem zeigte sich, dass ein positives Sozialklima im Klassenzimmer die sozialen Kompetenzen von Kindern fördert. Fry und Addington verglichen 200 Primarschülerinnen und –schüler, die seit mehreren Jahren offenen oder traditionellen Unterricht besuchten. Der Vergleich der Konfliktlösefähigkeit – erfasst anhand eines Fragebogens zum typischen Umgang mit Konflikten und anhand der Aussagen der Kinder zu vorgegebenen Konflikten - bestätigte den positiven Einfluss der Unterrichtsform: Kinder, die offenen Unterricht besuchten, d.h. einen Unterricht, in dem sie häufig mitbestimmen und sich in sehr vielen Bereichen des Unterrichts aktiv beteiligen konnten, zeigen ein höheres Problemlöseverständnis als solche aus traditionellem Unterricht. Erklärt wird diese Differenz mit unterschiedlichen sozialen Erfahrungen in Interaktionen mit Gleichaltrigen, die in den verschiedenen Unterrichtsformen möglich sind.

Schule und Unterricht können also einen bestimmtem Einfluss auf bestimmte Entwicklungsbereiche der Kinder und Jugendlichen haben und dieser Einfluss wurde in einzelnen Gebieten mittels differenzierter und umfassender Forschungsarbeiten seitens der Entwicklungspsychologie empirisch nachgewiesen. Daher ist es unverständlich, wie nun in der Schulpädagogik der Anspruch erhoben wird, es sei dies die (alleinige) Aufgabe der Disziplin Schulpädagogik, insbesondere, da sie – im Vergleich zu anderen Disziplinen - bisher so wenig zur Klärung dieser Frage beigetragen hat.

5.3.2 Die Berücksichtigung der Entwicklung von Kindern und Jugendlichen in Schule und Unterricht

Die fehlenden Studien und Erklärungen zum Zusammenhang zwischen schulischen Sachverhalten und der Entwicklung von Kindern und Jugendlichen ist jedoch nicht der einzige Aspekt, der in diesem Zusammenhang befremdet. Auch ist schwer verständlich, warum die Schulpädagogik den Einfluss von Schule/Unterricht auf die Entwicklung der Kinder thematisiert ohne zu fragen, welchen Einfluss die Entwicklung der Kinder auf Schule und Unterricht haben kann. Dies müsste sie jedoch tun, will sie eine "interdisziplinär orientierte pädagogische Bereichsdisziplin" (APEL 1993, S. 406) sein. Selbst bei schulpsychologisch besetzten Begriffen wie "Autorität" (HINTZ, POEPPEL, REKUS 1995, S. 30 ff.) und "Disziplin" (ebd.,, 1995, S. 60 ff.) ist dies jedoch noch nicht erfolgt.

Schon Piaget hat den Einfluss der Gleichaltrigen auf die kognitive Entwicklung von Kindern und Jugendlichen betont. In den Mittelpunkt aktueller pädagogischer und psychologischer Diskussionen rücken nun ebenfalls vermehrt soziale Aspekte der Schule und des Unterrichts. Dies hängt zum einen nicht zuletzt damit zusammen, dass im Rahmen der Diskussion um zunehmend deviantes Verhalten an der Schule - sei es nun eine Interpretation des Verhaltens im schulischen Kontext oder eine tatsächliche Zunahme der Gewaltbereitschaft der Kinder und Jugendlichen heute (vgl. BOETTGER 1997) - die Frage nach sozialen Faktoren des schulischen Zusammenlebens wieder zentral geworden ist. Zum anderen bauen aktuelle didaktische Konzepte, z.B. die Erweiterten Lernformen, auf das Potential sozialer Lernkonzepte[147] auf und erfordern von den Lernenden und den Lehrenden die Bereitschaft und Fähigkeit zu Interaktion und Kooperation. Im folgenden soll deshalb auf Aspekte der sozialen Entwicklung und ihren Zusammenhang mit Schule und Unterricht eingegangen werden.

Soziale Entwicklung kann man unter zwei Perspektiven betrachten: Zum einen, wie sich die Kinder in Interaktion mit anderen verhalten (z.B. ob sie helfen, ehrlich sind, Feundschaften schliessen, Empahie zeigen); zum anderen kann ein kognitiver Zugang gewählt werden, wie Kinder sich die Interaktionen, Kooperationen etc. mit anderen erklären. Letzter Aspekt wird mit den Begriff 'soziale Kognitionen' umschrieben. Ich möchte nun anhand von zwei Beispielen näher erläutern, warum die Entwicklung von Kindern und Jugendlichen in der Schulpädagogik berücksichtigt werden muss. Ich habe Beispiele gewählt, welche die Interaktionen im Klassenzimmer und im Schulhaus massgeblich beeinflussen und mit dem zentralen (schul-)pädagogischen Thema Disziplin zusammenhängen:

(a) Die Entwicklung des Autoritätskonzeptes und

(b) Die Entwicklung des Konzeptes über soziale Regeln.

5.3.2.1 Die Entwicklung des Autoritätskonzeptes

Disziplin ist seit jeher ein wichtiges Thema in der Pädagogik. Befragt man Lehrpersonen nach ihren Schwierigkeiten im Beruf, so nennen sie immer wieder Disziplin- und Autoritätsprobleme (vgl. GRIMM 1993, KRAMIS-AEBISCHER 1995 RUDOW 1990, 1994). Die Probleme hängen zum Teil damit

---

147 Zum Konzept des sozialen Lernens vgl. z.B. Rauschenberger (1985)

zusammen, dass Lehrerinnen und Lehrer heute nicht mehr aufgrund ihres Berufsstandes Autorität zugeschrieben wird. Vielmehr wird diese von Kindern und Jugendlichen (und nicht selten auch von Eltern) in Frage gestellt. Dies legt nahe, zu fragen, welche Vorstellungen Kinder vom Begriff Autorität haben und aufgrund welcher Kriterien sie diese akzeptieren und beachten.

Damon (1980; 1989) hat in Quer- und Längsschnittstudien analysiert, wie Kinder die Vorstellung von der Autorität ihrer Eltern entwickeln. Mittels klinischer Interviews (nach Piaget) befragte er Kinder zwischen 4 und 12 Jahren anhand hypothetischer Geschichten zum Recht der Eltern, ihrem Kind etwas zu verbieten bzw. zu erlauben und zu Begründungen, warum Kinder gehorchen sollten. Nachfolgende Tabelle (aus DAMON 1989, S. 236) gibt einen Überblick über die Entwicklung der sozialen Kognitionen zu dieser Thematik.

Kindliche Autoritätskonzepte

Niveau	*ungefährer Altersbereich*	*Autorität ist legitimiert durch:*	*Grundlage des Gehorsams*
0-A	4 Jahre und jünger	Liebe; Identifikation mit dem Selbst	Assoziation zwischen den Befehlen der Autorität und den Wünschen des Selbst
0-B	4-5 Jahre	körperliche Merkmale	Gehorsam ist ein Mittel, die Wünsche des Selbst zu erfüllen
1-A	5-8 Jahre	soziale Macht und physische Kraft	Respekt vor der Macht der Autoritätsperson
1-B	7-9 Jahre	Merkmale, in denen spezielle Fähigkeiten, Talente oder Handlungen der Autoritätsperson zum Ausdruck kommen	Die Autoritätsperson verdient Gehorsam aufgrund überlegener Fähigkeiten oder früherer Vorleistungen

Niveau	*ungefährer Altersbereich*	*Autorität ist legitimiert durch:*	*Grundlage des Gehorsams*
2-A	8-10 Jahre	vorhergehendes Training oder Erfahrung in der Menschenführung	Respekt vor den Führungsqualitäten der Autoritätsperson; Bewußtsein dafür, daß sie um das Wohlergehen ihrer Untergebenen besorgt ist
2-B	10 Jahre und älter	zur jeweiligen Situation passende Kennzeichen der Führung	Zeitlich beschränktes und freiwilliges Einverständnis des Untergebenen; Bereitschaft zur Zusammenarbeit bei Führer und Geführtem

Quelle: Nach Damon, W. (1980): Patterns of change in children's social reasining: A two-year longitudinal study. In: Child Development, 51, S.1011.

Damon fand ein hohes normatives Verständnis bei den befragten Kindern - sie sagten übereinstimmend, dass Kinder gehorchen *sollten* -, hatten jedoch sehr unterschiedliche Begründungsmuster für die Legitimation der Autorität und für die Gründe zum Gehorsam. Jüngere Kinder bis zum Alter von ca. 4 Jahren gehorchen, weil sie eigentlich auch das wollen/nicht wollen, was die Eltern eigentlich erlauben/verbieten (das bedeutet aber auch, dass jüngere Kinder der Meinung sind, dass man nicht gehorchen muss, wenn man nicht will). Eltern dürfen deshalb befehlen, weil sie die Kinder lieben und den Kinder in ihren Wünschen und Bedürfnissen ähnlich sind. Dieses Muster wird abgelöst von Begründungen, welche die allgemeine körperliche Überlegenheit der Eltern (‚mein Papi ist gross und stark,) und die anstehenden Strafen bei Ungehorsam (‚wenn man nicht folgt, dann schimpft der Papi,) thematisieren (4-5 Jahre). Ab ca. 5 bis ca. 8 Jahren haben Kinder viel Respekt vor der Grösse und Stärke der Eltern, die sie in Konflikten mit anderen Kindern zum Ausdruck bringen können (‚mein Papi ist der Grösste und Stärkste,). Zwischen ca. 7 und 9 Jahren werden den Kindern die "Vorleistungen" der Eltern bewusst und es verschiebt sich die

Dominanz von physischen Eigenschaften hin zu mehr psychischen Eigenschaften[148]: ,mein Papi ist immer für mich da, oder ,mein Papi ist der Beste, hört man die Primarschulkinder sagen, und dies ist auch der wichtigste Grund, warum man ihm gehorchen sollte. Diese Bedeutung von Kompetenzen führt sogar dazu, dass Primarschulkinder auch Gleichaltrigen Autorität zusprechen, wenn diese - als Tutoren geschult - spezifisches Wissen und besondere Fähigkeiten erworben haben (LAUPA, TURIEL 1986). Ab ca. 8 Jahren begründen Kinder die Autorität ihrer Eltern damit, dass diese mehr Erfahrungen haben und am besten wissen, was für einen gut ist. Mit zunehmendem Alter (10-12 Jahre) wird Gehorsam zu einem freiwilligen Verhalten der Kinder, das auf *gegenseitige* Anerkennung, Fürsorge und Kompetenz gründet.

Es versteht sich von selbst, dass die Begründungen der älteren Kinder häufig auch Argumente aus anderen Niveaus beinhalteten. Natürlich wissen auch ältere Kinder, dass man Strafen bekommt bzw. bekommen kann, wenn man nicht gehorcht. Dies ist aber nicht der Kernpunkt ihrer Argumentation. Vielmehr spielt die Gegenseitigkeit von sozialer und kognitiver Aspekt eine wichtige Rolle. Interessant an der Entwicklungssequenz der Autoritätskonzeptes ist des weiteren die Tatsache, dass sie - nach Damon (1980, 1989) - weitgehend frei von Erfahrungen des Kindes zu sein scheint: Kinder aus unterschiedlichen Milieus und mit Eltern mit unterschiedlichen Erziehungsstilen durchlaufen diese Abfolge. Diese Sequenz verdeutlicht damit eine kognitive Strategie, welche die Kinder anwenden: Um sich die Welt, deren Chancen und Anforderungen zu erklären, konstruieren Kinder und Jugendliche sich diese aktiv. Sie suchen nach Erklärungen, Zusammenhängen und Ursachen[149]. Das Modell von Damon schliesst im Alter von 10-12 Jahren und mit einer Stufe, die pädagogisch hochinteressant ist: Gehorsam ist aus der Sicht der Kinder weitgehend eine freiwillige Sache und das Befolgen von Anweisungen und Regeln ist eng mit der Kompetenz der Interaktionspartner verbunden, mit der Logik ,Ich weiss, dass Du um mein Wohlergehen besorgt bist. Aber wenn ich selbst besser weiss, was für mich gut und richtig ist, dann muss ich Dir nicht mehr gehorchen.

---

148 Diese Verschiebung von Physischen, Äusseren zum Psychischen, Inneren zeigt sich in einer Vielzahl von Konzepten des Kindes zwischen 7-10 Jahren. So z.B. auch im Konzept der Emotionen (vgl. HARRIS, 1989), im Freundschaftskonzept (vgl. YOUNNIS, VOLPE 1978), bei der Perspektiven- bzw. Rollenübernahme (vgl. SELMAN 1984)

149 Aus der Sicht der sozialen Entwicklung kann man diesen Konstruktionsprozess auch als Identifikation des Selbst beschreiben. Beispiele sind die Entwicklung der Geschlechtsrollen nach Kohlberg (1966) und die kognitive Entwicklung nach Piaget.

Damons pädagogische Schlussfolgerungen aus diesen Ergebnissen sind wichtig und trivial zugleich: Die elterliche Erziehungspraxis muss sich dieser Entwicklungslogik anpassen, um einen geeigneten Umgang mit dem Kind zu ermöglichen. Bezieht man diese Schlussfolgerungen auf schulische Erziehungsprozesse, hiesse dies, dass Aspekte der kindlichen Entwicklung vermehrt in die Überlegungen und in das pädagogische Handeln von Lehrerinnen und Lehrern einfliessen müssten. In Bezug auf das Stufenkonzept bedeutet dies, dass in verschiedenen Altersstufen unterschiedliche Kriterien für die Akzeptanz der Autorität zentral sind. Zu Beginn der Schulzeit sind dies eher physische Merkmale. Je älter die Kinder werden, desto relevanter werden psychische Aspekte wie z.B. die Kompetenz eines Erwachsenen. Aber, lassen sich diese Ergebnisse überhaupt auf die schulischen Interaktionen übertragen? Das Modell von Damon bezieht sich ja nicht auf die Urteile der Kinder gegenüber ihren Lehrpersonen. Sind die Ergebnisse von Damon auf die Autorität von Lehrerinnen und Lehrern übertragbar oder muss dieses Konzept im Bereich Schule wieder neu entwickelt werden?

Studien von Kutnick (1980) lassen darauf schliessen, dass die Ergebnisse von Damon auf die Entwicklung des kindlichen Autoritätskonzeptes gegenüber Lehrerinnen und Lehrern übertragbar sind. Kutnick (1980) führte mehrere empirische Studien durch, um zu erfassen, wie sich kindliche Vorstellungen von der Autorität ihrer Eltern, ihrer Lehrerin / ihres Lehrers und von Anführern in Gruppen Gleichaltriger entwickeln. Im folgenden werden die Ergebnisse zum Konzept der LehrerInnen-Autorität berichtet: Zunächst befragte Kutnick 120 Kinder im Alter zwischen 4-11 Jahren zu ihrer Wahrnehmung der Lehrpersonen. Dazu legte er ihnen sechs Bilder vor (in männlicher und weiblicher Version), die sich auf die folgenden drei Situationen bezogen: (a) eine erwachsene Person mit drei Kindern, (b) eine Lehrperson im Klassenzimmer mit drei Kindern und (c) drei Kinder, die in einer Gruppe um ein grösseres Kinder sitzen. Analog zum projektiven Vorgehen des Thematischen Apperzeptionstests (TAT, vgl. MURRAY 1938) waren die Bilder offen für viele Interpretationen und die Kinder wurden gebeten zu beschreiben, was ihrer Meinung nach in der Situation passiere ("Will you tell me about the picture?", KUTNICK 1980, S. 45). Gaben die Kinder keine Antwort auf diese offene Frage, so sollten sie erzählen, was Lehrer so machen, was sie sagen und was die Kinder so erlebt hatten. Kutnick fand drei Kategorien an Antworten zum Bild ‚Kinder mit einer Lehrperson‚: (1) die Lehrperson agiert ähnlich wie die Eltern, d.h. sie ist nett zu den Kindern, hilft ihnen, kontrolliert sie aber auch und ist moralische Instanz, (2) die Lehrperson in ihrer Rolle als Lehrende, d.h. bei der Wissensvermittlung ("teacher as teacher", ebd., S. 45), und (3) die Lehrperson bei der Disziplinierungund Kontrolle der Schülerinnen und Schüler ("teacher as disciplinarian", ebd., S. 45). Die befragten Primarschülerinnen und -schüler nahmen ihre Lehrpersonen also spontan in diesen drei Funktionen wahr. Interessant sind nun die entwicklungsabhängigen Veränderungen in diesen Konzepten. In der ersten Klasse (kurz nach dem Schuleintritt) werden die Lehrpersonen überwiegend in der Rolle wahrgenommen, die den Eltern sehr ähnlich ist. Ab der zweiten Klasse erfolgt ein sprunghafter Anstieg der Antworten, die Lehrperson sei dazu da, die Kinder zu unterrichten und ihnen etwas beizubringen. Ebenfalls zeigt sich ab diesem Alter ein Anstieg der Aussagen zur disziplinierendenFunktion der Lehrkräfte. Dieser Anstieg vollzieht sich jedoch kontinuierlich über die untersuchten sieben Schulstufen hinweg. Es zeigen sich also deutliche Alterseffekte, die unabhängig vom Geschlecht der Kinder sind und die sich in interkulturellen Vergleichen (London – Detroit) bestätigen lassen. Kutnick interpretiert dieses Ergebnis folgendermassen: "Knowledge of parent was transferred onto (the expertise of) teacher within a year, which later expanded to the realization of disciplinary functions." (Ebd., S. 50). Die Grundlage für diesen Entwicklungsprozess sieht Kutnick in den sozialen Interaktionsprozessen im Klassenzimmer – eine Schlussfolgerung aus Beobachtungen an ca. 630 Kindern in 1. bis 7. Klassen.

Diese Interpretation konnte Kutnick in einer weiteren Studie bestätigen. Abermals befragte er Kinder im Primarschulalter mittels des o.g. Bildmaterials. Die Befragung erfolgt diesmal jedoch gezielt zu ihrem Wissen über die Autorität der Eltern, der Lehrer und der Gleichaltrigen. Im Vergleich zwischen den Konzepten der Eltern und der Lehrpersonen zeigten sich abermals Ähnlichkeiten zu Beginn der Primarschule. Ab der zweiten Klasse nannten Kinder sehr häufig die Lehrfunktion der Lehrkräfte. Ebenfalls wurden Konflikt zwischen Kindern und Lehrerinnen und Lehrern beschrieben, was zu wiederholten Äusserungen der Abneigung gegenüber Lehrpersonen führte. Kutnicks Schlussfolgerungen lesen sich wie folgt: "The child came into school with socioemotional and control understanding of parental authority. The socioemotional and control qualities are quickly transferred to Teacher in a concrete figurative sense, while the child preoperational realized the further role of Teacher (i.e., to teach)." Dies bedeutet, dass Kinder das Konzept der elterlichen Autorität zunächst übertragen, später die weiteren Funktionen der Lehrpersonen ergänzen und somit das Konzept differenzieren.

5.3.2.2 Die Entwicklung des Konzeptes über soziale Regeln

Soziale Regeln beinhalten Normen und Vorstellungen darüber, was in der jeweiligen Gesellschaft schicklich ist, für die Mitglieder der Gesellschaft angemessen und passend ist. Soziale Regeln (auch als Konventionen bezeichnet) nehmen daher eine wichtige Funktion im menschlichen Zusammenleben ein. Sie unterscheiden sich von moralischen dadurch, dass sie keine Aussagen über Gerechtigkeit, Fairness und - allgemein bezeichnet - die Grundrechte des Menschen aussagen. Die Geschlechtsrollen-Konventionen sind dafür ein prototypisches Beispiel, die je nach Kulturkreis und sozialen Situationen unterschiedlich sein können. Soziale Regeln sind insbesondere unter dem Aspekt der kulturell immer heterogener werdenden Klassenzusammensetzung relevant. Treffen verschiedene Nationen und Kulturen zusammen, so ist davon auszugehen, dass unterschiedliche soziale Regeln gelten, die sich mitunter widersprechen und zu Konflikten führen können.

Unterricht und Schule sind in weiten Teilen Kontexte sozialen Handelns und sozialer Interaktionen. Neben der Geltung moralischer Regeln, die für ein geregelten und harmonisches Sozialverhalten in der Schule notwendig sind (vgl. KOHLBERG1986), gelten eine Vielzahl von sozialen Regeln, die ebenfalls soziale Konsequenzen haben, obwohl sie wenig mit Fairness und Gerechtigkeit zu tun haben. Lehrpersonen stellen Klassenregeln auf, Schülerinnen und Schüler bestimmen innerhalb ihrer Klasse, was gut und schlecht, was "cool" und "out" ist, Eltern haben Erwartungen bezüglich des (angemessenen) Verhaltens von Lehrkräften etc. Soziale Regeln sind damit ein wichtiger Punkt der Begegnung zwischen allen an der Schule Beteiligten. Soziale Regeln werden aber in der Schule nicht immer eingehalten, werden durchbrochen, verändert, kritisiert. Turiel (1978a, 1983) hat in Quer- und Längsschnittstudien untersucht, wie Kinder und Jugendliche im Alter zwischen 6 bis 25 Jahren Konventionen verstehen und ob sie diese als verbindlich ansehen. Die Kinder/Jugendlichen sollten zum einen Regeln beschreiben, die zu Hause und in der Schule galten. Zum anderen wurden sie zu Begründungen für bestimmte Regeln (z.B. Anredeform von Lehrpersonen in der Schule, Kleiderordnung in der Schule) und zur Allgemeingültigkeit dieser Regeln befragt (die Probanden sollten sich vorstellen, dass diese Regel in einem anderen Land fehle, und beurteilen, ob dies richtig sei). Das 7-stufige Entwicklungsmodell, das Turiel aus den Aussagen zu den hypothetischen Geschichten über soziale Konflikte ableitete, zeigt einen interessanten Verlauf (vgl. auch DAMON 1989, S. 400): Bereits zu Ende der Kindergartenzeit haben die Kinder ein Wissen über soziale Konventionen der Alltagslebens, d.h. sie können angeben, was richtig und angemessen, ungewöhnlich und eher unangemessen ist, und sie unterscheiden dieses von moralischen Regeln. Altersunterschiede und Veränderungen zeigen sich in Bezug auf einen ständigen Wechsel zwischen Geltung und Nichtgeltung einer Konvention und in Bezug auf deren Begründung. Kinder im frühen Primarschulalter (Stufe 1: 6-7 Jahre) sehen soziale Regeln als verbindlich an und bejahen diese per se. Ein bis zwei Jahre später lehnen sie diese ab, mit der Begründung, diese Regeln seien zwar allgemein gültig, aber müssten nicht befolgt werden (Stufe 2: 8-9 Jahre). Mit 10-11 Jahren (Stufe 3) argumentieren die Kinder, dass Konventionen für die soziale Ordnung notwendig seien und deshalb auch befolgt werden müssten. Diese Auffassung verändert sich abermals in der frühen Adoleszenz (Stufe 4: 12-13 Jahre), in der soziale Regeln nur individuelleBedeutung haben und nicht eingehalten werden müssen. Zwischen 14-16 Jahren (Stufe 5) werden Konventionen als wichtig akzeptiert und es wird ihnen eine zentrale Rolle für das menschliche Zusammenleben zugeschrieben. Im mittleren Jugendalter (Stufe 6: 17-18 Jahren) werden Konventionen abermals abgelehnt, da die soziale Ordnung nicht von ihnen abhängig sei. Ab 18 Jahren (befragt wurden Jugendliche bis 25 Jahre) argumentieren Jugendliche folgendermassen: Soziale Regeln sind zwar individuellund kontextabhängig, jedoch für das Zusammenleben äusserst hilfreich und notwendig.

Turiel gab den Probanden z.B. eine Situation vor, in der ein Junge (Peter) gewohnt ist, Erwachsene mit ihren Vornamen anzusprechen. Dies macht er auch, als er in eine neue Schule kommt, in der die Lehrpersonen dies missbilligen und nicht akzeptieren. Auf die Frage des Interviewers, ob Peter die Regeln in der neuen Schule befolgen sollte, antwortet ein knapp 13-jähriger Junge (Stufe 4), dass Peter dies nicht zwingend tun müsse. Sein Verhalten sei eigentlich nicht falsch. Vielmehr läge das Hauptproblem in den Folgen bei Missachten der Regel: "Because he could get into trouble for it and if you have to go to school you might as well not make it harder for yourself." (Turiel, 1978, S. 65) Ein Argument für das Befolgen der Regel lautete auf der 5.Stufe: "I think he's wrong, because in his family he can call his mother and his father by their first names.

But when he's in public he's got to respect the rules of the school." (TURIEL 1978, S. 68). Kevin (knapp 18-jährig, Stufe 6) wiederum antwortete: "Well, obviously he was right. Just the fact that teachers in schools have to be called Mr. and Mrs. is no valid reason for that." (Ebd., S. 69).

Als eine soziale Regel kann in der Schule auch die Umgangsform zwischen den Schülerinnen und Schülern sowie den Lehrkräften sein. So ist z.B. folgende Situation denkbar: Eine Lehrerin formuliert zusammen mit den Schülerinnen und Schülern Regeln für die Kommunikation in der Klasse. Als eine solche Regel wird formuliert: "Höflichkeit gegenüber anderen in der Klasse und im Schulhaus". Während sich die Kinder der 5. und 6. Klasse recht gut an diese Regel halten bzw. darauf achten, wenn sie dazu angehalten werden, beobachtet sie bei den Jugendlichen der 7. Klasse oft unhöfliches Verhalten. Die Lehrerin bespricht dies mit den Jugendlichen, stösst aber in der Diskussion immer wieder auf ,taube Ohren,. Etliche Schülerinnen und Schüler antworten, dass diese Regeln individuell,relativ und wenig verbindlich seien. Auf die Anmerkung der Lehrerin, sie würden es doch auch schätzen, wenn andere zu ihnen höflich wären, antworten sie: ,Klar, aber ich hab, ja niemanden dazu gezwungen, das zu tun. Wenn dies jemand machen möchte, dann ist das seine Sache.

5.4.3. Schluss

Nahezu jede Lehrkraft kennt Autoritäts- und Disziplinprobleme. Nahezu jede Lehrkraft kennt die Diskussionen mit Jugendlichen, welche die bestehenden Werte, Regeln und Normen in Frage stellen. Welche Lehrperson jedoch kennt die Entwicklungsmodelle von Damon und Turiel? In welchen Theoriekonzepten der Schulpädagogik werden diese berücksichtigt? Oder, um noch kritischer zu fragen, welche Vertreter der Disziplin Schulpädagogik kennen Turiels Entwicklungsmodell? Diese Fragen lassen sich natürlich nicht beantworten. Zeigen lässt sich jedoch, dass es Autoren im Bereich der Schulpädagogik gibt, die Entwicklungsmodelle wie die von Damon und Turiel wohl nicht kennen. So beschreiben Hintz, Pöppel und Rekus (1995) im neuen schulpädagogischen Wörterbuch - ein Band, der den Anspruch erhebt, einen überschaulichen Gesamtzusammenhang für Studium und Praxis zu leisten – den Begriff Autorität als identisch zu "Selbstsicherheit" (HINTZ, POEPPEL, REKUS 1995, S. 30) bzw. unter erzieherisches Sicht sogar als "Selbstlosigkeit" (ebd.,). Es verwundert dann auch nicht, dass die Empfehlungen der Autoren ausschliesslich auf die Person der

Lehrerin / des Lehrers abzielen: "Die besten Voraussetzungen, um vor seinen Schülern als Autorität anerkannt und beansprucht zu werden, liegen für den Lehrer deshalb immer noch in einer guten -> UNTERRICHTSVORBEREITUNG und in einer Unterrichtsführung, die trotz aller Enttäuschungen vom Zutrauen in die Lernbereitschaft und –fähigkeit bestimmt ist (ebd., Hervorhebungen im Original). Bei den Ausführungen zum Begriff "Disziplin" ist immerhin ein Verweis auf die Entwicklungspsychologie zu finden. Doch dieser Verweis ist wenig hilfreich, da er lediglich als Mahnung für die Leserinnen und Leser fungiert: "Die Kenntnis entwicklungspsychologischer Besonderheiten der Schulstufe und das Vertrautsein mit der Individualität der Schüler verbieten es dem Lehrer, nach einem Katalog von Rezepten ohne Ansehen der Person zu verfahren." (Ebd., S. 65) Solche Ausführungen sind für eine Disziplin, die den Anspruch erhebt, interdisziplinär und eine "Theorie des pädagogischen Handelns" (APELl 1993, S. 412) zu sein, sehr erstaunlich.

Literatur

Apel, H J. (1993). Was ist Schulpädagogik? Pädagogische Rundschau, 47, 389-411.

Böttger, A. (1997). Panikmache oder 'bittere Wahrheit'? Überlegungen zum Thema "Gewalt in Schulen". Empirische Pädagogik, 11 (2), 181-194.

Cahan, S. & Cohen, N. (1989). Age versus schooling effects on intelligence. Child development, 60, 1239-1249.

Damon, W. (1980). Patterns of chance in children's social reasoning. A two-year longitudinal study. Child Development, 51, 1010-1017.

Damon, W. (1989). Die soziale Entwicklung des Kindes. Stuttgart: Klett-Cotta.

Einsiedler, W. (1991). Schulpädagogik - Unterricht und Erziehung in der Schule. In L. Roth (Hrsg.), Pädagogik: Handbuch durch Studium und Praxis. S. 649-657. München: Ehrenwirth.

Fend, H. (1991a). Schule und Persönlichkeit: Eine Bilanz der Konstanzer Forschung zur "Sozialisation in Bildungsinstitutionen". In R. Pekrun & H. Fend (Hrsg.), Schule und Persönlichkeitsentwicklung. Ein Resümee der Längsschnittforschung. Stuttgart: Enke. S. 9-32.

Fend, H. (1991b). "Soziale Erfolge" im Bildungswesen – die Bedeutung der sozialen Stellung in der Schulklasse. In R. Pekrun & H. Fend (Hrsg.), Schule und Persönlichkeitsentwicklung. Ein Resümee der Längsschnittforschung. Stuttgart: Enke. S. 217-238.

Flammer, A. (1988). Entwicklungstheorien. Bern u.a.: Huber.

Fry, S.S., & Addington, J. (1984). Comparison of social problem solving of children from open and traditional classrooms: A two-year longitudinal study. Journal of Educational Psychology, 76, 318-329.

Grimm, M.A. (1993). Kognitive Landschaften von Lehrern: Berufszufriedenheit und Ursachenzuschreibung angenehmer und belastender Unterrichtssituationen: Frankfurt u.a.: Lang.

Harris, S. (1989). Children and emotion. Cambridge, MA: Basil Blackwell.

Hintz, D., Pöppel, K. G., & Rekus, J. (1995). Neues schulpädagogisches Wörterbuch. Weinheim und München: Juventa. S. 30-33, 60-67.

Kramis-Aebischer, K. (1995). Stress, Belastungen und Belastungsverarbeitung im Lehrberuf. Bern: Haupt.

Kohlberg, L. (1986). Der "Just Community"-Ansatz der Moralerziehung in Theorie und Praxis. In F. Oser, R. Fatke & O. Höffe (Hrsg.), Transformation und Entwicklung. Grundlagen der Moralerziehung. Frankfurt am Main: Suhrkamp. S.21-55.

Kutnick, S. (1980). The inception of school authority: The socialization of the primary school child. Genetic Psychology Monographs, 101, 35-70.

Laupa, M. & Turiel, M. (1986). Children's conceptions of adult and peer authority. Child development, 57, 405-412.

Murray, H. A. (1938). Explorations in personality. New York: Oxford University Press.

Oerter, R. (1995). Kindheit. In R. Oerter, L. Montada (Hrsg.), Entwicklungspsychologie. Weinheim: Psychologie VerlagsUnion. S. 249-309.

Oswald, H., Krappmann, L. (1991). Der Beitrag der Gleichaltrigen zur sozialen Entwicklung von Kindern in der Grundschule. In R. Pekrun & H. Fend (Hrsg.), Schule und Persönlichkeitsentwicklung. Ein Resümee der Längsschnittforschung. Stuttgart: Enke. S. 201-216.

Pekrun, R., Fend, H. (1991, Hrsg.). Schule und Persönlichkeitsentwicklung. Ein Resümee der Längsschnittforschung. Stuttgart: Enke.

Petillon, H. (1991). Soziale Erfahrungen in der Schulanfangszeit. In R. Pekrun, H. Fend (Hrsg.), Schule und Persönlichkeitsentwicklung. Ein Resümee der Längsschnittforschung. Stuttgart: Enke. S. 183-200.

Rauschenberger, H. (1985). Soziales Lernen - Nutzen und Nachteil eines mehrdeutigen Begriffes. Zeitschrift für Pädagogik, 31, 301-320.

Rudow, B. (1990). Empirische Untersuchungen zur Belastung und Beanspruchung im Lehrerberuf. Zeitschrift für Pädagogische Psychologie, 4 (2), 75-85.

Rudow, B. (1994). Die Arbeit des Lehrers. Zur Psychologie der Lehrertätigkeit, Lehrerbelastung und Lehrergesundheit. Bern: Haupt.

Selman, R.L. (1984). Die Entwicklung des sozialen Verstehens. Entwicklungspsychologische und klinische Untersuchungen. Frankfurt am Main: Suhrkamp.

Turiel, E. (1978). Social regulation and domains of social concepts. In W. Damon (Hrsg.), New Directions for Child Development. San Francisco, CA: Jossey-Brass. S. 45-74.

Turiel, E. (1983). The development of social knowledge. Cambridge, MA: Cambridge University Press.

Younnis, J., Volpe, J. (1978). A relational analysis of children's friendshiS. In W. Damon (Hrsg.), New Directions for Child Development. San Francisco, CA: Jossey-Brass. S. 1-22.

6. Die Autorinnen und Autoren

Hans Badertscher, Prof. Dr. phil.
Geboren 1944, Ausbildung zum Primarlehrer; nach dreijähriger Unterrichtstätigkeit Weiterstudium zum Sekundarlehrer, anschliessend Studium der Germanistik und Pädagogik. 1974 Lizentiat. Lehrtätigkeit auf der Sekundarstufe I und II und in der Lehrerfortbildung. Lehrer am Staatlichen Lehrerseminar Biel (CH). Promotion 1976. Beauftragter für Lehrerbildung der Schweizerischen Konferenz der kantonalen Erziehungsdirektoren (1979 - 1981), Vizedirektor der Ausbildung für Sekundarlehrerinnen und Sekundarlehrer an der Universität Bern (Sekundarlehramt), seit 1991 deren Direktor, Leiter der Forschungsstelle für Schulpädagogik und Fachdidaktik.
Adresse: Universität Bern, Sekundarlehramt, Muesmattstrasse 27, CH - 3012 Bern, Tel: 031 631 83 16, FAX: 031 631 42 10, e-mail: baderha@sis.unibe.ch

Beat Bertschy, lic . phil.
Studierte an der Universität Freiburg Pädagogik, Deutsche Literatur und Philosophie, arbeitete bei Prof. Oser als Assistent, unterrichtete in einer Teilzeitanstellung in einer 5. Primarklasse in Heitenried/FR. Seit 1988 Pädagogiklehrer am Kantonalen Lehrerseminar Freiburg für angehende Primarlehrpersonen, Kindergärtnerinnen und Handarbeits-/Hauswirtschaftslehrerinnen. Fortbildungskurse zum Thema Schüler/innenbeurteilung. Seit 1995: Fachdidaktiker für Pädagogik an der Universität Freiburg. Zur Zeit: Arbeit an einer Dis sertation: "Hilfen zur pädagogischen Bewältigung des Schulalltages".

Thomas Bieri, lic.phil.I
Geboren 1955, Studium der Pädagogik an der Universität Bern, lange Jahre Lehrer an einer privaten Schule. Assistent an der Forschungsstelle für Schulpädagogik und Fachdidaktik der Universität Bern, derzeit mit dem Projekt 'Arbeitszufriedenheit von Lehrkräften' beschäftigt.
Adresse: Universität Bern, Sekundarlehramt, Muesmattstrasse 27, CH - 3012 Bern, Tel: 031 631 83 17, FAX: 031 631 42 10, e-mail: bieritho@sis.unibe.ch

Gerald Grimm, Univ.-Prof. Mag. Dr.
1956 in Klagenfurt geboren; 1974-1980 *Studium* der Geschichte, Mathematik und Pädagogik an der Universität Klagenfurt (Abschluß mit Diplom- und Lehramtsprüfung); 1981/82 *Schulpraktikum* am Bundesgymnasium Klagenfurt/Fun-

derstraße; 1982 *Sponsion* zum Magister der Philosophie und Ernennung zum *Universitätsassistenten* am Institut für Unterrichtswissenschaft und Hochschuldidaktik der Universität Klagenfurt mit dem Arbeitsschwerpunkt Historische Pädagogik/Bildungs- und Schulgeschichte; 1986 *Promotion* zum Doktor der Philosophie; 1995 *Habilitation* für Pädagogik mit besonderer Berücksichtigung der Historischen Pädagogik an der Universität Klagenfurt und Ernennung zum *Assistenzprofessor*; 1996 Verleihung des *Kardinal-Innitzer-Förderungspreises* für die in Buchform erschienene Habilitations schrift; 1997 Ernennung zum Ausserordentlichen *Universitätsprofessor* für Pädagogik mit besonderer Berücksichtigung der Historischen Pädagogik am Institut für Erziehungswissenschaft und Bildungsforschung (Abteilung für Historische und Vergleichende Pädagogik) der Universität Klagenfurt.

Hans Ulrich Grunder, Prof. Dr.
Geboren 1954, unterrichtete nach dem Sekundarlehrerstudium mathematisch-naturwissenschaftlicher Richtung (Universität Bern) zwei Jahre an der *Freien Volksschule Bern.* Zweitstudium: Pädagogik, Ethnologie und Journalismus. Nebenamtliche Unterrichtstätigkeit (insgesamt zwölf Jahre) an verschiedenen Schulen und in der Lehrer- und Erwachsenenbildung. Ab 1983 wissenschaftlicher Assistent am Pädagogischen Institut der Berner Universität. Promotion (1987) mit einer Arbeit über die Landerziehungsheime in der Schweiz. Habilitation (1992) zum Thema *Seminarreform und Reformpädagogik.* Ab Frühjahr 1993 Vizedirektor der Ausbildung für Sekundarlehrerinnen und Sekundarlehrer an der Universität Bern (Sekundarlehramt). Ab Wintersemester 1995/1996 Professor für Schulpädagogik am Institut für Erziehungswissenschaft der Universität Tübingen. Gründer und Leiter der dortigen *Forschungsstelle für Schulpädagogik.*
Adresse: Universität Tübingen, Institut für Erziehungswissenschaft I, Abteilung Schulpädagogik, Münzgasse 22-30, D-72070 Tübingen, Tel. 0049 7071 2978314, e-mail: hans-ulrich.grunder@uni-tuebingen.de

Kappelenring 8, CH-3032 Hinterkappelen, Tel. 0041 31 901 29 50
e-mail: grunder@kl.unibe.ch

Tina Hascher, Dr. phil.
Geboren 1965, Studium der Psycholinguistik, Psychologie und Sonderpädagogik an der Ludwig-Maximilians-Universität (LMU) München, 1989 M.A.. 1989-1993 Stipendiatin am Max-Planck-Institut für Psychologische Forschung, München, 1994 Promotion. 1994-1996 Oberassistentin am Pädagogischen

Institut der Universität Fribourg. Seit 1996 Vizedirektorin am Sekundarlehramt der Universität Bern und Co-Leiterin der Forschungsstelle für Schulpädagogik und Fachdidaktik, Sekundarlehramt, Universität Bern Arbeits- und Forschungsschwerpunkte: Emotionale Entwicklung; Wohlbefinden von Jugendlichen in der Schule; Emotionen im Lernprozess; Lernen aus Fehlern; interkulturelle Pädagogik; berufliche Grundausbildung.
Adresse: Universität Bern, Sekundarlehramt, Muesmattstrasse 27, CH - 3012 Bern, Tel: 31-631 8657, FAX: 031 631 42 10, e-mail: hascher@sis.unibe.ch

Walter Herzog, Prof. Dr.
Geboren 1949. Studium der Psychologie, Soziologie, Pädagogik und Philosophie an der Universität Zürich. 1975 Lizentiat. 1980 Doktorat. 1986 Habilitation an der Universität Zürich für das Fach Pädagogik. 1988 Studienaufenthalt an der University of California in Berkeley. 1989-1991 Assistenzprofessor für Pädagogik mit besonderer Berücksichtigung der pädagogischen Psychologie an der Universität Zürich. Seit 1991 Ordinarius für Pädagogik an der Universität Bern.
Adresse: Universität Bern, Pädagogisches Institut, Muesmattstrasse 27, CH - 3012 Bern, e-mail: herzog@sis.unib.ch

Armin Hollenstein, Dr. phil.
Geboren 1952. Dreijährige Lehrertätigkeit in der Primarschule. Weiterführende Studien in Pädagogik, Mathematik und Psychologie an der Universität Bern. Am Staatlichen Seminar Biel während zwölf Jahren Dozent für Allgemeine Didaktik und Fachdidaktik Mathematik (Primarstufe) sowie Mathematiklehrer auf der Sekundarstufe II. Seit 1993 Dozent an der Universität Bern für Fachdidaktik Mathematik am Sekundarlehramt (S I) und an der Abt. für das Höhere Lehramt (S II); Co-Leiter der Forschungsstelle für Schulpädagogik und Fachdidaktik.
Forschungsschwerpunkt: Offene Problemstellungen im Sachrechnen; Konstruktion eigenständiger Fragestellungen, deren Mathematisierung und die Entwicklung von Lösungsansätzen.
Adresse: Universität Bern, Sekundarlehramt, Muesmattstrasse 27, CH - 3012 Bern, Tel: 31-631 8345, FAX: 031 631 42 10, e-mail: hollen@sis.unibe.ch

Anton Hügli, Prof. Dr.
Geboren 1939 in Solothurn. Besuch der Solothurnischen Lehrerbildungsanstalt, Primarlehrerpatent des Kantons Solothurn. Ab 1960 Lehrer auf der Primarschul-Oberstufe (7.-9. Schuljahr). Von 1962-1970: Studium der Philosophie (Hauptfach), Psychologie, Germanistik/Nordistik und Mathematik an den Uni-

versitäten Basel und Kopenhagen. 1970 Promotion an der Philosophisch-Historischen Fakultät der Universität Basel mit dem Prädikat "summa cum laude". Von 1968-1973: Assistent am Philosophischen Seminar der Universität Basel. Von 1973-1976: Forschungs- und Studienaufenthalt an der Universität Oxford (GB). Von 1977-1981: Lehrbeauftragter an der Westfälischen Wilhelms-Universität Münster (BRD) und Leiter der Zentraldirektion des "Historischen Wörterbuchs der Philosophie". 1981 Habilitation im Fach Philosophie an der Fakultät für Geisteswissenschaft und Philosophie der Universität Bielefeld. Ab 1981 Direktor des Pädagogischen Instituts Basel-Stadt; Extraordinarius für Philosophie an der Universität Basel.
Adresse: Pädaggisches Institut, Basel

Rudolf W. Keck, Prof. Dr.
Geb. am 16.10.1935 in Schwäbisch Gmünd. Nach Lehrtätigkeiten an Realschulen Zweitstudium in Tübingen und Saarbrücken in Pädagogik, Philosophie und Geschichte. Wissenschaftlicher Mitarbeiter bei Josef Dolch an der Universität Saarbrücken. Ab 1967 Hochschuldozent an der PH Braunschweig. 1972 Berufung zum Professor für Schulpädagogik an die heutige Universität Hildesheim, Lehrstuhl für Schulpädagogik an der Universität Hildesheim, Direktor des Instituts für Angewandte Erziehungswissenschaft und Allgemeine Didaktik.
Adresse: Universität Hildesheim, Marienburger Str. 22, D-31113 Hldesheim, Tel. 0049 5121 883120

Lutz Oertel, Dr. rer. soc.
Geboren 1942. Studium der Soziologie, Psychologie und Politikwissenschaften in Deutschland und Kanada. 'Eingekauft' von der Erziehungsdirektion des Kann-tons Zürich für Arbeiten in der Bildungsplanung, ab 1975 Projektleitung der Reform der Oberstufe der zürcherischen Volksschule. Gelegentlich Lehraufträge (Theorie, Geschichte und Reform der Schule). Seit 1996 Leitung des Projekts "Teilautonome Volksschulen" der Erziehungsdirektion des Kantons Zürich und der Projekts "Möglichkeiten und Grenzen schulischer Reformentscheidungen auf der Sekundarstufe I" im Nationalen Forschungsprogramm 33.
Adresse: Bildungsdirektion des Kantons Zürich, Walchestr. 21, 8001 Zürich, Tel. 01/ 259 53 88

Anke Poenicke, Dr.
Geboren 1962 in Berlin. Studium in Hamburg (Geschichte, Französisch, Erziehungswissenschaft; 1988 Staatsexamen). Studienaufenthalte in Paris (Sorbonne; 1981), Jaunde (DAAD; 1985/86) und Dakar (1988/89). Promotion über

die Darstellung Afrikas in europäischen Schulbüchern für Französisch am BeispielEnglands, Frankreichs und Deutschlands (Lang, 1995). Lehrerin in der Erwachsenenbildung (EURO-Schule, Hamburg; 1994/95). Seit 1995 wissenschaftliche Angestellte im Institut für Erziehungswissenschaft der Universität Tübingen. Ad personam gewähltes Mitglied der Deutschen UNESCO-Kommission (seit 1996).

Adresse: Universität Tübingen, Institut für Erziehungswissenschaft I, Abteilung Schulpädagogik, Münzgasse 22-30, D-72070 Tübingen, Tel. 0049 7071 2978314, e-mail: anke.poenicke@uni-tuebingen.de

Uwe Sandfuchs, Prof. Dr.

Studium an der Pädagogischen Hochschule Braunschweig (1962-65). Grund- und Hauptschullehrer in Braunschweig (1965-70). Schulpädagoge an der Pädagogischen Hochschule Niedersachsen (Braunschweig und Hildesheim, 1970-82). Professor für Pädagogik mit Schwerpunkt 'Interkulturelle Erziehung' (1982-92). Sommersemester: Lehrstuhlvertretung 'Schulpädagogik' an der Universität Jena (1992). Seither: Technische Universität Dresden: Lehrstuhl 'Grundschulpädagogik' und 'Historische Pädagogik'.

Adresse: TU Dresden, Mommsenstrasse 13, o1062 Dresden, Tel. 0049 4551 4633310

Ehrenhard Skiera, Prof. Dr. phil. Dr.h.c.

Gebone 1947. 1966 Abitur am mathematisch-naturwissenschaftlichen Zweig des Gymnasiums in D-Usingen (Hessen), Lehrerstudium mit den Fächern Ev. Theologie, Mathematik und Kunst an der Universität Giessen, im Winterhalbjahr 1968/69 Lektorentätigkeit beim Goethe-Institut in Finnland, ab 1970 sechs Jahre Lehrer an einer Grund- und Hauptschule in Giessen, 1976 Abordnung als Pädagogischer Mitarbeiter am Fachbereich Erziehungswissenschaften der Universität Giessen und Promotionsstudium der Erziehungswissenschaft, Soziologie und Musikwissenschaft, 1981 Promotion zum Dr. phil., danach tätig als Akademischer Rat und Oberrat in Giessen, seit 1989 als Professor für Pädagogik mit dem Schwerpunkt Schulpädagogik an der Bildungswissenschaftlichen Hochschule Flensburg-Universität. 1990 Ehrenpromotion durch die Erziehungswissenschaftliche Fakultät der Universität Jyväskylä, Finnland.

Evelyne Wannack, lic. phil.

Geboren am 1. Oktober 1961. Primarschule in Aarberg und Bargen (1968 bis 1972). Sekundarschule in Aarberg (1972 bis 1977). Primarlehrerinnen-Ausbil-

dung am Staatlichen Seminar Biel (1977 - 1981) Turn- und Sportlehrerinnen-Ausbildung Diplom I und II am Institut für Sport und Sportwissenschaften der Universität Bern (1983 bis 1989). Studium der Pädagogik am Institut für Pädagogik der Universität Bern, Studienrichtung Allgemeine Didaktik. Abschluss des Lizentiats und des Diploms zur Lehrerin und Sachverständigen für Erziehungs- und Bildungsfragen (LSEB) 1998
Adresse: Gässli 8, 2513 Twann, Telefon / Fax: 032 315 22 70, e-mail: ewannack@sis.unibe.ch

Prof. Dr. Hans Badertscher / Prof. Dr. Hans-Ulrich Grunder
(Herausgeber)

Geschichte der Erziehung und Schule in der Schweiz im 19. und 20. Jahrhundert

Leitlinien

513 Seiten, 85 Abbildungen,
gebunden Fr. 68.– / DM 76.– / öS 555.–
ISBN 3-258-05569-6

Die Autorinnen und Autoren thematisieren Themen der Bildung, Erziehung und Schule in der Zeitspanne zwischen der Französischen Revolution und der Mitte des 20. Jahrhunderts in der Schweiz. Damit wird die seit Jahrzehnten klaffende Lücke in der Erziehungs-, Bildungs- und Schulgeschichtsschreibung der Schweiz, ausgelegt auf das 19. und 20. Jahrhundert, geschlossen.

Quellenband

432 Seiten,
gebunden Fr. 68.– / DM 76.– / öS 555.–
ISBN 3-258-05647-1

Erstmals werden Originaltexte aus der schweizerischen Erziehungs-, Bildungs- und Schulgeschichte der vergangenen zwei Jahrhunderte unter einer bestimmten Perspektive zusammengestellt. Dies erlaubt einem interessierten Publikum den direkten Zugang zu einer vielfältigen erziehungs-, bildungs- und schulgeschichtlichen Tradition.

Verlag Paul Haupt Bern · Stuttgart · Wien